隧道工程测量

杜志刚◎编著

中国铁道出版社有限公司

2025年·北 京

内 容 简 介

本书结合中铁隧道局集团有限公司多项隧道测量科研课题及作者多年从事隧道工程测量的实践经验，简要介绍隧道分类、施工方法和隧道测量设计，从隧道平面控制测量、隧道高程控制测量、线路测量、隧道施工测量、盾构(TBM)导向测量、变形监测、轨道控制网(CPⅢ)测量等方面重点论述测量理论和方法，并阐述无人机航测技术在隧道勘察设计和安全巡检中的应用，展示了我国隧道工程测量新成果及其工程化应用。

本书内容丰富、实践性强，可供隧道工程测量技术人员和铁路、地铁工程建设管理人员参考，也可供测绘工程、铁道工程等专业高校师生教学参考。

图书在版编目(CIP)数据

隧道工程测量 / 杜志刚编著. -- 北京 : 中国铁道出版社有限公司, 2025. 1. -- ISBN 978-7-113-32047-8

Ⅰ. U452.1

中国国家版本馆 CIP 数据核字第 20257VZ435 号

书　　名：**隧道工程测量**
作　　者：杜志刚

策　　划：陈小刚
责任编辑：陈小刚　　　　**编辑部电话**：(010)51870265
编辑助理：周泰宁
封面设计：尚明龙
责任校对：刘　畅
责任印制：高春晓

出版发行：中国铁道出版社有限公司(100054，北京市西城区右安门西街 8 号)
网　　址：https://www.tdpress.com
印　　刷：天津嘉恒印务有限公司
版　　次：2025 年 1 月第 1 版　2025 年 1 月第 1 次印刷
开　　本：787 mm×1 092 mm 1/16　**印张**：15.25　**字数**：317 千
书　　号：ISBN 978-7-113-32047-8
定　　价：82.00 元

前　言

目前，我国已成为世界上隧道最多的国家之一。据统计，截至2023年底，我国建成并投入运营的铁路隧道18 573座，总长23 508公里，建成公路隧道27 297处，总长3 023.18万延米(未含港澳台统计数据)。在隧道建设过程中，工程测量被喻为“眼睛”和“尺子”，其作用是指引隧道沿着正确的方向掘进并保证相向掘进工作面按规定精度正确贯通，保证施工中各项建(构)筑物符合设计位置和几何尺寸要求、设备安装正确，并符合工程使用和验收标准。工程测量与隧道建设进度、质量、安全、经济效益均紧密相关，并决定了隧道建设的成败，其重要性不言而喻。

隧道工程测量是测绘科学与技术在地下工程建设中的综合运用，是勘察设计、施工、运营维护的基础，也是隧道工程施工的重要生产环节。隧道工程测量初始服务于地下采矿工程。1878年，唐山开平矿务局成立了中国第一家煤矿测图房，若从此时期算起，则我国开展隧道工程测量的建制规范化服务近150年。20世纪以来，中国隧道工程建设者通过不断学习引进并创新工程建设技术，使得我国隧道工程的施工技术水平和生产能力不断提升，测绘科技工作者致力于隧道建造实现数字化、自动化、智能化发展方向的目标，不断锐意进取、开拓前进，积极引进现代测量科技装备，将工程测量新技术、新方法、新设备迅速地应用于隧道工程建设之中，为隧道工程快速、安全、科学、绿色施工提供高效的三维精准定位、掘进方向引导、健康监测等服务。

本书基于笔者多年的测量工作实践经验，从隧道测量设计、隧道控制测量、线路测量、隧道施工测量、盾构(TBM)导向测量、变形监测、轨道控制网(CPⅢ)测量及无人机在隧道测量中的应用等方面，比较全面地论述隧道工程测量的理论、方法及应用，内容翔实，实用性强，可供隧道工程测量技术人员和铁路、地铁工程建设管理人员参考，也可供测绘工程、铁道工程等专业高校师生教学参考。

本书在编著过程中，得到了中铁隧道局集团有限公司、中国人民解放军网络空间部队信息工程大学、中山大学、河南理工大学、上海米度测控科技有限公司、上海米度测量有限公司、中铁第六勘察设计院集团有限公司等有关领导、专家的帮助指导，同时参考借鉴了一些文献，在此一并向给予支持的所有单位和个人表示衷心的感谢！

限于编著者水平和经验，书中难免有疏漏和不足之处，敬请读者批评指正并提出宝贵意见，以便进一步修正、补充和完善。

编著者

2024 年 10 月

目　　录

第一章 概 述

第一节 隧道的定义及分类

一、隧道的定义

隧道是在既有建筑或土石结构中挖掘出来用于地下通道的工程建设物，是人类利用地下空间的一种形式。1970 年国际经济合作与发展组织召开的隧道会议综合各种因素，对隧道所下的定义为：以某种用途、在地面下用任何方法按规定形状和尺寸修筑的断面积大于 $2\ m^2$ 的洞室。

隧道结构包括主体建筑物和附属设备两部分，主体建筑物由洞身和洞门组成，附属设备包括避车洞、消防设施、应急通信和防排水设施，长大隧道还有专门的通风和照明设备。

隧道长度是指进出口洞门之间的距离，以端墙面或斜切式洞门的斜切面与设计内轨顶面的交线同线路中线的交点计算。双线隧道以左线长度计算，位于车站上的隧道以正线长度计算，设有缓冲结构的隧道长度以缓冲结构的起点计算。隧道开挖跨度是指隧道开挖横断面的水平最大宽度。

二、隧道的分类

(一)按照种类分类

1. 按照隧道所处的地质条件分类

(1)土质隧道：构筑在土质地层中的隧道。

(2)岩石隧道：构筑在成岩地层中的隧道。

2. 按照隧道所在的位置分类

(1)山岭隧道：贯穿山体的隧道。

(2)水底隧道：修建于江、河、湖、海、洋下的供汽车和火车运输行驶的通道。

(3)城市隧道：为适应铁路通过大城市的需要而在城市地下穿越的修建在地下或水下并铺设铁路供机车车辆通行的隧道。

3. 按照隧道埋置的深度分类

(1)浅埋隧道:隧道上部覆盖层不足隧道洞跨两倍的隧道区段。

(2)深埋隧道:隧道上部覆盖层大于两倍隧道洞跨的隧道区段。

4. 按施工方法分类

(1)钻爆法隧道:用人工或机械钻孔、装药,采用控制爆破方式开挖的隧道。

(2)沉管法隧道:分段预制,并沉埋至设计位置的隧道。

(3)盾构法隧道:用全断面掘进机械开挖的隧道。开挖岩体的机械一般称为TBM,开挖土体的机械一般称为盾构。

(二)按照用途分类

(1)交通隧道:铁路隧道、公路隧道、水底隧道、地下铁道、航运隧道、人行地道。

(2)水工隧道:引水隧道、尾水隧道、导流隧道、排沙隧道。

(3)市政隧道:给水隧道、污水隧道、管路隧道、线路隧道、人防隧道。

(4)矿山隧道:运输巷道、给水隧道、通风隧道。

(三)按照面积分类

按照国际隧道协会(ITA)定义的隧道横断面积大小划分标准分类:

(1)极小断面隧道:隧道横断面积为 $2\sim3\ m^2$。

(2)小断面隧道:隧道横断面积为 $3\sim10\ m^2$。

(3)中等断面隧道:隧道横断面积为 $10\sim50\ m^2$。

(4)大断面隧道:隧道横断面积为 $50\sim100\ m^2$。

(5)特大断面隧道:隧道横断面积大于 $100\ m^2$。

(四)按照断面形状分类

(1)圆形隧道。

(2)矩形隧道。

(3)拱形隧道。

(五)按照开挖跨度分类

(1)小跨度隧道:跨度为5 m以上至8.5 m。

(2)中等跨度隧道:跨度为8.5 m以上至12 m。

(3)大跨度隧道:跨度为12 m以上至14 m。

(4)特大跨度隧道:跨度为14 m以上。

(六)按照长度分类

1. 铁路隧道分类

(1)短隧道:$l\leqslant500$ m。

(2)中隧道：500 m$<l\leqslant$3 000 m。

(3)长隧道：3 000 m$<l\leqslant$10 000 m。

(4)特长隧道：$l>$10 000 m。

2. 公路隧道分类

(1)短隧道：$l\leqslant$500 m。

(2)中隧道：500 m$<l\leqslant$1 000 m。

(3)长隧道：1 000 m$<l\leqslant$3 000 m。

(4)特长隧道：$l>$3 000 m。

第二节 隧道施工方法及工程特点

一、隧道施工方法

隧道施工方法是指以隧道工程为对象、以工艺为核心，运用系统工程的原理，把先进技术和科学管理结合起来，经过工程实践形成的综合配套的施工方法。隧道的施工方法较多，依据地形、地质特征和周边环境，并考虑技术标准、运营条件、风险评估与技术、经济比较分析，从而确定采用不同的方法，主要有矿山法(含传统矿山法和新奥法)、明挖法、暗挖法、盖挖法、掘进机法(TBM 法)、盾构法、沉管法、顶管法等，如图 1-1 所示。

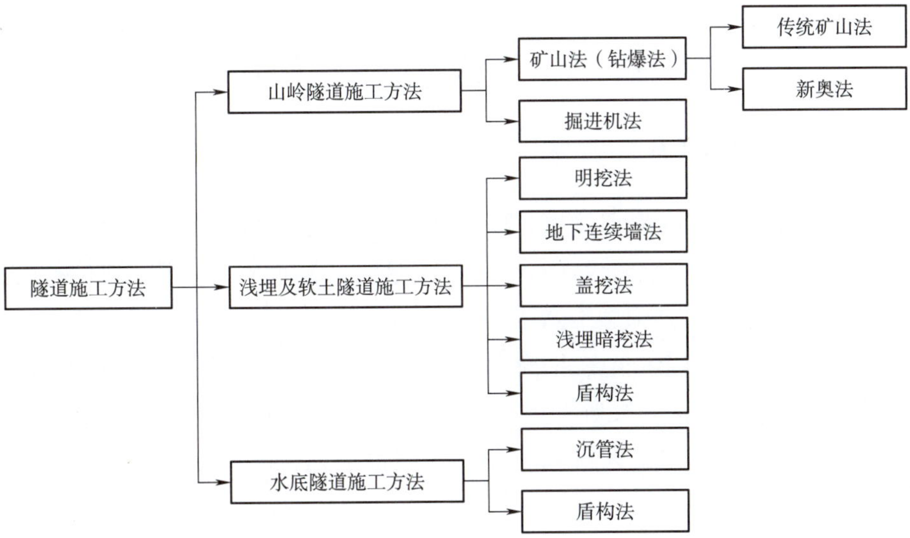

图 1-1 隧道施工方法分类

隧道施工方法不同，采用的测量方法可能就不同，例如矿山法、明挖法、浅埋暗挖法等主要采用人工放样开挖轮廓线法，掘进机法、盾构法、顶管法则采用导向系统测量法。后者需要进行搬站测量，而施工测量的自动化、智能化程度明显高于前者。目前，有些以凿岩台车施工的山岭隧道配置了台车导向系统，也有些山岭隧道采用激光投影进行放样，后者属于少数，有待继续普及和推广应用。

二、隧道工程特点

修建隧道工程是穿越大山、大河等天然障碍的有效方式，对提高铁路、公路等运输效率意义重大。隧道工程的特点主要有：

(1)隧道一般是狭长的建筑物，大部分埋于地下，工程地质和水文地质条件对隧道施工的成败起着重要作用。

(2)隧道内施工作业空间较小、工作面狭长，施工环境较差，施工速度一般比较慢。

(3)隧道工期一般较长，有时为了加快施工进度，需要开挖横洞、平导、斜井、竖井等辅助工程来增加工作面。

(4)隧道工程一般造价昂贵，一旦建成就难以更改。

(5)隧道施工不受昼夜影响，可全天组织施工。

(6)山岭隧道一般较偏僻；城市隧道能够分担地面交通和人流的负荷，节约城市用地；输水隧道能避免地面污染，最大程度保护水源。

(7)隧道内部的气温和湿度比较稳定，节能，可作为各类贮库和冷藏库。

(8)多数隧道具备战备价值，战争时期可有效躲避敌方攻击，有效保护国民。

第三节　隧道工程测量内容、方法及作用

一、隧道工程测量内容和方法

广义上来说，隧道工程测量是隧道工程在规划、勘测设计、施工建造和运营管理的各个阶段进行的测量工作。狭义上来说，隧道工程测量主要指隧道施工建设阶段进行的测量工作，可分为隧道控制测量和隧道施工测量。

隧道控制测量要结合隧道长度、平面形状、辅助坑道位置以及线路通过地区的地形和环境条件选择合适的测量方法。根据测量位置不同，分为隧道洞外控制测量和隧道洞内控制测量。隧道洞外控制测量主要有 GNSS 测量、导线测量、三角形网测量、水准测量、光电测距三角高程测量。隧道洞内控制测量主要有导线测量、水准测量、投点测量、一井定向、两井定向、陀螺定向测量、自由测站边角交会测量。

隧道施工测量可分为线下隧道施工测量和线上隧道施工测量。线下隧道施工测量主要有隧道洞内导线测量、水准测量、开挖轮廓线放样、激光指向测量、盾构(TBM)导向测量、断面测量、椭圆度测量、监控量测、沉降观测、仰拱放样、台车定位测量、沟槽和垫层放样、贯通

测量。线上隧道施工测量主要有轨道控制网 CPⅡ和 CPⅢ测量、轨道粗调、轨道精调、长轨精调、工后沉降观测、运营监测。

隧道平面控制网精度等级可划分为：GNSS 测量依次为特等、一等、二等、三等、四等、五等；导线测量依次为二等、隧道二等、三等、四等和一级、二级；三角形网测量依次为二等、三等、四等。

高程控制测量精度等级可划分为一等、二等、精密水准、三等、四等、五等。各等级一般采用水准测量，三等及以下高程控制测量可采用光电测距三角高程。在困难地区，精密水准和二等高程控制测量可采用精密光电测距三角高程。

二、隧道工程测量作用

隧道工程测量主要任务是保证相向开挖的隧道顺利贯通，并将设计图纸上的结构物、构筑物放样到实地且尺寸准确、精度合限。隧道工程测量的主要作用有：

(1)为隧道施工提供统一的坐标和高程基准，确定各洞口位置以及相对位置关系，以及与国家或地方坐标系统相对关系。

(2)为隧道洞内施工测量提供起算数据，将坐标、方向和高程传递到隧道内，为施工放样、断面测量等提供起算数据。

(3)放样隧道开挖面及隧道内各建(构)筑物，指导开挖方向和高程。

(4)测定贯通误差，并进行贯通误差调整。

(5)测定竣工后实际中线和高程位置，进行断面净空、尺寸和各建(构)筑物位置检核。

(6)为轨道施工和运营维护提供坐标和高程基准。

第二章 隧道测量设计

第一节 隧道测量设计基本要求与主要内容

一、基本要求

隧道测量作业前，应根据工程特点、施工方法、施工工艺、施工组织以及所使用的仪器设备等条件和要求编写隧道工程测量技术设计书。设计书的编写要内容明确、文字简练，对标准或规范中已有明确规定的，一般可直接引用，并根据引用的内容标明所引用的标准或规范名称、日期以及引用的章、条编号，且应在其引用文件中列出；对于作业生产中容易混淆和忽视的问题，应重点描述。名词、公式、符号和计量单位等应与有关法规和标准一致。技术设计书的封面格式、字体和字号等应符合现行《测绘技术设计规定》(CH/T 1004)的相关要求。

二、主要内容

隧道测量技术设计书编写的主要内容应包含任务概述、测区自然地理概况和已有资料情况、引用文件、成果主要技术指标、设计方案(贯通误差预计、上交和归档成果、质量保证措施和要求)、测绘资质、人员资格证书、仪器检定证书等内容。

1. 任务概述

说明任务的来源、目的、任务量、测区范围和行政隶属等基本情况。

2. 测区自然地理概况和已有资料情况

(1)测区自然地理概况

说明与测绘作业有关的测区自然地理概况，内容包括测区地形地貌、居民地、道路交通、水域和气候情况等。

(2)已有资料情况

说明已有资料的数量、形式，采用的坐标系统、高程基准和施测等级等资料的主要质量情况和评价，以及利用的可能性和利用方案等。

3. 引用文件

说明所引用的标准、规范或其他技术文件。

4. 成果主要技术指标

说明作业或成果的坐标系统、高程基准、投影方法、精度或技术等级以及其他主要技术指标等。

5. 设计方案

设计方案主要包含软件和硬件配置要求、技术路线、技术要求、贯通误差预计、上交和归档成果以及质量保证措施等。

(1)软件和硬件配置要求

软件指生产过程中应用的数据处理软件，要注明软件厂家、软件名称、版本号。硬件规定生产所需要的主要测绘仪器和数据处理存储、传输等设备，以及必要的交通工具、主要物资、通信联络设备等。

(2)技术路线

技术路线指项目实施主要生产过程和这些过程之间的输入、输出的接口关系，可采用文字或图表等形式表达，关键技术和措施要进行详细说明、重点强调。

(3)技术要求

技术要求包括各测绘专业活动的主要过程、作业方法和技术、质量要求，以及采用新技术、新方法、新工艺的依据和技术要求。

(4)贯通误差预计

根据制定的作业方法和技术指标要求对隧道的贯通误差进行预计，若预计贯通误差不能满足相关规范的限差要求，则需要对作业方法和技术指标重新进行设计，直至满足贯通限差要求。

(5)上交和归档成果

规定成果的数据内容、格式、存储介质、标识及上交和归档的有关文档资料的类型(技术设计方案、技术总结、质量检查验收报告、重要的过程作业记录)、数量等。

(6)质量保证措施

质量保证措施主要包括组织管理措施、资源保证措施、质量控制措施、数据安全措施等。

第二节　隧道测量精度设计

隧道测量精度等级与隧道长度、线路形状、工程类型、工程建设要求及对贯通限差的要求等相关，不同类型的隧道工程对精度的要求不一样，以下以铁路隧道、地铁隧道为例进行说明。

一、隧道测量精度等级确定

根据《工程测量标准》(GB 50026—2020)规定，隧道洞外、洞内平面控制测量的等级分别见表 2-1 和表 2-2，隧道洞外、洞内高程控制测量的等级见表 2-3，隧道工程的相向施工中线在贯通面上的贯通限差见表 2-4。

表 2-1　隧道洞外平面控制测量的等级

洞外平面控制网类别	洞外平面控制网等级	测角中误差/(″)	隧道长度 l/km
卫星定位测量控制网	二等	—	$l>5$
	三等	—	$l\leqslant5$
三角形网	二等	1.0	$l>5$
	三等	1.8	$2<l\leqslant5$
	四等	2.5	$0.5<l\leqslant2$
	一级	5	$l\leqslant0.5$
导线网	三等	1.8	$2<l\leqslant5$
	四等	2.5	$0.5<l\leqslant2$
	一级	5	$l\leqslant0.5$

表 2-2　隧道洞内平面控制测量的等级

洞内平面控制网类别	洞内导线网测量等级	导线测量中误差/(″)	两开挖洞口间长度 l/km
导线网	三等	1.8	$l\geqslant5$
	四等	2.5	$2\leqslant l<5$
	一级	5	$l<2$

表 2-3　隧道洞外、洞内高程控制测量的等级

高程控制网类别	等级	每千米高差全中误差/mm	洞外水准路线长度或两开挖洞口间长度 l/km
水准网	二等	2	$l>16$
	三等	6	$6<l\leqslant16$
	四等	10	$l\leqslant6$

表 2-4　隧道贯通面上的贯通限差

类　别	两开挖洞口间长度 l/km	贯通限差/mm
横向	$l<4$	100
	$4\leqslant l<8$	150
	$8\leqslant l<10$	200
高程	不限	70

二、铁路隧道施测精度等级确定

根据《铁路工程测量规范》(TB 10101—2018)规定，铁路隧道平面控制测量的精度等级见表2-5和表2-6，高程控制测量的精度等级见表2-7，贯通允许误差见表2-8。

表 2-5　隧道平面控制测量技术要求

测量部位	测量方法	测量等级	隧道长度/km	洞外定向边/洞内导线边长度/m
洞外	GNSS测量 导线测量 三角形网测量	一等(GNSS)	8～20	≥400
		二等	4～8	≥350
		三等	2～4	≥300
		四等	<2	≥250
洞内	导线测量	二等	8～20	≥400
		隧道二等	5～8	≥350
		三等	2～5	≥300
		四等	1.5～2	≥200
		一级	<1.5	≥200

表 2-6　导线测量的主要技术要求

等　级	测角中误差/(″)	测距相对中误差	测回数		方位角闭合差/(″)	导线全长相对闭合差
			0.5″级仪器	1″级仪器		
二等	1.0	1/250 000	6	9	$\pm 2\sqrt{n}$	1/100 000
隧道二等	1.3	1/200 000	6	9	$\pm 2.6\sqrt{n}$	1/100 000
三等	1.8	1/150 000	4	6	$\pm 3.6\sqrt{n}$	1/55 000
四等	2.5	1/100 000	3	4	$\pm 5\sqrt{n}$	1/40 000
一级	4	1/50 000	—	2	$\pm 8\sqrt{n}$	1/20 000
二级	7.5	1/25 000	—	—	$\pm 15\sqrt{n}$	1/10 000

注：n为测站测角个数。

表 2-7　高程控制测量设计要求

水准测量等级	每千米水准测量偶然中误差 M_Δ/mm	每千米水准测量全中误差 M_W/mm	附合路线或环线周长的长度/km	
			附合路线长	环线周长
一等	<0.45	<1	—	≤1 600
二等	≤1	≤2	≤400	≤750
精密水准	≤2	≤4	≤150	≤200
三等	≤3	<6	≤150	≤200
四等	≤5	≤10	≤80	≤100
五等	≤7.5	≤15	<30	≤30

表 2-8　隧道贯通允许误差

项　　目	横向贯通允许误差							高程贯通允许误差
	$l<4$	$4\leqslant l<7$	$7\leqslant l<10$	$10\leqslant l<13$	$13\leqslant l<16$	$16\leqslant l<19$	$19\leqslant l<20$	
洞外贯通中误差/mm	30	40	45	55	65	75	80	18
洞内贯通中误差/mm	40	50	65	80	105	135	160	17
洞内外综合贯通中误差/mm	50	65	80	100	125	160	180	25
贯通限差/mm	100	130	160	200	250	320	360	50

注：l—相向开挖隧道长度，km。

三、地铁施测精度等级确定

地铁施测精度等级主要根据城市轨道交通线路规划布局和建设步骤以及工程建设要求等进行等级和精度设计。测量作业主要精度按照现行《城市轨道交通工程测量规范》(GB/T 50308)规定执行。平面控制测量一般以整座城市进行统一规划，采用卫星定位测量方法按一等网精度要求进行一次全面布网；线路控制测量采用卫星定位测量方法按二等网精度分期布网，线路加密控制测量采用精密导线测量方法按三等网精度要求施测。高程基准控制网按照城市轨道交通水准测量一等网精度要求一次全面布设；线路高程控制网应按照城市轨道交通水准测量二等网精度要求施测，并根据建设需要分期布设。

卫星定位控制网、精密导线网、高程控制网、贯通误差和贯通限差应满足表 2-9～表 2-12 的规定。

表 2-9　卫星定位控制网测量技术要求

控制网等级	平均边长/km	固定误差/mm	比例误差/(mm/km)	相邻点的相对点位中误差/mm	最弱边相对中误差
一等	10	≤5	≤2	≤±20	1/200 000
二等	2	≤5	≤5	≤±10	1/100 000

表 2-10　精密导线网测量技术要求

控制网等级	闭合环或附合导线平均长度/km	平均边长/m	每边测距中误差/mm	测角中误差/(″)	方位角闭合差/(″)	全长相对闭合差	相邻点的相对点位中误差/mm
三等	3	350	±3	±2.5	$\pm5\sqrt{n}$	1/35 000	±8

注：n 为导线的角度个数。

表 2-11　水准测量技术要求

水准测量等级	每千米高差中数中误差/mm		环线或附合水准路线最大长度/km	水准仪等级	水准尺	观测次数		往返较差、附合或环线闭合差/mm
	偶然中误差 M_Δ	全中误差 M_W				与已知点联测	附合或环线	
一等	±1	±2	400	DS_1	因瓦尺或条码尺	往返测各一次	往返测各一次	$\pm4\sqrt{L}$
二等	±2	±4	40	DS_1	因瓦尺或条码尺	往返测各一次	往返测各一次	$\pm8\sqrt{L}$

注：1. L—往返测段、附合或环线的路线长度(km)。
2. 采用电子水准仪测量的技术要求应与同等级的光学水准仪测量技术要求相同。

表 2-12　地铁贯通测量中误差和限差

类　别	贯通中误差/mm	贯通限差/mm
横向	±50	±100
高程	±25	±50

第三节　隧道施工放样设计

一、隧道施工放样设计

隧道施工放样是把设计图纸上隧道工程建（构）筑物的平面位置和高程，用一定的测量仪器和方法测设到实地上的一种技术性工作。隧道工程的放样精度与隧道质量、进度和效益紧密相关，选择合适的仪器、合理的方法、合格的测量人员、必要的管理和检核措施是成功的关键。因此，在施工放样前，要根据工程特点、施工工艺、技术指标要求编写技术方案，其内容包括：

(1)工程任务概况；

(2)作业依据与技术指标；

(3)现有资料；

(4)采用的测量放样方法；

(5)拟投入的设备、人员；

(6)施测准备与作业实施；

(7)数据处理分析；

(8)质量保证措施；

(9)施测安全及仪器管理措施。

二、隧道工程施工放样精度分析

隧道工程施工放样分为平面放样和高程放样，放样精度受多种因素影响，以下对平面放样精度和高程放样精度影响因素分别进行分析。

1. 平面放样精度分析

平面放样精度主要受边长和角度测量精度的影响，在隧道工程施工中边长和角度测量影响因素主要包括仪器对中误差、目标偏心误差、仪器自身的误差、观测误差、外界因素引起的误差。

提高平面放样精度需要减小或消除以上误差对边长和角度带来的影响，同时要特别重视粗差，一方面进行换手计算、换手测量，另一方面加强系统管理，加强过程检查、成果抽查、仪器检校，有效规避测量粗差。

2. 高程放样精度分析

高程放样分为水准测量高程放样和光电三角高程测量放样。引起水准测量高程放样误差因素主要有仪器自身误差、观测误差、外界因素引起的误差，引起光电三角高程测量放样误差主要有仪器自身误差、观测误差、测量仪器高和棱镜高引起的误差。

高精度的高程放样必须采用水准测量或光电精密三角高程往返观测并减小或消除各种误差。另外，采用光电精密三角高程放样的高程，采用水准高程进行抽检，反之，采用水准测量的高程，采用光电精密三角高程进行抽检，以做到相互核对，提高放样质量和精度。

第四节　隧道变形监测设计

一、隧道变形监测方案

隧道变形观测作业前，应收集相关工程水文地质、岩土参数资料和设计图纸，并根据岩土工程地质条件、工程类型、工程规模、基础埋深、建筑结构和施工方法、前期现场踏勘情况等资料，进行变形监测方案设计。变形监测方案包括下列内容：

(1)工程概况；

(2)建设场地地质条件、周边环境条件及工程风险特点；

(3)监测目的和依据；

(4)监测范围和工程监测等级；

(5)监测对象及项目；

(6)基准点、监测点的布设方法与保护要求，监测点布置图；

(7)监测方法和精度；

(8)监测频率；

(9)监测控制值、预警等级、预警标准及异常情况下的监测措施；

(10)监测信息的采集、分析和处理要求；

(11)监测信息反馈制度；

(12)监测仪器设备、元器件及人员的配备；

(13)质量管理、安全管理及其他管理制度。

二、变形观测精度等级设计

隧道变形观测的精度取决于监测目的、允许变形值的大小、仪器和方法所能达到的精度。为了监视建(构)筑物的安全、满足预警需要，变形观测一般按观测中误差小于允许变形值的 1/20～1/10 控制。对于特别重要的建筑物，为了研究变形规律，精度应尽可能高些，因为精度的高低会影响观测成果的可靠性。当然，在确定精度时，还要考虑设备性能，在设备条件具备，且增加工作量不大的情况下，以尽可能高些为宜。

国家相关规范和设计文件对隧道变形观测的精度有明确要求时，应按照规范和设计文件执行。《铁路隧道监控量测技术规程》(Q/CR 9218—2024)和《城市轨道交通工程监测技术规范》(GB 50911—2013)分别针对铁路隧道相关监测项目和城市轨道交通工程相关监测项目的监测精度做了具体要求，现场开展隧道变形观测时，应根据相关规范、设计文件要求和监测对象、目的选择适合的变形监测控制精度等级。《工程测量标准》(GB 50026—2020)中针对垂直位移监测和水平位移监测的等级划分及精度要求见表 2-13。

表 2-13　变形监测的等级划分及精度要求

等级	垂直位移监测		水平位移监测	适用范围
	变形观测点的高程中误差/mm	相邻变形观测点的高差中误差/mm	变形观测点的点位中误差/mm	
一等	0.3	0.1	1.5	变形特别敏感的高层建筑、高耸构筑物、工业建筑、重要古建筑、大型坝体、精密工程设施、特大型桥梁、大型直立岩体、大型坝区地壳变形监测等
二等	0.5	0.3	3.0	变形比较敏感的高层建筑、高耸构筑物、工业建筑、古建筑、特大型和大型桥梁、大中型坝体、直立岩体、高边坡、重要工程设施、重大地下工程、危害性较大的滑坡监测等
三等	1.0	0.5	6.0	一般性的高层建筑、多层建筑、工业建筑、高耸构筑物、直立岩体、高边坡、深基坑、一般地下工程、危害性一般的滑坡监测、大型桥梁等
四等	2.0	1.0	12.0	观测精度要求较低的建(构)筑物、普通滑坡监测、中小型桥梁等

注：1. 变形观测点的高程中误差和点位中误差，是指相对于邻近基准点的中误差。
2. 特定方向的位移中误差可取表中相应等级点位中误差的 $1/\sqrt{2}$ 作为限值。
3. 垂直位移监测可根据需要按变形观测点的高程中误差或相邻变形观测点的高差中误差，确定监测精度等级。

第五节　隧道控制点编号设计

一、地表基准控制点编号

框架平面控制网(CP0)、基础平面控制网(CPⅠ)和线路平面控制网(CPⅡ)控制点编号一般由设计单位完成，全线统一且从小里程依次向大里程进行编号，每个点号在全线具有唯一性。例如：CP012，CP0 表示框架平面控制网，12 表示控制点序号；CPⅠ12，CPⅠ表示基础平面控制网，12 表示控制点序号；CPⅡ12，CPⅡ表示线路平面控制网，12 为控制点序号。

平面控制点首次被破坏、补桩后，应进行重新编号，一方面与原控制桩保持一定的延续性，另一方面要进行区别，以表示并非同一个控制点。一般采用“原点号＋字母”的形式进行编号。例如：首次补桩后编为 CPⅠ12A，CPⅠ12 与原桩保持一致，A 表示首次补桩；二次补桩时 CPⅠ12B,B 表示二次补桩,依此类推补桩用 C、D、E……表示。

地表基准水准网一般由设计单位全线进行编号,一般用"BM+水准点序号"表示。如 BM25,BM 表示基准水准网,25 表示水准点序号。基准水准点宜与平面控制点共桩,当共桩时,以平面控制点点号为准。当水准点首次被破坏后,补桩应进行重新编号,首次补桩后一般在点号后加 A,二次补桩后再点号后加 B,依此类推用 C、D、E……表示,见表 2-14。

表 2-14　地表基准控制桩编号

点　　号	含　　义	备　　注
CP012	框架平面控制网第 12 号控制点	平面
CPⅠ12	基础平面控制网第 12 号平面控制点	
CPⅠ12A	基础平面控制网第 12 号平面控制点首次补桩后点号	
CPⅡ12	线路平面控制网第 12 号平面控制点	
CPⅡ12B	线路平面控制网第 12 号平面控制点二次补桩后点号	
BM10	基准水准网第 10 号水准点	高程
BM10A	基准水准网第 10 号水准点首次补桩后编号	

二、地表加密控制点编号

地表平面加密点由施工单位完成,编号时一般以整标段进行统一考虑,按顺序编号,要考虑不同工区点号唯一性和点号可扩展性,一般编号为"JM+工区号-控制点序号"组成。如 JM3-5,JM 表示地表平面加密点,3 表示三工区,5 表示控制点序号,第一次补桩时编号为 JM3-5A,二次补桩时编号为 JM3-5B。

当地面水准网出现结点时,如隧道水准线路与斜井、竖井联测,斜井、竖井一般为支水准线路,此时水准结点一般以"J+数字点序号"表示。例如,J3 表示第三个水准结点。

地表水准加密点编号与平面加密点类似,一般采用"JBM+工区序号+控制点序号"组成。如 JBM23,JBM 表示地表水准加密点,2 表示二工区,3 表示序号,第一次补桩时编号为 JBM23A,二次补桩时编号为 JBM23B,当与平面加密点共桩时,以平面点位为准。地表加密控制桩编号见表 2-15。

表 2-15　地表加密控制桩编号

点　　号	含　　义	备　　注
JM3-5	三工区 5 号平面加密桩	平面
JM3-5A	三工区 5 号平面加密桩首次补桩后编号	
JBM23	二工区 3 号高程加密桩	高程
JBM23B	二工区 3 号高程加密桩二次补桩后编号	
J3	水准网结点编号	

注:当工区(多个分部)重名时,可命名 J1M2-3,第一个数字 1 表示一分部,第二个数字 2 表示二工区,第三个数字 3 表示三号控制点。

三、隧道独立控制网编号

隧道独立平面控制网编号一般采用“D＋GPS＋工区号＋序号”形式组成，一般按照隧道施工工区进行顺序编号。如DGPS2-3，DGPS表示隧道独立平面控制网，2表示二工区，3表示控制点序号。当一个标段内有多个隧道独立平面控制网时，可加数字区别不同隧道独立控制网控制桩。如D3GPS1-3，D3GPS表示第3座隧道独立平面控制网，1表示一工区，3表示控制点序号。

隧道独立高程控制网编号一般采用“D＋BM＋工区号＋序号”形式组成，按照隧道施工工区进行顺序编号。如DBM2-3，DBM表示隧道独立高程控制网，2表示二工区，3表示水准点序号。当一个标段内有多个隧道独立高程控制网时，可加数字区别不同隧道独立控制桩编号。如D3BM1-3，D3BM表示第三座隧道独立高程控制网，1表示一工区，3表示水准点序号。隧道独立控制网控制桩编号见表2-16。隧道独立高程控制网要特别注意断高，在隧道顺利贯通后进行线上施工时，要正确处理隧道进出口与相邻结构物的衔接关系。

表2-16　隧道独立控制网控制桩编号

点　号	含　义	备　注
DGPS2-3	隧道独立平面控制网二工区3号控制桩	平面
D3GPS1-3	第三座隧道独立平面控制网一工区3号控制桩	
DBM2-3	隧道独立高程控制网二工区3号水准点	高程
D3BM1-3	第三座隧道独立高程控制网一工区3号水准点	

四、隧道内控制点编号

（1）隧道内平面控制点宜以里程为参照进行编号，以方便查找控制点位置。考虑到铁路里程一般以“DK＋里程数”表示，以“D＋整里程＋序号”表示面向大里程施工的控制点，其中尾数为奇数表示左线导线点，尾数为偶数表示右线导线点。如D35601，表示DK356里程段，从进口方向面向大里程施工时左线第一个平面控制点。以“K＋整里程＋序号”表示面向小里程施工的控制点，其中尾数为奇数表示左线导线点，尾数为偶数表示右线导线点。如K36602，表示DK366里程段，从出口方向面向小里程施工时线路右侧第一个平面控制点。

（2）隧道平导内控制点一般以“P＋整里程＋序号”表示，从大里程向小里程施工时，与隧道正洞控制点编号保持一致。如P35601，表示DK356里程段，左线第一个控制点。

（3）隧道内高程点宜与平面控制点共桩，单独埋设高程控制点时，一般以“NBM＋里程数＋序号”表示。如NBM35603，表示DK356里程段第三个水准点。

（4）隧道内陀螺控制边一般以“TL＋控制点点号”表示。如TLD35601，表示在D35601上进行了陀螺定向测量。

(5)隧道内重力点一般以“ZL+控制点点号”表示。如 ZLD35601，表示在 D35601 上进行了重力测量。

(6)洞内控制桩编号见表 2-17。

表 2-17 洞内控制桩编号

点号	含义	备注
D35601	DK356 里程段线路左侧第一个平面控制点	面向大里程方向施工
D35602	DK356 里程段线路右侧第一个平面控制点	
K36601	DK366 里程段线路左侧第一个平面控制点	面向小里程方向施工
K36602	DK366 里程段线路右侧第一个平面控制点	
P36001	平导 360 里程段线路左侧第一个平面控制点	与正洞保持一致
P36002	平导 360 里程段线路右侧第一个平面控制点	
NBM35603	DK356 里程段线路第三个水准点	
TLD35601	D35601 上进行了陀螺定向测量	
ZLD35601	D35601 上进行了重力测量	

五、辅助坑道内控制点编号

斜井内平面控制点一般以“X+斜井序号+控制点序号”表示，横洞内平面控制点一般以“H+横洞序号+控制点序号”表示，竖井内平面控制点一般以“S+竖井序号+控制点序号”表示。辅助坑道水准点宜与平面控制共桩，若单独设置水准点时，以“FBM+辅助坑道序号+水准点序号”。辅助坑道内控制点编号见表 2-18。

表 2-18 辅助坑道内控制点编号

点号	含义	备注
X201	2 号斜井进洞左侧第一个平面控制点	平面
X202	2 号斜井进洞右侧第一个平面控制点	
H303	3 号横洞进洞左侧第二个平面控制点	
H304	3 号横洞进洞右侧第二个平面控制点	
S101	1 号竖井进井左侧第一平面控制点	竖井
S201	2 号竖井进井左侧第一平面控制点	
FBM201	2 号辅助坑道进洞第一个水准点	水准

注：洞内水准点宜与导线点共点。

六、临时测量点编号

隧道内导线点临时点一般以“ZD+序号”，如 ZD3，表示 3 号转点；隧道内水准点转点一般以“水准区段序号+L+序号”表示，隧道内施工测量平面临时点一般以“里程+L+序号”

表示，隧道内施工测量水准临时点一般以“里程＋S＋序号”表示。

特长隧道地表水准测量或复测过程中，宜每隔 1.5～2 km 埋设固定水准点，采用“数字＋隧道名称简称＋数字”编号。如 1FDS005，表示方斗山隧道地表第 5 号临时水准点，首位采用数字，在数字处理时，可一次性识别为转点，有利于数据处理，还方便查找临时水准点高程。临时测量点编号见表 2-19。

表 2-19　临时测量点编号

点　号	含　义	备　注
ZD3	平面控制点 3 号转点	
2L11	第二水准测段第 11 号水准点	
135L3	DK135 里程段第 3 个临时平面测量点	
135S3	DK135 里程段第 3 个临时水准点	
1FDS005	方斗山隧道地表第 5 号临时水准点	

第六节　贯通误差估算

贯通误差估算是指在隧道及地下工程施工过程中，为了减少贯通误差对工程的影响采取技术措施对贯通误差进行提前预判，从而确定采用的测量精度等级、测量方法及其他测量措施，以保障最终贯通时精度满足工程需要。贯通误差估算一般需要考虑相向开挖隧道的长度、走向、贯通面位置、贯通限差、测量精度等级、测量次数、测量桩点及边长间距布设以及贯通测量精度评定等。贯通误差估算是保障隧道及地下顺利贯通的关键工作之一，直接关系到工程质量和使用功能，对隧道及地下工程建设成败具有重要作用。

一、贯通误差的概念

隧道及地下工程的开挖掘进是在测量工作的指导下进行的，因此，测量误差直接影响着工程施工质量。在地下线形工程的相向开挖掘进中，由于测量误差的积累，两施工中线在衔接处产生的错开现象称为贯通误差，用 Δ_P 表示。如图 2-1 中的某施工点 P' 或 P'' 称为预设贯通点，两预设贯通点的连线是一条空间线段，两点的空间距离即为贯通误差。贯通误差 Δ_P 在中线方向上的水平投影长度称为纵向贯通误差，用 Δ_t 表示；在铅垂线方向上的投影长度称为竖向贯通误差或高程贯通误差，用 Δ_h 表示；在垂直于中线方向上的水平投影长度称为横向贯通误差，用 Δ_Q 表示。一般来说，纵向贯通误差 Δ_t 只影响隧道的长度，与工程质量关系不太大，因此影响不太严重；竖向贯通误差 Δ_h 会影响衔接处的平顺性或纵向坡度，要求较高，但实践经验表明，应用水准测量的方法容易达到所要求的精度；横向贯通误差 Δ_Q 会影响隧道有效断面的大小，如果误差太大致使有效断面尺寸过小，就必须部分拆除已做好的衬砌，拓宽后重砌，或者采取其他补救措施，这些都会造成很大的经济损失并拖延工期。而且，由于地下条件的限制，减少横向贯通误差比较困难，因此对横向贯通误差进行研究意义重大。

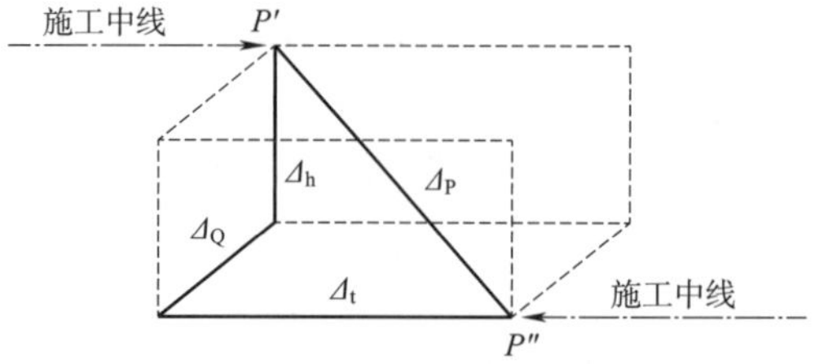

图 2-1 贯通误差及其分量示意

贯通误差是真误差，与 Δ_h、Δ_t 和 Δ_Q 相对应的中误差分别用符号 m_h、m_t 和 m_Q 表示，主要用于贯通测量估算。

贯通误差是地下线形工程建设的一个重要质量指标，因此，对最后的测定值都有一个限定，这个规定的限值用 $\Delta_{h限}$、$\Delta_{t限}$ 和 $\Delta_{Q限}$ 表示。例如，《铁路工程测量规范》(TB 10101—2018)规定：当两相向开挖的隧道长度 $L<4$ km 时，$\Delta_{Q限}=100$ mm；当 4 km$\leqslant L<7$ km 时，$\Delta_{Q限}=130$ mm；当 7 km$\leqslant L<10$ km 时，$\Delta_{Q限}=160$ mm；当 10 km$\leqslant L<13$ km 时，$\Delta_{Q限}=200$ mm；当 13 km$\leqslant L<16$ km 时，$\Delta_{Q限}=250$ mm；当 16 km$\leqslant L<19$ km 时，$\Delta_{Q限}=320$ mm；当 19 km$\leqslant L<20$ km 时，$\Delta_{Q限}=360$ mm；当 L 大于 20 km 时进行专项平面控制测量设计另定；$\Delta_{h限}$一律取 50 mm。再如，《城市轨道交通工程测量规范》(GB/T 50308—2017)规定，地下隧道和车站 $\Delta_{Q限}<100$ mm，$\Delta_{h限}<50$ mm。欧美国家的工程标准取 $\Delta_{Q限}=10\sim20$ mm/km，甚至有的更严，如奥地利长为 14 km 的阿尔贝格隧道，$\Delta_{Q限}$取 50 mm。

由上述可知，贯通误差包括中误差、真误差、真误差限值三方面，其关系应为

$$\begin{cases}\Delta_Q\leqslant 2m_Q\leqslant\Delta_{Q限}\\ \Delta_h\leqslant 2m_h\leqslant\Delta_{h限}\\ \Delta_t\leqslant 2m_t\leqslant\Delta_{t限}\end{cases}\tag{2-1}$$

一般地，贯通中误差、贯通真误差、贯通真误差的限值三个概念在不产生混淆的情况下，均以贯通误差称之。

二、横向贯通误差影响因素的划分

在经典工程测量工作中，贯通测量是一项责任重大且比较复杂的测量工作。因此，方案设计常常划分为若干个小部分，以减轻整体设计的任务量。

以两端均由平峒相向开挖的山岭隧道为例，横向贯通的误差影响因素有地面控制测量误差对横向贯通的影响 $m_Q^{上}$、一端地下(基本)导线测量误差对横向贯通的影响 $m_Q^{下1}$、另一端地下(基本)导线测量误差对横向贯通的影响 $m_Q^{下2}$。

总的横向贯通误差为

$$m_Q = \pm\sqrt{(m_Q^{上})^2 + (m_Q^{下1})^2 + (m_Q^{下2})^2} \tag{2-2}$$

根据方案设计，总的目标应有

$$m_Q \leqslant \frac{1}{2}\Delta_{Q限} \tag{2-3}$$

三、贯通误差的分配方法

现在考虑上例中由式(2-4)进行的各项分配，进一步完成方案设计任务的分解。

$$m_Q = \pm\sqrt{(m_Q^{上})^2 + (m_Q^{下1})^2 + (m_Q^{下2})^2} \leqslant \frac{1}{2}\Delta_{Q限} \tag{2-4}$$

最简单的同时也是最粗略的分配方法是使用等影响原则，使

$$m_Q^{上} = m_Q^{下1} = m_Q^{下2} \leqslant \frac{\sqrt{3}}{3}\left(\frac{1}{2}\Delta_{Q限}\right) \tag{2-5}$$

考虑到由于地下条件的限制，地下控制测量被迫采用最不利的支导线形式(或类似性质的导线网或主副交叉导线网形)，而地面控制测量可以采用GNSS等先进测量技术以提高精度，因此，应将误差多分配给地下控制测量，而使地面控制网误差的影响减小到可忽略不计的程度。据此，按可忽略不计标准，使

$$m_Q^{上} \leqslant \frac{1}{3}\left(\frac{1}{2}\Delta_{Q限}\right) = \frac{1}{6}\Delta_{Q限} \tag{2-6a}$$

则有

$$\sqrt{(m_Q^{下1})^2 + (m_Q^{下2})^2} \leqslant \sqrt{\left(\frac{1}{2}\Delta_{Q限}\right)^2 - \left(\frac{1}{6}\Delta_{Q限}\right)^2} = \frac{\sqrt{2}}{3}\Delta_{Q限}$$

附加条件

$$\frac{m_Q^{下1}}{l_1} = \frac{m_Q^{下2}}{l_2}$$

式中　l_1, l_2——两洞口到贯通面的距离。

则可得到

$$m_Q^{下1} \leqslant \frac{1}{\sqrt{1+\left(\frac{l_2}{l_1}\right)^2}} \cdot \frac{\sqrt{2}}{3}\Delta_{Q限} \tag{2-6b}$$

$$m_Q^{下2} \leqslant \frac{1}{\sqrt{1+\left(\frac{l_1}{l_2}\right)^2}} \cdot \frac{\sqrt{2}}{3}\Delta_{Q限} \tag{2-6c}$$

从生产中的可能情况来考虑，通常地面控制和地下控制不是由同一个施测队伍建立，并且有时地面控制往往在贯通面的最后设计准备好之前已经建立，亦即 $m_Q^{上}$ 已不可变动，这时的误差分配方案理应是

$$m_Q^{下_1} \leqslant \frac{1}{\sqrt{1+\left(\frac{l_2}{l_1}\right)^2}} \sqrt{\left(\frac{1}{2}\Delta_{Q限}\right)^2 - (m_Q^{上})^2} \tag{2-7a}$$

$$m_Q^{下_2} \leqslant \frac{1}{\sqrt{1+\left(\frac{l_1}{l_2}\right)^2}} \sqrt{\left(\frac{1}{2}\Delta_{Q限}\right)^2 - (m_Q^{上})^2} \tag{2-7b}$$

总之，贯通误差的分配是比较灵活的，实践中，应根据具体工程的实际情况，做到尽可能合理。

四、地面控制网布设

如图 2-2(a)所示，若两洞口点 A、B 连线与贯通面大致垂直，且 A、B 两点相互通视，则可以将 A、B 连线作为地面控制网(这时也可以称为施工基线)。显然这样的控制网对横向贯通没有任何误差影响，亦即 $m_Q^{上}=0$。

如图 2-2(b)所示，若两洞口点 A、B 连线与贯通面大致垂直，但 A、B 两点不通视，如果这时能在靠近贯通面处且位于 A、B 连线上选一点 C 与 A、B 通视，从而组成支导线 ACB 作为地面控制网，这时也可以推证得 $m_Q^{上}=0$。

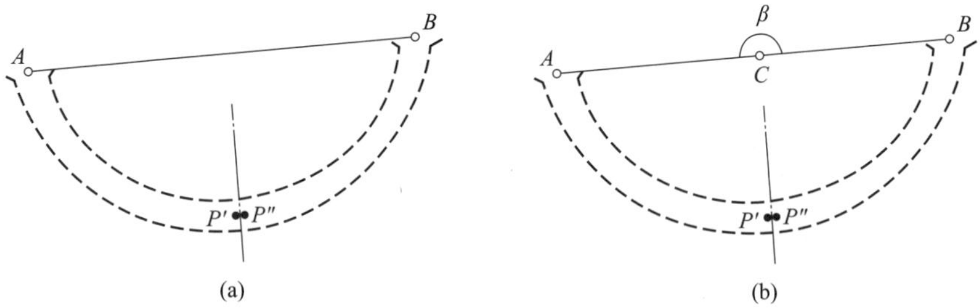

图 2-2 贯通工程地面控制网的特例

由上述两个特例可知，即使采用最简单的支导线布网形式也有可能满足横向贯通的精度要求。实际上，也应该尽量这样做。因为支导线布网最为简单，误差分析和方案设计也很容易进行。当然，作为贯通工程地面控制网，支导线的边长应尽量地长、节点应尽量地少，两洞口点之间的联系点应尽量靠近贯通面，平行于贯通面的边和远离贯通面的角度应尽量高精度观测，等等。

以上考虑的支导线可视作地面控制网的精度导线，在此基础上还应该考虑构成适当的网形，如图 2-3 所示，以满足可靠性的要求。这种简化是很有意义的，若支导线能满足精度要求，则在支导线基础上增加一些观测，精度高了，更能满足要求了。

另外，洞口附近还要有足够的点位，以保证洞口点及进洞方位的方便、可靠和易于保护。

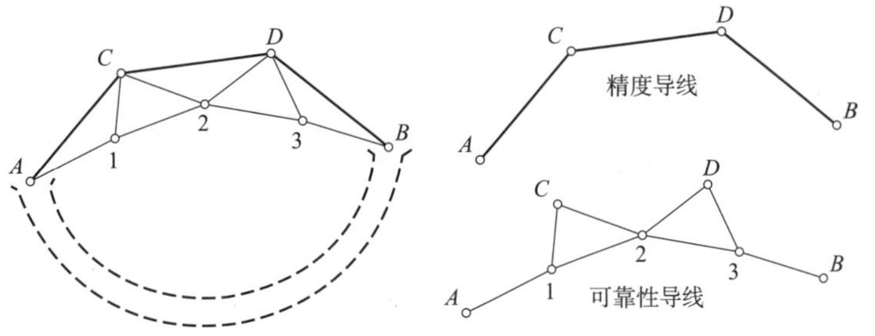

图 2-3　“精度＋可靠性”的设计思路

五、竖井联系测量误差影响

当地下线状工程需通过竖井开挖掘进时，贯通测量方案的设计还必须考虑竖井联系测量的误差影响。设有图 2-4 所示的贯通模型，则洞口点坐标(x,y,H)及进洞方位α需经过竖井传递到井下(这一工作称为竖井联系测量)才能指导隧道的开挖掘进，这些数据的传递误差必然影响到隧道的贯通质量，其中x、y、α的传递误差影响着横向贯通。根据前述讨论，显然有

$$m_Q=\pm\sqrt{(m_Q^{上})^2+(m_Q^{井_1})^2+(m_Q^{井_2})^2+(m_Q^{下_1})^2+(m_Q^{下_2})^2}\leqslant\frac{1}{2}\Delta_{Q限} \tag{2-8}$$

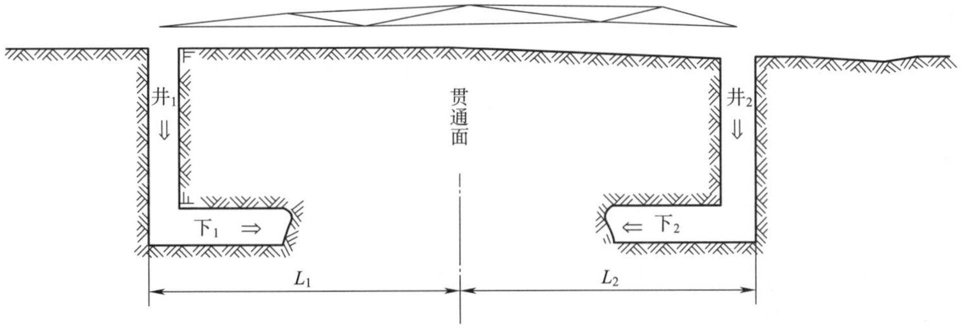

图 2-4　通过竖井开挖地下隧道

式中，$m_Q^{井_1}$、$m_Q^{井_2}$为竖井联系测量误差对横向贯通的误差影响，对其进行分析时，当然也假定地面控制和地下控制均无误差。显然，$m_Q^{井_1}$、$m_Q^{井_2}$与$m_Q^{上}$有类似的表达式。

在生产实践中，尤其是当竖井较深时(如矿山巷道)，α的传递误差很难减少，所以常常是以能达到的最高精度实施。再如地面网已经建立，即$m_Q^{上}$为已知，则地下控制测量的误差影响应在$\sqrt{\left(\frac{1}{2}\Delta_{Q限}\right)^2-(m_Q^{上})^2-(m_Q^{井_1})^2-(m_Q^{井_2})^2}$的基础上进行分配。

六、贯通误差估算意义

贯通误差估算是计算实际偏差可能出现的最大限度，而不是估算贯通实际偏差的大小，故贯通误差估算只有概率上的意义，其目的是优化测量方案以及选择适当的测量精度、测量设备、测量方法，做到对贯通心中有数。因此，在满足工程质量要求的前提下，既不能由于测量精度太低而造成贯通误差超限，影响工程质量，也不因盲目追求高精度而增加测量工作量，影响工程施工正常生产。

第三章 隧道平面控制测量

第一节 洞外平面控制测量

隧道洞外平面控制测量需要结合开挖方式、隧道长度、地面起伏等情况，采用 GNSS 测量、导线测量、三角网测量及综合测量方法，目前主要采用 GNSS 测量方法。

一、中 线 法

先测定出隧道中线控制点，然后以控制点为基准，将中线引入洞内。这种方法比较简单，适用于对贯通精度要求不高的短小隧道。

二、导 线 法

导线法布设灵活、适用性强，是隧道洞外控制网布设广泛采用的方法之一。一般精密导线需要布设成导线环或者闭合导线。为了增加检核条件，导线环的个数要多于 4 个，每个环的边数不宜太多，以 4～6 条为宜。导线边长不要太短，应尽量布设成等边直伸导线，同时适当提高测角测回数，以有利于减小测边测角误差对于横向贯通误差影响。

三、三角测量

三角测量的方向控制高于中线法和导线法，三角测量可以采用测角三角锁以及边角网、测边网。三角测量方向精度控制最高，同时对测边要求很高，易受地物地貌影响，平差工作量大。

四、三角锁和导线联合控制

这种方法适用于特殊地形，比如隧道在市区，可以通过在三角锁中间布设导线环穿过市区。三角锁控制网布设时应注意：三角锁或导线环尽量选择长边以减小测边测角误差对横向贯通误差影响。洞口附近布设至少三个平面控制点，检验点位稳定性和检核入洞方位。三角锁若有一条起始边，则应布于其中间；两条的情形布设于三角锁两边。当三角锁中增加基线检核条件时，应将基线设于锁段两端，但起始边的精度应满足式(3-1)。

$$\frac{m_b}{b} \leqslant \frac{m_\beta}{\sqrt{2}\rho} \tag{3-1}$$

式中 m_b——边长中误差；

m_β——测角中误差；

b——边长；

ρ——常数，为 206 265″。

五、GNSS 测量

目前，GNSS 测量是长大隧道布设控制网主要方法，具有速度快、全天候、劳动强度低、数据解算精度高、受外界环境影响较小、布网范围大等优点。隧道 GNSS 网由隧道各开挖口的 GNSS 子网组成，每个隧道洞口至少布设 3 个控制点。GNSS 网的边长一般介于 300 m 与 30 km 之间，每个控制点一般至少连接 3 个 GNSS 点，GNSS 控制点之间一般不要求通视，但考虑到施工测量的需要，进洞控制点应至少通视两个 GNSS 点，以方便检核点的稳定性。GNSS 点位应空中开阔，确保能够接收到足够多的同步卫星，附近不应有对电磁波强烈吸收和反射的金属或其他物体。为了减弱垂线偏差，每一洞口处的 3 个 GNSS 控制点高差不宜过大。在可能的情况下，各洞口控制点之间的高差尽量小一些，GNSS 网必须由异步环构成检核条件，以提高网的可靠性。GNSS 观测前应编制出 GNSS 卫星可见性预报表，方便外业测量以及基线解算。

GNSS 数据处理与分析理论已经取得了突飞猛进的进展，周跳探测与模糊度分解等 GNSS 基线解算中的关键问题算法比较成熟，因此它是长大隧道控制测量中首选方案。

第二节　洞内平面控制测量

隧道洞内控制测量是以地表控制网为起算引测至隧道内的精密测量工作，用以指导隧道施工放样，包括开挖轮廓线放样、二次衬砌台车定位测量、水沟电缆槽放样以及后续附属工程施工放样，为洞内施工测量联测提供起算依据。洞内平面控制测量一般采用导线法和水准法进行。洞外洞内平面控制网宜以双边连接引入，洞内导线测量单方向传递距离大于 3 km 时，应辅助精密陀螺定向测量，以检核导线方位，确保掘进方向准确。洞内高程传递一般采用水准法，须往返测，测段水准高差相互检核，以确保数据准确。

一、洞内平面控制测量导线网型

洞内导线可根据现场需要布设为导线网、附合导线和闭合导线。导线网检核条件多、易发现粗差，隧道内导线越长，导线前端误差越大；导线网、闭合导线和附合导线均有边长、角度检核条件，导线网适合在面积宽阔区域布设，附合导线和闭合导线适合在带状区域布设。隧道洞内导线从洞外联系边引入，进洞导线点的后视方向一般不少于两个。洞内导线边应按测量设计的长度布设，相邻边长之比不宜大于 1∶3，当边长短于 200 m 时应采取补强措施。

导线点应布设在视野开阔、通视良好、土质坚实、施工干扰小、稳固可靠、便于设站和宜长时间保存的地方，视线应旁离洞壁或洞内设施 1.5 m 以上，离隧道中线越近越好。

二、洞内控制等级

(1)隧道洞内导线控制网测量等级与隧道长度密切相关，洞内导线测量的技术要求应符合表 3-1 规定。

表 3-1 洞内导线测量的技术要求

等级	测角中误差/(″)	测距相对中误差	方位角闭合差/(″)	导线全长相对闭合差	测回数			
					0.5″级仪器	1″级仪器	2″级仪器	6″级仪器
二等	1.0	1/250 000	$\pm 2.0\sqrt{n}$	1/100 000	6	9	—	—
三等	1.8	1/150 000	$\pm 3.6\sqrt{n}$	1/55 000	4	6	10	—
四等	2.5	1/80 000	$\pm 5\sqrt{n}$	1/40 000	3	4	6	—
一级	4.0	1/40 000	$\pm 8\sqrt{n}$	1/20 000	—	2	2	—
二级	7.5	1/20 000	$\pm 15\sqrt{n}$	1/12 000	—	—	1	3

注：1. n 为测站数。
2. 当边长短于 500 m 时，二等边长中误差应小于 2.5 mm，三等边长中误差应小于 3.5 mm，四等、一级边长中误差应小于 5 mm，二级边长中误差应小于 7.5 mm。

(2)水平角观测宜采用方向观测法，并符合表 3-2 的规定。

表 3-2 水平角方向观测法的技术要求

等级	仪器等级	半测回归零差/(″)	一测回内 2C 互差/(″)	同一方向值各测回互差/(″)
四等及以上	0.5″级仪器	4	8	4
	1″级仪器	6	9	6
	2″级仪器	8	13	9
一级及以下	2″级仪器	12	18	12
	6″级仪器	18	—	24

注：当观测方向的垂直角超过±3°的范围时，该方向 2C 互差可按相邻测回同方向进行比较，其值应满足表中一测回内 2C 互差的限值。C 为照准差。

(3)边长测量应符合表 3-3 的规定。

表 3-3　边长测量技术要求

等级	使用测距仪精度等级	每边测回数		一测回读数较差限值/mm	测回间较差限值/mm	往返观测平距较差限值/mm
		往测	返测			
二等	Ⅰ	4	4	2	3	$2m_D$
	Ⅱ			5	7	
三等	Ⅰ	2	2	2	3	$2m_D$
	Ⅱ	4	4	5	7	
四等	Ⅰ	2	2	2	3	$2m_D$
	Ⅱ			5	7	
	Ⅲ	4	4	10	15	
一级及以下	Ⅰ	2	2	2	3	$2m_D$
	Ⅱ			5	7	
	Ⅲ			10	15	
	Ⅳ	4	4	20	30	

注：1. 一测回是全站仪盘左、盘右各测量一次的过程。

2. 测距仪精度等级为：Ⅰ级 $|m_D| \leqslant 2$ mm，Ⅱ级 2 mm $< |m_D| \leqslant 5$ mm，Ⅲ级 5 mm $< |m_D| \leqslant 10$ mm，Ⅳ级 10 mm $< |m_D| \leqslant 20$ mm，m_D 为每千米测距标准偏差。即按测距仪出厂标称精度的绝对值，归算到 1 km 的测距标准偏差。

三、洞内导线测量方法

(1)洞口测站测量宜在夜晚或阴天进行，导线测量时水平角观测宜采用方向观测法，当观测方向数为 3 个及以上时，宜归零。

(2)观测应在通视良好、成像清晰稳定时进行。

(3)一测回内 $2C$ 互差或同一方向值各测回较差超限时，应重测超限方向并联测零方向；下半测回归零差或零方向的 $2C$ 互差超限时，应重测该测回；一测回中重测方向数超过总方向数的 1/3 时应重测该测回；重测测回数超过总测回数 1/3 时应重测该测站。

(4)边长测量应采用全站仪观测，往返观测平距较差应小于相应等级导线测距中误差的两倍。

(5)测距边的斜距应进行气象改正和仪器常数改正，气压、气温观测应符合下列规定：

①三等及以上等级测量应在测站和棱镜分别测记。

②四等及以下等级可在测站测记；当测边两端气象条件差异较大时，应在测站和棱镜站分别测记，取两端平均值进行改正。

③气压计读数精确到 0.5 hPa，温度计读数精确到 0.2 ℃。

④气象改正，根据仪器提供的公式进行改正，也可以将气象数据输入全站仪内自动改正。

⑤仪器加、乘常数改正值 S'，应按式(3-2)计算。

$$S'=S_0+S_0K'+C' \tag{3-2}$$

式中　S_0——改正前的距离；

C'——仪器加常数；

K'——仪器乘常数。

(6)导线网测距边的高程归化和投影改化，应符合下列规定：

①归算到投影高程面上的测距边长度 D_1 为

$$D_1=D'_0[1+(H_p-H_m)/R_a] \tag{3-3}$$

式中　D'_0——测距边两端平均高程面上的平距，m；

R_a——参考椭球体在测距边方向法截弧的曲率半径，m；

H_p——工程独立坐标系投影面高程，m；

H_m——测距边两端点的平均高程，m。

②测距边在高斯投影面上的长度 D_2 为

$$D_2=D_1\left(1+\frac{Y_m^2}{2R_m^2}+\frac{\Delta y^2}{24R_m^2}\right) \tag{3-4}$$

式中　Y_m——测距边中点至中央子午线的距离，m；

R_m——测距边中点的平均曲率半径，m；

Δy——测距边两端点近似横坐标的增量，m。

(7)洞内观测宜采用仪器和棱镜多次对中、变换仪器高和棱镜高的方法进行。采用交叉导线时，左右棱镜宜采用高低棱镜架设。

(8)洞内导线应随施工进度分期、分段布设，建立新一期导线前，应对原导线点进行检测。对于短边、超短边应埋设强制对中桩，测量时采用三联脚架法或多公共转点侧方交会导线测量法。

四、平差计算方法

隧道洞内四等以下导线网平差计算可采用简易平差或近似平差进行计算；隧道洞内四等及以上网计算应采用严密平差方法，宜采用常规定权方法进行平差处理。

洞内导线平差计算应符合下列要求：

(1)初次洞内导线测量的起算坐标和方位角应采用测量设计时确定的进洞联系边测量成果。

(2)隧道洞内导线引伸测量的起算坐标和方位角应采用经检测合格的前一期洞内导线测量成果。

(3)完成隧道洞内导线平差计算后，应计算开挖面附近的临时中线点放样成果并实地测设，及时纠正施工中线。

第三节　竖井平面联系测量

竖井平面联系测量是将地面坐标、方位通过竖井传递到隧道底部，作为地下各项测量工作起算数据的一项综合测量工作。竖井联系测量包括地面近井点测量、通过竖井的定向测量、地下近井导线测量等。联系测量精度对隧道贯通误差影响较大，是竖井施工的地下工程施工测量中的一个重要环节。地面近井测量向隧道内传递坐标和方位时，在每个井口附近至少布设 3 个控制点作为联系测量近井点。地面近井点可直接利用卫星定位点和精密导线点测设。需进行导线点加密时，地面近井点与精密导线点应构成附合导线或闭合导线。地面近井点埋设在井口附近便于观测和保护的位置，并标识清楚。

一、一井定向

一井定向的主要方法为联系三角形法，适合于井口小、深度较浅的竖井进行联系测量。虽然作业工作量较大，但其精度稳定。联系三角形示意如图 3-1 所示。

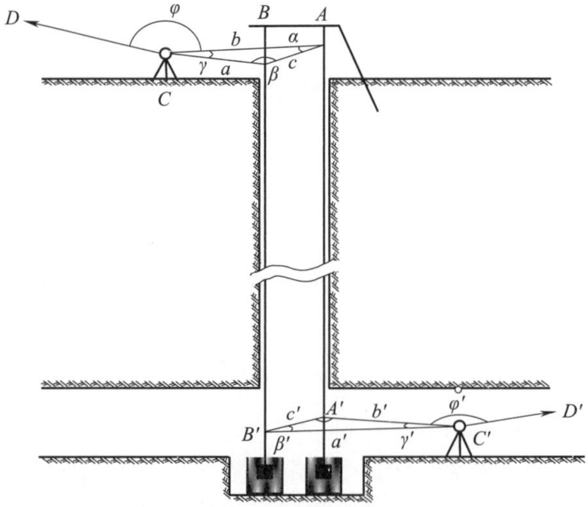

图 3-1　联系三角形示意

井上、井下联系三角形布置及测量须满足要求：竖井中悬挂钢丝间的距离 c 应尽可能长；联系三角形锐角 γ、γ'宜小于 1°，呈直伸三角形；a/c 及b'/c'宜小于 1.5，a、b'为近井点至悬挂钢丝的最短距离；联系三角形测量，每次定向应独立进行三次，取三次平均值作为定向成果；联系三角形边长测量可采用光电测距，每次独立测量三测回，每测回三次读数，各测回较差应小于 1 mm。地上与地下丈量的钢丝间距较差小于 1 mm；联系三角形定向推算的地下起始边方位角的较差应小于 12″，方位角平均值中误差小于±8″；井上井下需同步进行测量，同步观测联系三角形的边角关系等。

二、两井定向

两井定向也叫投点定向法，在现有施工竖井搭设的平台或地面钻孔上架设铅垂仪(钢丝)等向井下投点，进行定向测量。投点定向测量所使用投点仪精度不低于1/30 000。

(1)架设铅垂仪进行投点定向测量时，独立进行两次，每次在基座旋转120°的三个位置，分别对铅垂仪的平面坐标各测一测回。

(2)悬挂钢丝时，独立三次测量钢丝的平面坐标。

(3)投点中误差不大于±3 mm，地下定向边方位角互差小于12″，平均值中误差小于±8″。

(4)地下两投测点之间沿连通最短路径布设精密导线，按精密导线网测量的技术要求施测，两井定向的数据按无定向导线平差方法计算处理。

三、陀螺定向测量

1. 陀螺定向测量原理

陀螺仪具有定轴性和进动性两个基本特性。在无横向外力矩作用时高速旋转的陀螺仪转子轴指向惯性空间某一方向的性质为定轴性。在有一固定外力矩作用于高速旋转的陀螺仪自转轴上时，陀螺仪自转轴的运动并不发生在外力矩作用平面内，而是垂直于其作用平面转动的性质为进动性。在角动量守恒的原则下，当陀螺仪转子高速旋转时陀螺仪的自转轴在惯性空间中的指向保持稳定不变，利用该特性与地球自转有机结合构成的仪器能够自动寻找真北方向，并在全站仪水平度盘上显示任一方向的陀螺方位角。

2. 陀螺定向测量程序

选取地面稳定的GNSS边或高精度导线控制边和洞内稳定的导线边，一般采用“地面基准边测量—地下待测边测量和复核—地面基准边复核”的顺序进行陀螺定向观测。所选取的边应地质稳定、相互通视、交通便利，远离空压机、高压线等设备，以减小震动影响、电磁干扰。

在隧道洞内长距离导线测量中，加测陀螺方位以检核、“纠偏”导线方位，对提高隧道贯通精度具有重要作用。

关于加测陀螺定向边的最佳位置和加测的最佳数量的讨论和研究很多，如：对于等边直伸型的支导线，加测一条陀螺边的最佳位置在其终点的1/3处；对于L形的等边支导线，加测一条陀螺边的最佳位置在其长边的1/2处。这些都是可以根据误差理论进行严密求算的。但实际工作中，隧道的形状、导线边的长度很难达到理想的要求，加上陀螺定向的精度和导线测量精度的变化，其最佳位置或最佳数量较难定论。

3. 测量方法

按照“地面基准边测量—地下待测边测量和复核—地面基准边复核”的顺序进行测量作

业，测量和复核分别独立进行并相互检核。每测站陀螺定向测量作业事项如下：

(1)陀螺定向测量时尽量减少周围环境震动影响，选在无风或风小时段观测。

(2)启动陀螺马达达到额定转速之前和制动陀螺马达的过程中，陀螺灵敏部必须处于锁定状态，防止悬挂带导流丝受损。

(3)每条定向边测量不应少于三测回，宜独立定向测量两次。

(4)测前、测后三测回测定的陀螺仪常数平均值较差，根据仪器精度一般不应大于8″、15″。

(5)陀螺定向边方位角应对向观测，并进行子午线收敛角改正后取均值。

(6)两条陀螺定向边之间的角度与全站仪实测角度值较差，根据仪器精度一般应小于8″。

(7)陀螺全站仪定向方法有中天法、逆转点法、阻尼跟踪法＋积分法等。

4. 仪器常数

仪器常数是指陀螺轴稳定位置子午面和地面交线与真子午线的夹角，在同一地区同一时间段内是恒定的一个常数。不同地区或仪器长距离运输后或间隔时间较长(一般情况下10 d以上)需要重新测定仪器常数。通常仪器常数用Δ表示。

5. 子午线收敛角

由于地球是一个不规则球面，一般平面直角坐标系采用高斯投影方式，因此在远离中央子午线的某个点上真北方向和坐标北方向之间存在一个夹角，称为子午线收敛角。子午线收敛角一般用γ表示，单位：(″)。

子午线收敛角计算公式为

$$\gamma=(L_1-L_0)\cdot\sin B\cdot\rho \tag{3-5}$$

式中 B——测站大地纬度；

L_1——测站大地经度；

L_0——测区坐标系中央子午线经度；

ρ——常数，为206 265″。

对于高精度陀螺仪，应采用子午线收敛角严密公式。

6. 陀螺定向实测平差计算

(1)陀螺定向测量计算及精度评定涉及的公式为

$$a_o=A_t+\Delta'-\gamma \tag{3-6}$$

式中 a_o——坐标方位角；

A_t——陀螺方位角；

Δ'——仪器常数；

γ——子午线收敛角。

（2）内符合精度统计计算

陀螺定向观测值中误差 m（内符合精度）计算公式为

$$m=\pm\sqrt{\frac{[VV]}{n-1}} \tag{3-7}$$

$$V=L_i-L_{均} \tag{3-8}$$

式中　L_i——单次观测值；

$L_{均}$——多次观测值平均值；

n——观测值个数。

陀螺定向每测回实际观测值中误差 m 计算公式为

$$m=\pm\sqrt{\frac{[dd]}{2n}} \tag{3-9}$$

式中　d——任一陀螺定向边两测回观测值差值；

n——差值个数。

顾及仪器常数影响后，定向边最终定向中误差 $m_{\alpha定向}$ 计算公式为

$$m_{\alpha定向}=m\sqrt{\frac{1}{N_{井上}}+\frac{1}{N_{井下}}} \tag{3-10}$$

式中　$N_{井上}$——井上地表定向边的观测测回数；

$N_{井下}$——井下隧道内定向边的观测测回数。

（3）当陀螺定向值所计算的导线边（定向边）坐标方位值与精密导线所传递的坐标方位角之差在允许误差范围时，可以取定向方位与导线观测方位角之加权值作为坐标方位角约束，重新对定向检核段落的导线进行坐标平差计算。反之，陀螺定向所得坐标方位与实测导线角之坐标方位较差超限时，就要认真分析并查找原因，排除粗差错误，采用可靠观测数据进行方位角约束计算平差。

四、边角交会测量

边角交会测量是通过测定已知点到某待定点的距离、水平方向和竖直角，以推求此待定点平面坐标或高程的测量技术和方法，可分为前方交会、后方交会、侧方交会测量。

1. 前方交会测量

前方交会测量是指如果已知 A、B 两点的坐标，为了计算未知点 P 的坐标，只要观测 $\angle A$ 和 $\angle B$ 即可，就可以测定未知点 P 的平面坐标，如图 3-2 所示。

在隧道放样洞口时该方法较常用，前方交会测量方法简便、精度可靠，当待定点的个数多于设站已知点时，能有效地节省工作量，故被广泛应用。

2. 后方交会测量

后方交会测量是指仅在待定点上设站，向两个及以上已知控制点观测水平角和距离，从

而计算待定点的坐标，如图 3-3 所示。

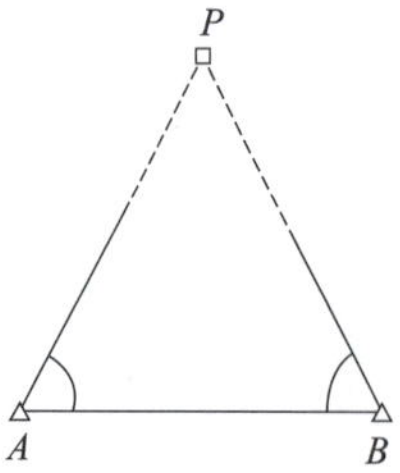

图 3-2　前方交会测量示意

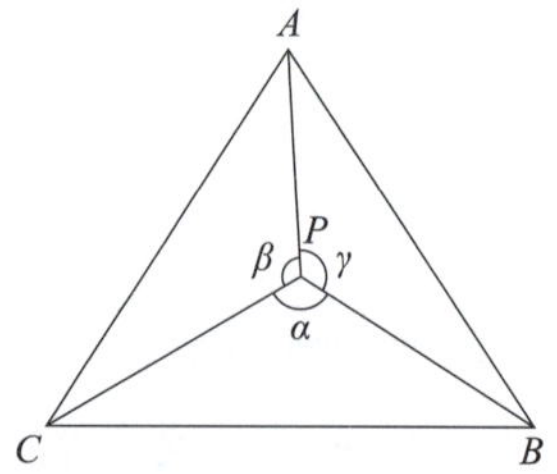

图 3-3　后方交会测量示意

已知 A、B、C 三点的坐标(x_A, y_A)、(x_B, y_B)和(x_C, y_C)，通过测量三个角度 α、β、γ，即可求出这三个角度顶点 P 的坐标。

全站仪测量三个方向角 PA、PB、PC。根据这三个方向角计算点 P 坐标的公式为

$$\begin{cases} x_P = x_A + k(y_2 - y_1) \\ y_P = y_A + k(x_1 - x_2) \end{cases} \tag{3-11}$$

其中

$$k = 2\,\frac{y_A(x_2 - x_1) - x_A(y_2 - y_1) + x_1 y_2 - x_2 y_1}{(x_2 - x_1)^2 + (y_2 - y_1)^2}$$

$$x_1 = 0.5[x_A + x_B + (y_A - y_B)\cot\gamma]$$

$$y_1 = 0.5[y_A + y_B + (x_B - x_A)\cot\gamma]$$

$$x_2 = 0.5[x_A + x_C + (y_A - y_C)\cot\beta]$$

$$y_2 = 0.5[y_A + y_C + (x_C - x_A)\cot\beta]$$

$$\beta = PA - PC$$

$$\gamma = PB - PA$$

点 P 在三角形 ABC 的外接圆上时，α、β、γ 将保持不变。如此一来，点 P 的坐标将有无穷个，即外接圆上的任意一点均可以是点 P。此时，使用计算公式计算点 P 坐标时，可能会因为除以零而得到无效解。点 P 靠近外接圆时，很小的观测误差都会引起点 P 位置的较大偏差。因此，三角形 ABC 的外接圆称为危险圆。后方交会时，应避免点 P 离危险圆很近。

在进行隧道施工放样过程中，受隧道外地形限制或隧道内补点难题，经常采用后方交会测量进行放样。该方法具有下列优点：

(1)不受已知点位位置的限制，在放样隧道开挖轮廓线时优点明显；

(2)不用进行仪器的对中工作，仅需精平全站仪，节约了时间和降低了劳动强度；

(3)减少了支导线的布置，在一定程度上提高了放样精度。

3. 侧方交会测量

侧方交会测量是指从两个已知点 AB 向待定点 P 测量边长 AP、BP，以计算待定点 P

的坐标，如图 3-4 所示。

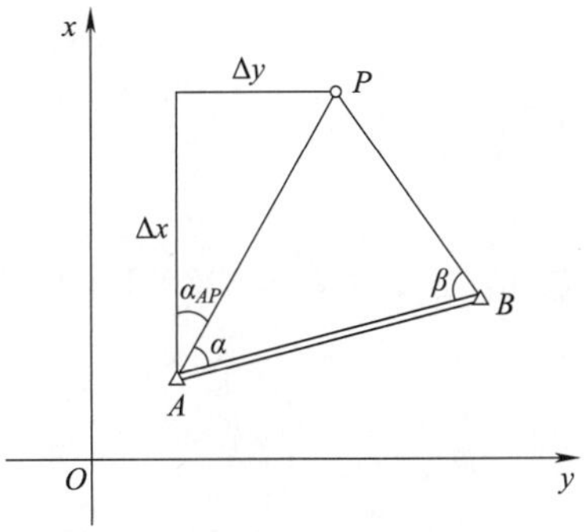

图 3-4　侧方交会测量示意

第四章 隧道高程控制测量

第一节 高程控制测量概述

我国隧道工程通常采用1985国家高程基准，该高程基准系统起算的水准原点高程值为72.260 4 m，任意点相对于该高程基准面的高程，称为绝对高程或海拔。

一、隧道高程控制测量的作用

隧道高程控制测量是测定各施工工区水准点高程，使相邻洞口以及洞内外高程控制点建立统一的高程基准面，奠定隧道施工中高程控制及放样基础，从而保证隧道工程施工构筑物的高程符合设计要求；施工期间随着开挖长度及范围的增加，及时跟进延伸洞内高程点以覆盖施工区域。

主要作用有：第一，对隧道工程高程点测量起着整体控制作用。隧道施工期间，其各处洞口和施工工作面间相互独立分散，高程控制测量以较高精度标准联测不同场地的高程控制桩构成高程控制网，保证了水准基准点精度等级。第二，建立了隧道洞内外施工中统一的高程测量体系和高程控制基准，以此作为洞内外施工高程放样的依据，为隧道施工的各贯通面在竖向上实现正确贯通提供了基本保障。

二、隧道高程控制网的布设形式及测量等级

目前，建立隧道高程控制网的常用方法是水准测量和光电测距三角高程测量，所用到仪器主要是精密光学水准仪、数字水准仪及其配套水准标尺、气压计、温度计等，以及全站仪和配套精密棱镜。

多年来，隧道工程的高精度高程控制测量仍主要依赖于几何水准。传统做法是在连接隧道进、出口间的洞内、外路线上，布设若干高程点作为水准控制点，按照附合或环形路线联测这些点间的高差，并用路线上已知的水准点高程起算，平差计算得出水准网中其余水准点的高程。这样，洞内外高程点全部统一于同一个高程基准面系统后，隧道施工中的各个坑道、洞室、分部结构相对于同一基准面的高差可进行测量放样，使得隧道洞室在立面上的正

确贯通得以实现，并使隧道工程在高程方面按设计的精度正确修建。洞外高程控制测量的外业目标是从隧道一端的线路水准基点经由隧道各洞口及中部测量路线布设水准点联测后，最后闭合（附合）至另一端的线路水准基点，测量出各水准点间准确高差，计算出高程后，提供给隧道施工作为高程放样的依据。

隧道工程测量多年实践及由理论计算验证均已表明，对于精度要求不是太高或贯通长度短于 3 km 的隧道工程可用光电测距三角高程完成高程测量控制。对于穿越江河湖海的水下隧道工程而言，施工控制网中的高程控制较多采用光电测距三角高程、经纬仪或水准仪跨河水准测量，以及 GNSS 跨河水准测量等方法。

隧道高程控制网由水准基本点组成，根据隧道长度以及工程性质要求不同，其精度等级可分为一等、二等、三等、四等、五等。隧道工程建设中，水准基本点既作为施工高程放样的高程控制桩，也是水准加密控制点的附合水准点及高程起算点，同时，可在监控量测时用作隧道变形监测基准点。

高程控制网布设形式有附合水准路线、闭合水准路线、结点水准路线、支水准路线。施测过程中一般不采用支水准路线形式，因为支水准路线检核条件少，易出现粗差，质量不能得到保证。

隧道高程控制测量的精度等级及技术要求见表 4-1。

表 4-1 隧道高程控制测量的精度等级及技术要求

测量部位	测量等级	两开挖洞口间高程路线长度/km	每千米高程测量偶然中误差/mm
洞外	二	>36	≤1.0
	三	13～36	≤3.0
	四	5～13	≤5.0
	五	<5	≤7.5
洞内	二	>32	≤1.0
	三	11～32	≤3.0
	四	5～11	≤5.0
	五	<5	≤7.5

隧道施工中，钻爆法开挖工序中开挖线、隧道衬砌基础的高程放样等控制精度往往比高程控制网精度标准低一至两个等级；类似有，TBM 法、盾构法隧道施工中成洞断面轮廓的高程测量、隧道支护钢结构安装和混凝土衬砌台车安装空间定位等需要的施工高程测设，则采用比水准基点观测精度至少低一个等级的方式实施即可满足要求。高程施工水准点一般每隔 500～1 000 m 要与洞内布测的水准基本点（高等级点）联测复核并进行附合平差调整。

三、各等级高程控制网及水准观测的技术要求

各等级高程控制网及水准观测的技术要求应分别符合表 4-2～表 4-6 的规定；光电测距三角高程测量应分别符合表 4-7 和表 4-8 的规定。

表 4-2　高程控制网的技术要求

水准测量等级	每千米水准测量偶然中误差 M_Δ/mm	每千米水准测量全中误差 M_W/mm	附合路线或环线周长的长度/km	
			附合路线长	环线周长
一等	≤0.45	≤1	—	≤1 600
二等	≤1	≤2	≤400	≤750
精密水准	≤2	≤4	≤150	≤200
三等	≤3	≤6	≤150	≤200
四等	≤5	≤10	≤80	≤100
五等	≤7.5	≤15	≤30	≤30

注：表中“精密水准”为铁路隧道工程专有等级。

表 4-2 中，M_Δ 和 M_W 应分别按式(4-1)和式(4-2)计算。

$$M_\Delta=\pm\sqrt{\frac{1}{4n}\left[\frac{\Delta\Delta}{L}\right]} \tag{4-1}$$

$$M_W=\pm\sqrt{\frac{1}{N}\left[\frac{WW}{L}\right]} \tag{4-2}$$

式中　Δ——测段往返高差不符值，mm；

L——测段长或环线长，km；

n——测段数；

N——水准路线环数；

W——附合或环线闭合差，mm。

表 4-3　水准测量的观测方法

等　　级	观测方式		观测顺序
	与已知点联测	附合或环线	
一等	往返	往返	奇数站：后—前—前—后 偶数站：前—后—后—前
二等	往返	往返	奇数站：后—前—前—后 偶数站：前—后—后—前
精密水准	往返	往返或单程闭合环	奇数站：后—前—前—后 偶数站：前—后—后—前
三等	往返/左右路线	往返/左右路线	后—前—前—后

续上表

等　级	观测方式		观测顺序
	与已知点联测	附合或环线	
四等	往返/左右路线	往返/左右路线	后—后—前—前 或后—前—前—后
五等	单程	单程	后—前

表 4-4　水准测量限差要求　　单位：mm

水准测量等级	测段、路线往返测高差不符值		测段、路线的左右路线高差不符值	附合路线或环线闭合差		检测已测测段高差之差
	平原	山区		平原	山区	
一等	$\pm 1.8\sqrt{K}$		—	$\pm 2\sqrt{L}$		$\pm 3\sqrt{R_i}$
二等	$\pm 4\sqrt{K}$	$\pm 0.8\sqrt{n}$	—	$\pm 4\sqrt{L}$		$\pm 6\sqrt{R_i}$
精密水准	$\pm 8\sqrt{K}$	$\pm 1.6\sqrt{n}$	$\pm 6\sqrt{K}$	$\pm 8\sqrt{L}$		$\pm 12\sqrt{R_i}$
三等	$\pm 12\sqrt{K}$	$\pm 2.4\sqrt{n}$	$\pm 8\sqrt{K}$	$\pm 12\sqrt{L}$	$\pm 15\sqrt{L}$	$\pm 20\sqrt{R_i}$
四等	$\pm 20\sqrt{K}$	$\pm 4\sqrt{n}$	$\pm 14\sqrt{K}$	$\pm 20\sqrt{L}$	$\pm 25\sqrt{L}$	$\pm 30\sqrt{R_i}$
五等	$\pm 30\sqrt{K}$	$\pm 6\sqrt{n}$	$\pm 20\sqrt{K}$	$\pm 30\sqrt{L}$		$\pm 40\sqrt{R_i}$

注：K 为测段或路线长度，L 为水准路线长度，R_i 为检测测段长度，均以 km 计；n 为测段水准测量站数。

表 4-5　水准观测的主要技术要求　　单位：m

等级	水准仪最低等级	水准尺类型	视距		前后视距差		测段前后视距累积差		视线高度		数字水准仪重复测量次数
			光学	数字	光学	数字	光学	数字	光学（下丝读数）	数字	
一等	DS_{05}	因瓦	≤30	≥4 且≤30	≤0.5	≤1.0	≤1.5	≤3.0	≥0.50	≤2.8 且≥0.65	≥3 次
二等	DS_1	因瓦	≤50	≥3 且≤50	≤1.0	≤1.5	≤3.0	≤6.0	≥0.30	≤2.8 且≥0.55	≥2 次
精密水准	DS_1	因瓦	≤60	≥3 且≤60	≤1.5	≤2.0	≤3.0	≤6.0	≥0.30	≤2.8 且≥0.45	≥2 次
三等	DS_1	因瓦	≤100	≤100	≤2.0	≤3.0	≤5.0	≤6.0	三丝能读数	≥0.35	≥1 次
	DS_3	双面木尺 单面条码	≤75	≤75							
四等	DS_1	双面木尺 单面条码	≤150	≤100	≤3.0	≤5.0	≤10.0	≤10.0	三丝能读数	≥0.35	≥1 次
	DS_3	双面木尺 单面条码	≤100	≤100							
五等	DS_3	双面木尺 单面条码	≤100	≤100	大致相等		—		中丝能读数	≥0.35	≥1 次

表 4-6　水准观测的测站限差　　单位：mm

等　级	项　目		
	同一标尺两次读数之差	同一测站前后标尺两次读数高差之差	检测间歇点高差之差
一等	0.3	0.4	0.7
二等	0.5	0.7	1
精密水准	0.5	0.7	1
三等	1.5	2.0	3
四等	3	5	5
五等	4	7	—

注：水准观测中，测站观测限差超限，在本站观测时发现，应立即重测；迁站后发现，则应从水准点或间歇点开始重测。

表 4-7　光电测距三角高程测量限差要求　　单位：mm

测量等级	对向观测高差较差	附合或环线高差闭合差	检测已测测段的高差之差
三等	$\pm 25\sqrt{D}$	$\pm 12\sqrt{\sum D}$	$\pm 20\sqrt{L_n}$
四等	$\pm 40\sqrt{D}$	$\pm 20\sqrt{\sum D}$	$\pm 30\sqrt{L_n}$
五等	$\pm 60\sqrt{D}$	$\pm 30\sqrt{\sum D}$	$\pm 40\sqrt{L_n}$

注：D 为测距边长，L_n 为测段间累计测距边长，以 km 计。

表 4-8　光电测距三角高程测量观测的主要技术要求

等级	仪器等级	边长/m	观测方式	两组对向观测高差的平均值之较差/mm	测回数	测回间测距较差/mm	指标差较差/(″)	测回间垂直角较差/(″)
三等	≤1″	≤600	两组对向观测	$\pm 12\sqrt{D}$	4	4	5	5
四等	≤2″	≤800	对向观测	$\pm 20\sqrt{D}$	3	6	7	7
五等	≤2″	≤1 000	对向观测	—	2	10	10	10

光电测距三角高程测量高差应按式(4-3a)、式(4-3b)或式(4-3c)进行计算。

单向观测

$$\Delta h_{1.2}=S_{1.2}\sin V_{1.2}+\frac{(1-k)S_{1.2}^2\cos^2 V_{1.2}}{2R}+i_1-l_2 \tag{4-3a}$$

对向观测

$$\Delta h_{1.2}=\frac{S_{1.2}\sin V_{1.2}-S_{2.1}\sin V_{2.1}}{2}+\frac{i_1+l_1}{2}-\frac{i_2+l_2}{2}+\left(C_1\frac{S_{1.2}^2\cos^2 V_{1.2}}{2R}-C_2\frac{S_{2.1}^2\cos^2 V_{2.1}}{2R}\right) \tag{4-3b}$$

当对向观测条件完全相同时，可认为式(4-3b)中等号右侧第四项即括弧项代数和近似为 0，因此，对向观测公式简化后为

$$\Delta h_{1.2}=\frac{S_{1.2}\sin V_{1.2}-S_{2.1}\sin V_{2.1}}{2}+\frac{i_1+l_1}{2}-\frac{i_2+l_2}{2} \tag{4-3c}$$

式中　$\Delta h_{1.2}$——点 1 至点 2 间的高差；

$S_{i.j}$——点 i 至点 j 间的斜距，需要进行仪器常数和气象改正；

$V_{i.j}$——点 i 至点 j 间的垂直角；

i_1,i_2——点 1、点 2 的仪器高；

l_1,l_2——点 1、点 2 的反射镜高；

k——当地大气折光系数；

C_1,C_2——点 1 至点 2、点 2 至点 1 的球气差综合改正系数，$C_1=(1-K_{1.2})/(2R)$，$C_2=(1-K_{2.1})/(2R)$；

$K_{1.2},K_{2.1}$——点 1 至点 2、点 2 至点 1 的大气垂直折光改正系数；

R——地球平均曲率半径，取 6 371 000 m。

水准测量数据取位应符合表 4-9 的规定。

表 4-9　水准测量数据取位

等　级	往（返）测距离总和/km	往（返）测距离中数/km	各测站高差/mm	往（返）测高差总和/mm	往（返）测高差中数/mm	高程/mm
一、二等，精密	0.01	0.1	0.01	0.01	0.1	0.1
三、四等	0.01	0.1	0.1	0.1	0.1	1
五等	0.1	0.1	0.1	0.1	0.1	1

四、高程控制网测量设计

当洞内外水准路线总长度大于 6 km 时，应根据洞内、洞外水准闭合环产生的高差环闭合差进行高程控制网设计；当洞内外水准路线超过 150 km 时，应对水准测量精度进行专项设计。高程控制测量精度的设计及验算方法如下：

交通隧道无论长短，其高程贯通限差 $M_{限}$ 一般规定为 50 mm（洞外＋洞内），而高程贯通中误差为贯通限差的一半，即不大于±25 mm。若洞外、洞内按等影响原则，则分配给洞外或洞内的高程贯通中误差允许值为：$m_{h外允}=m_{h内允}=\pm25/\sqrt{2}$ mm$=\pm17.7$ mm。

控制网的测量精度，可以采用洞外或洞内高程控制测量误差产生的高程贯通中误差按照式(4-4)计算；如已知洞外或洞内高程控制测量误差产生的高程贯通中误差和控制网精度等级，同样可根据式(4-4)得出所适用的水准路线长度 L。

$$m_{\Delta h}=M_{\Delta}\sqrt{L} \tag{4-4}$$

式中　$m_{\Delta h}$——洞外或洞内高程控制测量误差产生的高程贯通中误差，mm；

M_{Δ}——每千米水准测量偶然中误差，mm；

L——洞外或洞内高程路线长度，km，可以是水准路线或光电测距三角高程导线长度。

例如，若已知洞外贯通中误差允许值为 18 mm，当选择 M_{Δ} 分别是二等、精密、三等、四等水准精度，对应取 1 mm、2 mm、3 mm、5 mm 进行验算时，根据式(4-4)计算得出水准路线长度 L 分别为 324 km、81 km、36 km、13 km；为保险起见，若分别将对应设计精度乘以 1.2 倍保险系数后进行验算，即分别取 1.2 mm、2.4 mm、3.6 mm、6.0 mm，计算得出适用的水准路线长度 L 分别为 225 km、56 km、25 km、9 km。因此，高程控制测量的精度相对来说是比较容易实现的。

洞外、洞内高程控制测量组成的高程闭合环闭合差限差应按式(4-5)计算，以验算其是否满足高程贯通限差的要求。当洞内、洞外水准路线长度可以获知时，采用选择的每千米水准测量偶然中误差 M_{Δ} 值，依据式(4-5)可计算出水准环(洞内＋洞外)闭合差限差值。此限差值应小于隧道高程贯通限差的要求，从而以此设计出水准测量的精度等级。

$$W=4M_{\Delta}\sqrt{L_{洞外}+L_{洞内}} \tag{4-5}$$

式中 W——水准环闭合差限差，mm；

$L_{洞外}$——洞外高程测量路线长度，km；

$L_{洞内}$——洞内高程测量路线长度，km。

第二节 洞外高程控制测量

洞外高程控制测量的任务是按照设计精度施测两相向开挖洞口附近水准点之间的高差，以便将整个隧道的统一高程系统引入洞内，保证按规定精度在高程方向正确贯通。洞外高程控制测量内容分述如下。

一、收集资料并编制高程控制网施测方案

(1)对照设计图纸，结合踏勘路线和水准点分布，绘制洞外水准测量路线图。

(2)确认洞外高程测量误差可能带来洞内高程贯通误差的影响值大小，选择合理的控制网技术设计指标。

(3)根据踏勘高程施测路线，大致确定了水准路线长度 L，将计算出的 $m_{h外允}$ 代入式(4-6)，则可求出每千米高差中数的中误差 $m_{\Delta算}$。

$$m_{\Delta算}=m_{\Delta外允}/\sqrt{L} \tag{4-6}$$

依据 $m_{\Delta算}$ 的大小选择隧道洞外高程控制测量所适用的水准测量等级，可能是一、二、三等或四等精度等。例如，高程贯通中误差允许值 $m_{h外允}$ 为 18 mm，踏勘估计出洞外水准施测路线长度 L 约 40 km，则由式(4-6)可计算出 $m_{\Delta算}=2.85$ mm/km。由于观测精度选择略高于此指标的测量等级即可，因此根据现行《国家一、二等水准测量规范》(GB/T 12897)，可选择国家二等水准，假如工程是普速铁路或轨道交通，亦可选择介于二等与三等之间的精密水

准等级精度指标，亦能满足设计要求。

需要指出，若采用光电测距三角高程测量时，L 取导线长度。若洞内外测量精度不同时应分别计算。

实践证明，光电测距三角高程测量精度可以达到三等、四等水准测量精度指标，特定条件下可以达到二等水准测量精度，因此，结合实际可用来完成隧道施工中高程控制测量。

水准网的布设力求做到经济合理。水准路线应尽量沿大路或坡度小的道路布设，并注意规避视线的折光误差影响，规划好斜井、横洞口引测网的布设及观测方便性。主水准线路的水准点应布设成长期性水准点，点间距一般为 1～2 km，便于施工期间的复测比较。

二、施测前准备工作

(1)隧道施工区域埋点位置及数量要求，对于隧道施工主洞口或辅助重要坑道口新设置的水准控制点，应埋设不少于 3 个水准基点，桩位及埋设基础应稳固，易于保存不易损毁。埋设水准桩的深度应达到冻土线以下，桩标志选择不锈钢或铜合金材质，用砂石混凝土立模浇筑埋设，或位于基岩表面钻凿孔洞埋设水准标志。

(2)隧道洞外水准点设置路线，宜沿隧道工程中心轴线或工程线路设计的大致走向，根据地形坡度情况，里程间隔 1～2 km 设高程点位。设置点位处标注清晰的点位标识，桩点应稳固结实，不易受施工车辆破坏或扰动。

(3)洞口附近的水准点宜与隧道洞口等高，两水准点间高差以水准测量 1～ 2 站即可联测为宜。洞口处及其他重要位置处的水准控制基点可与平面控制点共墩位埋设，以观测墩形状埋设并加设金属保护栅栏。

(4)控制网水准路线应形成闭合环，或者敷设两条独立的水准路线，由已知水准点起测，并从一端洞口水准基点开始，沿路线串联各辅助坑道口布置的各水准基点，直至最后联测至另一端洞口的高等级水准点，形成附合水准路线。

(5)二等及以上等级高程控制测量应采用水准测量。当水准路线绕行长度大于 4 倍隧道长度时，非特定精度要求的隧道工程可斟酌采用精密光电测距三角高程测量。原则上一般平地区域的精密水准、二等及以上的高程控制测量应采用水准测量。

(6)做好作业期间的交通、通信、安全防护、餐食供给、露营或住宿等相关保障规划。

(7)仪器设备使用前完成检定，以及作业前的自检校准，保证仪器性能完好。认真开展水准仪 i 角(视准轴与水准管轴的夹角)及圆水准器校正、水准标尺零点误差测定和圆水准器测前检校，若需用全站仪、GNSS 等开展高程测量工作，则需严格对全站仪及配套棱镜、GNSS 天线和基座对中器、气压计及温度计等设备等进行检校和校准。

三、外业观测

(1)当有多个高程控制测量观测小组同步开展工作时，合理地做好各个测段的测量工作任务的统筹分工安排。

(2)观测小组首先检查用于起算的已知高程控制点的可靠性。

(3)测量数据的检查与归集,若有外业观测数据超限或不齐全,及时补测。

(4)一等、二等、三等、四等、五等水准观测作业技术要求分别见表4-2～表4-6,外业观测严格执行。

(5)精密水准及一等、二等水准外业观测要点:

①要求每个测段采用“单线路、往返测”方式进行观测,以“偶数站结束”,并形成一个完整的外业文件。同一区段往返观测应使用同一类型的仪器和转点沿同一条路线进行。

②在每一区段内,先连续进行所有测段的往测或返测,再连续进行该区段返测或往测,然后在分段内连续进行所有测段的往返观测。

③同一测段的往测或返测应分别在上午和下午进行。在日间气温变化不大时和观测条件较好时,若干里程的往返测可同时在上午或下午进行,但总里程的总站数,不应超过该测段总站数的30%。

④水准观测应在标尺成像清晰、稳定时进行,下列情况下不进行观测作业:日出后与日落前30 min内,太阳中天前后各约2 h内,标尺分划线的影像跳动剧烈时,气温突变时,风力过大而使标尺与仪器不能稳定时。

⑤以二等水准测量为例,测段必须进行往返观测。数字水准仪测站观测顺序为:奇数站“后—前—前—后”,偶数站“前—后—后—前”。测段由往测变换为返测时,测尺前后调换,仪器重新设站,奇数与偶数站观测顺序同往测。但若采用光学精密水准仪观测,则返测时的偶、奇测站与往测的奇、偶测站观测顺序相同。

⑥水准测量所使用的仪器及水准尺,应符合下列规定:

a. 水准仪视准轴与水准管轴的夹角(i角)应小于15″;

b. 水准尺上的米间隔平均长与名义长之差不应超过0.15 mm;

c. 观测前,将仪器置于露天阴影下30 min,并在使用前进行预热,预热不少于20次单次测量。

⑦根据路线土质情况选用尺垫(质量不轻于5 kg)作转点尺承,并辅以专门的尺撑,以保证标尺稳定、铅直。

⑧测站视线长度、前后视距差、前后视距累积差、读数误差、视线高度等按规范规定执行。

⑨避免视线被遮挡,遮挡不应超过标尺在望远镜中截长的20%;仪器只能在厂家规定的温度范围内工作;确信震动源造成的震动消失后,才能启动测量键。

⑩一个测站操作程序如下(以奇数站为例):

a. 整平仪器;

b. 望远镜对准后视标尺,用垂直丝照准条码中央,精确调焦至条码影像清晰,测量并记录;

c. 旋转望远镜照准前视标尺条码中央，测量并记录；

d. 重新照准前视标尺，测量并记录；

e. 旋转望远镜照准后视标尺条码中央，测量并记录；

f. 显示测站成果，测站检核合格后迁站。在施工期间定时对地面平面、高程控制网进行检测。

(6)采用光电测距三角高程测量时，要求每测边高差均往返对向观测。类似导线环结构形式，边长和竖直角同测，每站观测边长均进行仪器常数和气象改正，精确量取仪器高和棱镜高度至 1 mm。控制网中每 4～6 条观测边形成高差闭合环，观测值质量检核指标有竖直角限差、指标差变化、测距误差、同条测边的往返测高差较差以及高差闭合环闭合差等。

四、高程观测数据处理

1. 数据收集与预处理

对水准观测或光电测距三角高程测量的数据收集整理，当其测量结果满足限差要求以后，方可进行水准网测量数据平差计算。

2. 高程计算内业数据取位

高程计算内业数据取位要求见表 4-9。

3. 观测值改正

对于一、二等水准网的计算，当有具体要求时，需要考虑观测高差的各项改正数，包括水准标尺长度误差改正、水准标尺温度改正、近似高改正、重力异常改正。其改正计算式分别为：

(1)水准标尺每米长度的平均误差 f

$$\delta = f\sum h \tag{4-7}$$

式中　δ——尺长改正数；

$\sum h$——水准路线高差之和。

(2)水准标尺温度改正∂

$$\partial = \sum[(t-t_0)\cdot\alpha\cdot h] \tag{4-8}$$

式中　t——标尺温度，℃；

t_0——标尺长度检定温度，℃；

α——标尺因瓦带膨胀系数，mm/(m·℃)；

h——测温时段中的测站高差，m。

(3)正常水准面不平行改正 ε(又称近似高改正)

$$\varepsilon = -(\gamma_{i+1}-\gamma_i)H_m/\gamma_m \tag{4-9}$$

式中 γ_m——两水准点正常重力平均值，$10^{-5}\,m/s^2$，根据式(4-10)计算；

γ_i,γ_{i+1}——i 点、$i+1$ 点椭球面上的正常重力值，$10^{-5}\,m/s^2$，根据式(4-11)计算；

H_m——两水准点概略高程平均值，m。

$$\gamma_m=(\gamma_i+\gamma_{i+1})/2-0.154\,3H_m \tag{4-10}$$

$$\gamma=978\,032(1+0.005\,302\,4\sin^2\phi-0.000\,005\,8\sin^2 2\phi) \tag{4-11}$$

式中 ϕ——水准点纬度；

γ——值取至 $0.01\times10^{-5}\,m/s^2$。

(4)重力异常改正

一测段高差的重力异常改正数用 λ 表示，其计算公式为

$$\lambda=(g-\gamma)_m\cdot h/\gamma_m \tag{4-12}$$

式中 γ_m——按式(4-10)计算出的正常重力平均值，$10^{-5}\,m/s^2$；

$(g-\gamma)_m$——两水准点空间重力异常平均值，$10^{-5}\,m/s^2$；

h——测段观测高差，m。

①水准点的布格异常 $(g-\gamma)_{布}$ 从相应的数据库检索，取至 $0.1\times10^{-5}\,m/s^2$；

②水准点空间重力异常 $(g-\gamma)_{空}$ 由式(4-13)计算。

$$(g-\gamma)_{空}=(g-\gamma)_{布}+0.111\,9H \tag{4-13}$$

式中 H——水准点概略高程，m。

4. 控制网数据处理及精度评定

(1)数据处理

三、四等水准网或光电三角高程网可采用等权代替法、逐渐趋近法或多边形法等简易方法进行平差，并作精度评定。当水准路线为单一的附合路线或闭合环线时，可依据各水准点间距离占水准路线总长的比例，将闭合差反号后分配到各测段的高差上，据此进行各测段观测高差改正后，计算出水准点高程平差值。

对于二等水准网，一般按间接平差法或条件平差法进行严密平差，其中，水准网间接平差是根据高差和高程关系建立高差观测值和高程未知数的函数关系，按照最小二乘原理求出高差观测值、高程未知数的平差值，并进行精度评定。条件平差是利用水准网中高差观测值应满足的几何关系，在最小二乘准则下求出高差观测值的平差值和待定点高程，并进行精度评定。计算过程中首先应选择参数设置，输入相关数据后自动完成平差计算和精度评定计算工作。平差时输入已知点号及已知高程，测段起始点号、终点点号、观测高差、测段距离，程序可以自动判断闭合环的构成并分别计算各闭合环的闭合差；利用控制网中各测段往返测高差不符值算出每千米高差中数的偶然中误差等。高程平差后，输出结果包括高差观测值的平差值、各待定点的高程平差值及其中误差、单位权中误差估值以及最弱点的精度等。平差程序也同样适合光电测距三角高程网，只是定权有所差异。

(2)精度评定

①单位权中误差

对于水准测量而言,设每千米水准路线的高差中数中误差为单位权中误差,则测段观测高差的权等于距离(单位:km)的倒数,即 $P_i=1/s_i$;而对于 EDM 三角高程测量而言,对向观测高差中数的中误差与边长成正比条件下,根据实践验证,得出其权与距离的平方成反比。因此,假如同样取 1 km 边长的对向观测高差中误差为单位权中误差时,高差的权为 $P_i=1/s_i^2$,在各边近似相等或边长较短的情况下,也可取 $P_i=1/s_i$。间接平差单位权中误差计算公式为

$$\hat{\sigma}_0=\sqrt{\frac{V^{\mathrm{T}}PV}{n-n'}} \tag{4-14}$$

式中　n——观测值个数;

n'——必要观测数;

V——观测值改正数;

P——观测值的权。

②附合水准路线上任一点高程中误差的估算

$$m_i=m_0\sqrt{\frac{1}{P_i}} \tag{4-15}$$

当取距离为权倒数时,

$$\frac{1}{P_i}=l_i-\frac{l_i^2}{L}$$

当取测站数为权倒数时,

$$\frac{1}{P_i}=n_i-\frac{n_i^2}{N}$$

式中　m_0——单位权高差中误差,对于水准测量通常为每千米或每测站的高差中误差;

$\frac{1}{P_i}$——该点的权倒数;

L——附合水准路线全长,km;

l_i——自起算点至所求点的距离,km;

n_i,N——测站数、总测站数。

在附合水准路线中,最弱点位于路线的中点,此时 $l_i=\frac{L}{2}$,于是$\frac{1}{P_{\mathrm{R}}}=\frac{L}{4}$,式中$\frac{1}{P_{\mathrm{R}}}$称为弱点权倒数。

③水准网测量精度评定的通用公式

a. 高程控制网即水准网中水准路线观测高差的中误差计算

设某观测网观测路线长度为 L,每千米往返观测中数的偶然中误差为 m_Δ,该路线的观测值中误差用 m_h 表示,则

$$\begin{cases} m_h = \pm m_\Delta \sqrt{L}\ (\text{平地}) \\ m_h = \pm m_\Delta \sqrt{n}\ (\text{山地}) \end{cases} \tag{4-16}$$

式中 L——水准路线长度，km；

n——水准路线的测站数。

b. 由 n 个测段往返测的高差不符值 Δ 计算每千米单程高差的偶然中误差 μ（相当于单位权观测中误差）

$$\mu = \pm\sqrt{\frac{1}{2n}\left[\frac{\Delta\Delta}{R_i}\right]} \tag{4-17}$$

往返测高差平均值的每千米偶然中误差为

$$M_\Delta = \frac{1}{\sqrt{2}}\mu = \pm\sqrt{\frac{1}{4n}\left[\frac{\Delta\Delta}{R_i}\right]} \tag{4-18}$$

$$M_W = \pm\sqrt{\frac{1}{4N}\left[\frac{WW}{L}\right]} \tag{4-19}$$

式中 Δ——各测段往返测的高差不符值，mm；

n, N——测段数；

L, R_i——测段长或环线长，km；

W——附合或环线闭合差，mm。

根据《国家一、二等水准测量规范》(GB/T 12897)规定，一、二等水准路线按式(4-18)计算每千米水准测量往返高差中数的偶然中误差，当闭合差数量超过 20 个以上，用式(4-19)计算每千米全中误差 M_W。

c. 光电测距三角高程

观测高差计算每千米高程测量全中误差为

$$M_K = \pm\sqrt{\frac{1}{N}\left[\frac{WW}{F}\right]} \tag{4-20}$$

式中 W——环闭合差，mm；

F——环长，km；

N——闭合环数。

第三节　洞内高程控制测量

地下高程控制测量的主要任务是精确测定隧道洞内各高程点的高程，建立一个与地面统一的地下高程控制系统，以作为地下工程在竖直面内施工放样的依据，以及解决各种地下工程在竖直面内的几何问题。

一、洞内高程控制网测量特点

(1)洞内一般光线较弱,地面残存泥水、渣料,部分区域空间弥漫水汽、尘埃,观测作业期间需要消除或减少这些不利因素影响。

(2)对于施工区段埋设的水准控制点(简称水准基点)或加密控制点易被施工破坏或扰动毁损,需要重复性多次检核或重新埋桩测量。

(3)地下观测环境封闭,空间狭小受限,存在的湍旋气流、水雾尘埃、区段温度不匀等因素对观测结果容易产生影响。

(4)施工期间,洞内水准控制网长度随着生产进度,不断往前(掘进面方向)延伸引测,测量网总体上仍属于一种类似于支水准路线的结构形式,其自身测量精度的复核,依赖于对测段的多次重复性测量,或通过洞内不同测段间观测路线的闭合环来检核,也较容易受到作业环境导致的大气垂直折光等系统误差影响。

(5)洞内面临多个施工工作面,以及不同的生产工序同步作业,因此,狭窄空间内也运转着一定量的走行和固定施工机具,其对测量观测带来一定的干扰。

(6)洞内高程(控制点)作为施工高程的依据,必须定期复测检核。

(7)当隧道贯通之后,求出相向两条支水准路线的高程贯通误差,并在未衬砌地段进行调整。后续施工中所有开挖、衬砌工程以及整体道床施工等均应以平差调整后的高程指导施工。

二、洞内高程控制网布设

1. 洞内高程控制网精度设计

与洞外高程控制网精度设计类似,结合具体隧道长度进行精度设计。

2. 洞内高程控制网布设

(1)控制网网型及施测路线设计

可根据工地施工情况选择在主洞、平导及其联络横通道内布设闭合环路线,或主洞内往返测附合水准路线,还可以在主洞、平导内同时布设两条独立的水准路线。这样,将洞内埋设的水准点和洞口处及洞外已知水准点联测形成附合水准主路线,局部为环形路线。

(2)点位布设及埋桩要求

主洞内仰拱施工后的水准点按照每 1 km 左右埋设一个,分布于隧道左右线或隧道中线位置,一般与导线点共桩,采用不锈钢或其他不易生锈的金属材料,稳固嵌埋入混凝土内,桩顶呈半球形略高出地面 3～5 mm,洞内基础未施作阶段的水准点可埋设临时水准点,或位于隧道边墙基础,或与洞内临时导线控制点共桩埋设使用。地下辅助施工通道(斜井、横洞、平导等)区域水准点设置结合施工及测量要求综合考虑，斜井段水准点设置间距为 300～500 m。

3. 洞内高程控制测量数据采集

(1)测量设备使用要求

①因为洞内作业环境不同于地表，作业期间，需妥善维护使用设备，保持仪器物镜、水准尺面或观测棱镜表面干净。

②当测量标志上有水、泥沙等覆盖物时，应清理干净杂物后再进行测量。

③观测时给予仪器、水准标尺或棱镜等适宜亮度的照明，通常须使用稳定光源。

④当隧道内有防爆要求时，应按防爆要求提供作业用电及光源照明。

(2)洞内高程测量注意事项

①当洞内外或洞内测线不同区段温差过大时，作业过程中应注意仪器的温度适应。

②在隧道洞门出入洞过渡段的高程路线，应缩短视距并选择在阴天、夜晚观测，减小大气垂直折光的影响。

③洞内边墙混凝土或隧道铺底混凝土施工后，施工段的混凝土初凝期间会产生大量的汽化热，导致该段落的区域温度变化剧烈，会造成水准测量或光电测距三角高程测量数据的异常，因此，高程测量时应绕开上述路段或另行选择其他适宜时间施测该段线路。

④采用水准仪观测时，观测路线上使用水准尺尺垫或使用洞内其他硬物立尺，应保证尺垫踩踏实稳，立尺点结实牢靠，地层硬度不够时应打尺桩替代尺垫使用。

⑤使用数字水准仪观测时，禁止观测视线上出现镜面反射和较强光源射入。

⑥使用光电测距三角高程测量时，禁止在有温度剧烈变化环境及时间段进行观测；避免观测视线紧贴洞内边墙或空压机、变电站等放热或吸热设施；隧道洞口过渡段的洞外向洞内的精密高程传递测量必须选择在深夜或阴天进行。

⑦使用钢尺传递高程时，钢尺制造及出厂检定精度满足国家计量Ⅰ级标准；钢尺长度计量检定合格有效；按照检定时给出的标准拉力或在其检测拉力、温度等有效使用范围内使用；高差传递测量应综合考虑对钢尺尺长、温度、拉力、自重、连接等项误差进行改正计算。

4. 洞内高程贯通测量

当隧道相向掘进施工的作业面在某设计位置贯通后，在贯通面处设置贯通测量点，由贯通面不同侧的施工高程控制点分别测出该贯通点的高程 H_{G1}、H_{G2}，则得出高程贯通误差 $\Delta H_G = H_{G1} - H_{G2}$。当贯通误差小于限差规定值时，直接按简易平差计算出贯通后的各施工水准点高程。具体方法是，将隧道已施工段落两端的已知高程水准点作为约束点，对贯通区间内的隧道施工高程点，按点间观测路线间距大小与改正量成正比分配，用反号分配贯通误差不符值至各对应段并得出点间新高差值，从而重新计算出洞内各水准控制点的高程，并以此指导隧道后续施工，参见式(4-21)。

$$\begin{cases} V_i = -\dfrac{s_i}{\sum\limits_{i}^{n} s_i}\Delta H_G \\ \widetilde{L}_i = L_i + V_i \\ \widetilde{H}_{i+1} = \widetilde{H}_i + \widetilde{L}_i \end{cases} \tag{4-21}$$

式中　V_i——水准点间高差改正数；

s_i——i 段水准路线长度；

ΔH_G——高程贯通误差；

$\widetilde{L}_i$——i 点高差观测值的平差值；

L_i——i 点高差观测值；

$\widetilde{H}_i$，$\widetilde{H}_{i+1}$——i 点、$i+1$ 点水准点高程贯通平差后的新平差值。

5. 隧道完全贯通后高程贯通误差调整测量

整座隧道完全贯通后，隧道洞内水准二等(精密水准、三等、四等)的贯通测量，起闭于隧道主洞口进出口两端的线路水准基点，隧道内按照附合水准路线联测洞内设置的每一个水准点(1 000 m 左右间隔，如果是铁路 CPⅡ网高程桩则间距约 500 m 一个)。当高差闭合差小于 $6\sqrt{L}$($12\sqrt{L}$、$20\sqrt{L}$、$30\sqrt{L}$，L 为水准路线长度)时，以隧道进出口两端二等水准点(或规定的其他高等级水准控制点)为固定点进行高程平差计算。

6. 洞内高程施工测量的精度

洞内高程测量采用水准测量或光电测距三角高程测量进行往返观测或闭合环观测，施工高程控制点每隔 200～500 m 设置一对。新水准点往洞内掌子面方向引测时，应对以前的水准点作检核测量，当相邻水准点间检测高差确认无误后方可进行水准引测。检测精度与原测精度相同。隧道洞内高程测量等级及精度要求见表 4-10。

表 4-10　隧道洞内高程测量等级及精度要求

测量部位	测量等级	开挖洞口间高程路线长度/km	每千米高程测量偶然中误差/mm
洞内	二等	>32	≤1.0
	三等	11～32	≤3.0
	四等	5～11	≤5.0
	五等	<5	≤7.5

第四节　跨(海)河高程控制测量

隧道工程测量对测量精度要求较高。根据《国家一、二等水准测量规范》(GB/T

12897—2006)规定，当水准路线跨越江、河，若视线长度超过 100 m 时，应根据视线长度和仪器设备等情况采用光学测微法、倾斜螺旋法、测距三角高程法和 GNSS 测量法等进行测量。

一、跨(海)河测距三角高程测量

1. 场地的选定与布设

采用测距三角高程法进行跨(海)河水准测量时，应遵循下列要求：

(1)选用线路附近利于布设工作场地与观测的较窄河段处。

(2)跨(海)河视线不得通过草丛、干丘、沙滩的上方。

(3)两岸由仪器至水边的一段距离，应大致相等，其地貌、土质、植被等也应相似，仪器位置应选在开阔、通风之处，不应靠近墙壁及土、石、砖堆等。

(4)过河视线方向，困难时可适当增大视线长度，或采用标灯测光。

(5)布设跨(海)河水准，应使两岸仪器及标尺点构成如图 4-1 所示的平行四边形、等腰梯形或大地四边形等。

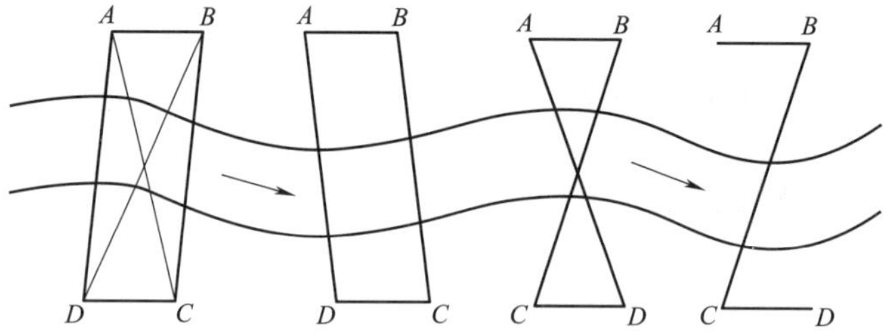

图 4-1　跨(海)河水准布设示意

(6)两岸距跨河点 100～300 m 的水准路线上各选埋水准标石一座。

(7)跨(海)河场地布设完毕后，应绘制跨(海)河水准场地图及固定点(或标石点)连测图。

2. 跨(海)河水准观测要求

采用测距三角高程法进行跨(海)河水准测量，观测中应满足下列要求：

(1)跨(海)河水准观测宜在风力微和、气温变化较小的阴天或夜间进行；当雨后初晴和大气折射变化较大时，均不宜观测。

(2)观测开始前 30 min，应先将仪器置于露天阴影下，使仪器与外界气温趋于一致，观测时应躲避阳光。

(3)晴天观测上午应在日出后 1 h 起至太阳中天前 2 h 止；下午自中天后 2 h 起至日落前 1 h 止，但可根据地区、季节、气候等情况适当变通。阴天只要成像清晰、稳定即可进行观测。有条件也可在夜间进行观测，日落后 1 h 起至日出前 1 h 止。

(4)一测回的观测完成后,应间歇 15～20 min,再开始下一测回的观测。

(5)两台仪器对向观测时,应使用通信设备或约定旗语,使两岸同一测回的观测能做到同时开始与结束。

(6)上、下午跨(海)河水准测量取用的全部测回数应各占一半。如有夜间观测时,白天与夜间测回数之比应接近 1.3∶1。

(7)跨(海)河观测开始时,应对两岸的普通水准标石(或固定点)与标尺点间,进行一次往返测,并作为检测标尺点有无变动的基准。每日工作开始前,均应单程检测一次,并应符合往返测高差不符值检测限差要求。如确认标尺点变动,应加固标尺点,重新进行跨(海)河水准观测。

3. 测回数及限差要求

采用测距三角高程法进行跨(海)河水准测量时,以跨河视线长度确定应观测的时间段数、测回数与限差。观测的时间段数、测回数及组数,按表 4-11 规定执行。

表 4-11　观测的时间段数、测回数及组数要求

跨(海)河视线长度/m	一等			二等		
	最少时间段数	双测回数	半测回中的组数	最少时间段数	双测回数	半测回中的组数
100～300	2	4	2	2	2	2
301～500	4	6	4	2	2	4
501～1 000	6	12	6	4	8	6
1 001～1 500	8	18	8	6	12	8
1 501～2 000	12	24	8	8	16	8
2 000 以上	$6s$	$12s$	8	$4s$	$8s$	8

注:表中 s 为跨(海)河视线长度千米数,尾数凑整到 0.5。

各双测回的互差限差 $\mathrm{d}H_{限}$ 按式(4-22)计算。

$$\mathrm{d}H_{限}=4\cdot M_{\Delta}\sqrt{N\cdot s} \tag{4-22}$$

式中　M_{Δ}——每千米水准测量的偶然中误差,mm;

N——双测回的测回数。

当只采用一台仪器进行跨(海)河水准测量不能组成双测回时,测回数为表 4-11 所列数值的两倍。计算单测回互差的 $\mathrm{d}H_{限}$ 时,N 按单测回数计。

采用 GNSS 测量法进行跨(海)河水准测量时,各时段往返方向计算的跨(海)河高差中数互差不应大于按式(4-22)计算的限值,此时式(4-22)中的 N 为表 4-11 中规定的 GNSS 观测时段数。

4. 准备工作

(1)采用大地四边形或等腰梯形选定跨河点,布设场地,视线垂直角应小于 1°。

(2)跨(海)河距离在 2 000 m 以内时,对岸标尺可安置一块觇板;2 000 m 以上应安置上、下两块觇板。

5. 本岸测站点间高差测定

(1)采用水准仪将 AB 和 CD 作为一个测站,按同等级水准测量要求进行观测。

(2)测站点的检测。如确信 A、D 点水准标石稳定,观测过程中可不进行检测。只应在结束时进行一次检测。若检测超限,应沿路线再检测一个测段。如证明水准标石无变动,则所测成果采用。若标石变动,应加固水准标石后重新进行跨河观测。

6. 距离测量

距离测量应对气象、加常数和乘常数进行改正,并对边长进行归算。跨(海)河距离测量的技术要求和观测限差应按表 4-12 规定执行。

表 4-12 跨(海)河距离测量的技术要求和观测限差

等级	仪器测距精度	观测时间段		一个时间段内测回数	一测回读数间较差/mm	测回中数间较差/mm	往返(或时间段)测距中数的较差/mm
		往	返				
一	Ⅱ	2	2	4	≤10	≤15	$\leqslant 2(a+b\cdot D\cdot 10^{-6})$
二	Ⅱ	1	1	6	≤10	≤15	$\leqslant 2(a+b\cdot D\cdot 10^{-6})$

注:a、b 为仪器测距标称参数值;D 为所测距离的千米数。

7. 垂直角观测

1)观测程序

(1)观测近标尺:在 A、C 点设站,同时观测本岸近标尺,测定近标尺读数 b_B 和 b_D。

(2)观测远标尺:两岸仪器同步观测对岸远标尺,测定 α_{AD} 和 α_{CB}。

(3)将仪器分别从 A、C 点搬至同岸的 B、D 点设站,依次完成远、近标尺的观测和读数,测定 α_{BC}、α_{DA} 和 b_A、b_C。至此,第一个仪器位置的观测结束,两台仪器共完成两个单测回。

2)观测方法

(1)观测近标尺:首先在全站仪盘左的位置,照准近标尺的基本分划线,读取水平视线的标尺厘米分划数 a,再使水平丝分别照准该分划线的下、上边缘精确读数各两次;再以盘右位置,同时照准该分划线的上、下边缘并读数各两次,完成一组观测(近标尺只测一组)。盘左或盘右同一边缘两次照准读数差,不应大于 3″。

(2)观测远标尺:在盘左位置照准远标尺上觇板标志或标灯四次,并进行精密读数。四次读数之差不应大于 3″。在盘右位置按盘左操作方法进行照准和读数。以上观测为一组垂直角观测。

当采用上、下觇板观测时,盘左依次照准上、下觇板标志,盘右按相反次序照准下、上觇板标志,照准和读数方法与单觇板观测相同。同一标志四次照准读数差不应大于 3″。

(3)各组垂直角观测的限差要求按表 4-13 规定执行。

表 4-13　垂直角观测的限差要求

指标差互差	同一标志垂直角互差
≤8″	≤4″

(4)每一仪器位置的观测完成后，观测员、仪器、标尺应相互调岸，并按相同程序和方法进行观测。也可在测完半数测回后调岸。两台仪器分别在两岸相同时段对向观测同一条边的成果组成 1 个单测回，总测回数应为表 4-11 中双测回数的两倍。

8. 测回间高差互差的检算

每条边各单测回高差的互差应符合式(4-22)规定的限值，其中 N 为单测回数。

由大地四边形或梯形的四条边组成的独立闭合环，用同一时段的各条边高差计算的闭合差 W 不应大于式(4-23)计算的限值。

$$W=6\cdot M_W\sqrt{s} \tag{4-23}$$

采用光电测距三角高程法进行三、四等跨(海)河水准测量时，垂直角观测的单测回数为表 4-11 的两倍，其他技术要求应符合现行《国家三、四等水准测量规范》(GB/T 12898)的有关规定。

9. 观测成果的重测和取舍

(1)测回间互差超限，首先应重测孤立值。若无孤立值应重测一大一小。如出现分群现象，则应分析是否因时间段不同而分群，并应计算环线闭合差加以分析，若确属时间段不同而产生分群，同时环线闭合差无超限现象，则该成果可不重测。如有闭合差超限的测回，此测回应重测。重测后仍分群，有上、下觇板的，应利用其间距检验垂直角的观测精度，并结合观测条件进行综合分析，而后对成果进行重测和取舍，直到所测成果全部符合要求为止。

(2)环线闭合差超限，而测回间互差较小，如无其他情况，此成果可以采用。若测回间互差大或超限，则该成果应重测。

二、GNSS 跨(海)河高程测量

1. GNSS 跨(海)河高程测量要求

(1)GNSS 跨(海)河水准测量应选择在地形较为平坦的平原、丘陵且河流两岸地貌形态基本一致地区进行。海拔高程超过 500 m 的地区，不宜进行 GNSS 跨(海)河水准测量；当跨河场地两端高差变化超过 70 m/km 的地区，不宜进行一等 GNSS 跨河水准测量；超过 130 m/km 的地区，不宜进行二等 GNSS 跨河水准测量。

(2)GNSS 水准点应尽可能选于水准测线附近，并有利于进行 GNSS 观测及水准联测。应避开土质松软和强磁场地段，以及行人、车辆来往较多的场所。

(3)距铁路不小于 50 m，距公路不小于 30 m，距大功率无线电发射源(如电台、微波站等)不小于 200 m,距高压输电线不小于 50 m。

(4)点位应便于安置 GNSS 接收设备及水准仪,视野应开阔,四周不应有大于 15°地平高度角的障碍物。

(5)附近不应有强烈干扰接收卫星信号的物体。

(6)非跨(海)河点(A_1、A_2、D_1、D_2)宜位于跨(海)河点(B、C)连线的延长线上,且各点间距离大致与跨(海)河距离 BC 相等(图 4-2)。非跨(海)河点偏离跨(海)河方向轴线的垂距和垂距互差为:一等跨(海)河水准测量不得大于 BC 的 1/50,二等跨(海)河水准测量不得大于 BC 的 1/25。

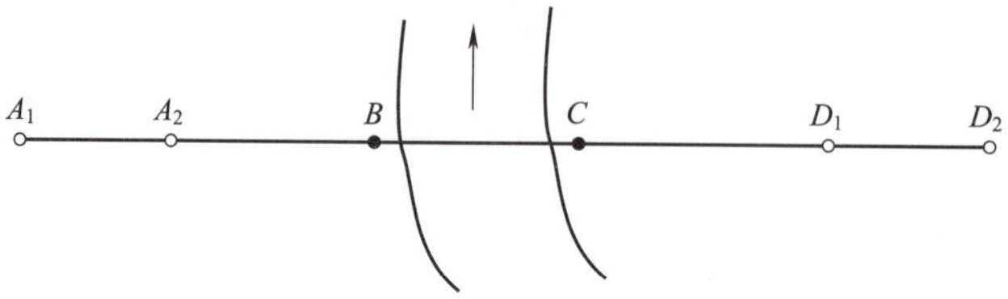

图 4-2　GNSS 跨(海)河高程测量示意一

(7)由于地形、点位环境等条件限制不能满足图 4-2 要求时,可采取如图 4-3 所示的布设方式,河流同岸的非跨河点 A_1、A_2 或 D_1、D_2,可以在同一个点位附近埋设,但点位位置应位于沿跨(海)河方向轴线(图 4-3 中的 CB 延长线)上或在其两侧且大致对称,非跨(海)河点距跨(海)河点的距离大致与跨(海)河距离 BC 相等。非跨(海)河点偏离跨河方向轴线的垂直距离不得超过跨(海)河距离的 1/4。各段垂直距离互差为:一等跨(海)河水准测量不应大于 BC 的 1/50,二等跨(海)河水准测量不应大于 BC 的 1/25。

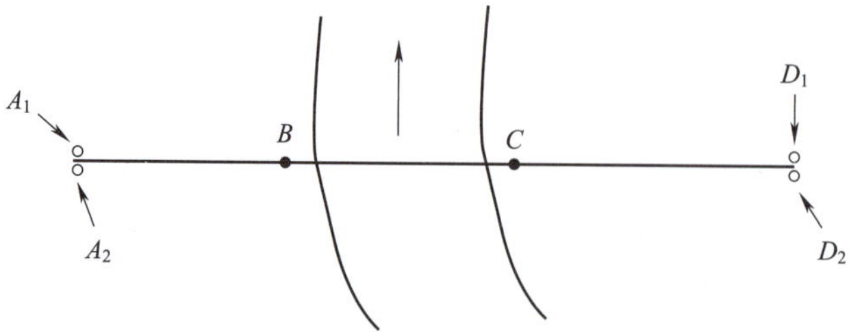

图 4-3　GNSS 跨(海)河高程测量示意二

2. GNSS 高程测量技术要求

GNSS 高程测量技术要求见表 4-14。

表 4-14　GNSS 高程测量技术要求

等　级	跨距/m	非跨河点数	GNSS 网相邻点间基线长精度	
			a	*b*
一等	1 500≤跨距≤3 000	≥4(每端两个)	≤5	1
二等	500≤跨距≤3 500	≥4(每端两个)	≤8	2

注：*a*—固定误差(mm)；*b*—比例误差系数(mm/km)。

GNSS 网相邻点间基线长精度计算公式为

$$\sigma=\sqrt{a^2+(b\cdot d)^2} \tag{4-24}$$

式中　σ——基线长度标准差，mm；

d——相邻点间距离，km。

3. GNSS 外业观测要求

GNSS 高程测量外业观测技术要求应符合表 4-15 的规定。

表 4-15　GNSS 高程测量外业观测技术要求

项　目	等　级	
	一等	二等
GNSS 截止高度角/(°)	≥15	≥15
同时观测有效卫星数	≥4	≥4
有效观测卫星总数	≥9	≥6
时段长度/min	120	120
观测时段数	6*s*	4*s*
数据采样间隔/s	10	10
PDOP	≤6	≤6

注：*s* 为跨河视线长度，单位为 km。表中规定的所有观测时段为，一等应在 3 d 内完成观测，二等应在 2 d 内完成观测。

采用 GNSS 测量法进行跨(海)河水准测量时，观测中应满足下列要求：

(1)观测组应严格遵守调度命令，按规定的时间进行作业。

(2)每时段开始及结束时，均应记录天气状况、实时经纬度、每测段开始与结束时间等信息。

(3)观测中应防止仪器受震动和移动，防止人和其他物体遮挡卫星信号。

(4)雷电、风暴天气时，不应进行观测。

(5)观测中应保持接收机数据记录的正常运行，每日观测结束后应及时将数据转存至数据存储器，转存数据时，不得进行删改和编辑。

4. 数据处理与成果计算

(1)GNSS 基线解算要求

GNSS 基线解算应符合下列要求：

①基线解算应采用经过有关部门批准使用的软件。

②基线解算应采用双差相位观测值。

③基线解算应采用精密星历作为起始值，星历误差应优于 2 m。

④基线解算的起始坐标应采用 GNSS 连续运行站坐标。

⑤基线解算时，应以 2 h 为一单元，使每一个同步观测图形各基线边具有至少 4 个时段的重复基线处理结果。

(2)GNSS 基线解算的质量检核

GNSS 基线解算的质量检核应符合下列要求：

①基线处理数据采用率不低于 80%。

②由独立基线构成的异步环坐标分量闭合差和全长闭合差应满足式(4-25)。

$$\begin{cases} W=\sqrt{W_X^2+W_Y^2+W_Z^2} \\ W_X \leqslant 2\sqrt{n}\sigma \\ W_Y \leqslant 2\sqrt{n}\sigma \\ W_Z \leqslant 2\sqrt{n}\sigma \end{cases} \tag{4-25}$$

式中 W_X，W_Y，W_Z——异步环坐标分量闭合差，mm；

W——异步环线全长闭合差，mm；

n——独立环中的边数。

③重复基线的长度互差 ds 和大地高高差互差 dH 应满足式(4-26)。

$$\begin{cases} \mathrm{d}s \leqslant 2\sqrt{2} \\ \mathrm{d}H \leqslant 2\sqrt{2}\sigma \end{cases} \tag{4-26}$$

(3)GNSS 数据平差处理

①GNSS 数据平差软件应采用经过有关部门批准使用的软件。

②在基线向量检核符合要求后，以某一跨河点的三维地心坐标系下的三维坐标作为起算数据，进行 GNSS 网的无约束平差。

③无约束平差基线向量改正数绝对值($v_{\Delta X}$、$v_{\Delta Y}$、$v_{\Delta Z}$)应满足式(4-27)。

$$\begin{cases} v_{\Delta X} \leqslant 3\sigma \\ v_{\Delta Y} \leqslant 3\sigma \\ v_{\Delta Z} \leqslant 3\sigma \end{cases} \tag{4-27}$$

5. 高差计算

以图 4-2 所示的 GNSS 跨河水准测量为例，则

$$\alpha_{AB}=(\Delta H_{GAB}-\Delta H_{\gamma AB})/s_{AB} \tag{4-28}$$

式中 α_{AB}——AB 方向的高程异常变化率，m/km；

s_{AB}——A、B 点间的平距，km；

ΔH_{GAB}——A、B 点间的大地高差，m；

$\Delta H_{\gamma AB}$——A、B点间的正常高差，m。

根据式(4-28)由每一个非跨河点与最近跨河点计算出一个α值，最后将河流两岸得到不同的α_{AB}与α_{CD}取平均值作为跨河河段的高程异常变化率α_{BC}。河流两岸得到的不同的α值(α_{AB}、α_{CD})较差应满足表4-16的规定。

表4-16 跨(海)河水准测量α值较差 单位:m/km

限差类型	一等	二等
同岸α值较差	0.007 0	0.013 0
不同岸α值较差	0.010 0	0.018 0

高程异常差按式(4-29)计算。

$$\Delta\zeta_{AB}=\alpha_{AB}\cdot s_{AB} \tag{4-29}$$

式中 $\Delta\zeta_{AB}$——A、B点间的高程异常差，m；

α_{AB}——AB方向的高程异常变化率，m/km；

s_{AB}——A、B点间的平距，km。

跨河线路BC之间的跨河水准高差按式(4-30)计算。

$$\Delta H_{\gamma BC}=\Delta H_{GBC}-\alpha_{BC}\cdot s_{BC} \tag{4-30}$$

式中 $\Delta H_{\gamma BC}$——BC点间的正常高差，m；

ΔH_{GBC}——BC点间的大地高差，m；

α_{BC}——BC方向的高程异常变化率，m/km；

s_{BC}——BC点间的平距，km。

6. 补测和重测

当出现下列情况时，应进行补测和重测：

(1)未按施测方案要求，外业缺测、漏测数据，或经过处理后，观测数据不能满足表4-15的要求，有关成果应及时补测或重测。

(2)在重复基线长度之差、同步环闭合差、独立环闭合差等检验中允许舍弃超限基线，但剩余的同名基线边数目应不小于总数的50%，否则应重测该基线或有关的图形。

(3)由于点位不符合水准测量或GNSS测量要求，重测仍不能满足各项限差规定时，应按技术要求增选新点进行重测。

(4)非跨河点与最近跨河点组成的线路计算的α值较差大于表4-16规定时，应对超限的线路进行重测。经重测仍不能满足要求时，应按GNSS测量的要求另外选定非跨河点，组成新线路重测。

第五节 高程联系测量

高程联系测量的任务是把地面高程系统的水准点高程，经过竖井传递到井下高程测量的起始点上。通常采用的方法有钢尺(丝)导高法、全站仪三角高程导高法和光电测距导高法,一般优先采用钢尺(丝)导高法。

一、高程联系测量原理

1. 钢尺(丝)导高法

在井筒中部悬挂一钢丝(尺),在井上、井下同时用水准仪瞄准钢尺(丝)井上井下的位置并做标记,通过实量井上井下两标记之间的长度,将高程从井上传递至井下。

2. 全站仪三角高程导高法

当竖井深浅、俯仰角不大时,在井上安置全站仪可以直接观测到井下水准点,直接利用三角高程测量将井上高程导入井下水准点上。

3. 光电测距导高法

当竖井较深时,井上采用水准测量将高程传递至井上棱镜中心,然后采用全站仪测量井下水准点至井上棱镜中心之间的竖距,将高程由井上传递至井下水准点。

二、钢尺(丝)导高法

用钢丝导入或钢尺导入高程是传统的做法,也是竖井施工中最常见的传递高程的方法。

如图 4-4 所示,首先应在井筒中部悬挂一钢尺(丝),在井下端悬一重锤,使其处于自由悬挂状态;然后在井上、井下同时用水准仪测得 A、B 处水准尺上的读数 a 和 b,并用水准仪瞄准钢尺,井上井下同时用水准仪测得钢尺读数 $S_{上}$ 和 $S_{下}$;变换仪器高度再测一次,取其平均值作为最终结果。采用钢丝导入高程时,钢丝本身不像钢尺一样有刻度,所以不能直接量出长度,须在钢丝上用特制的标线夹,在井上、下水准仪视线水平做出标记,然后将钢丝提升到地面,再用全站仪或钢尺来丈量两标记之间的距离。

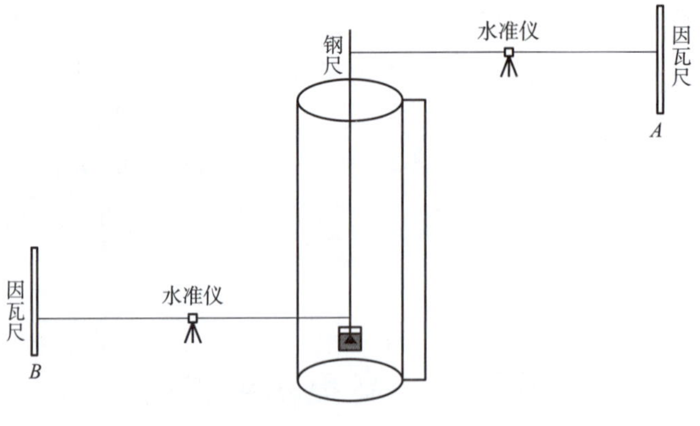

图 4-4　钢尺(丝)悬挂法传递高程

采用全站仪或钢尺在地面测量钢丝的长度时，可在平坦地面上将钢丝拉直，并施加与导入高程时给钢丝所加相同的拉力，依据钢丝上的标记在实地上用钢钉做出标志，然后用全站仪或钢尺丈量两标志之间的距离 L，则地下点高程为

$$H_B = H_A + a - L - b \tag{4-31}$$

式中　H_A，H_B——A、B 处高程。

采用钢尺(丝)导入高程时，各测回测定的高差应进行温度和尺长改正；当井深超过 50 m 时，应进行钢尺自重张力改正。

1. 钢尺自重伸长改正数 ΔL_1

$$\Delta L_1 = \frac{M \cdot L'}{E \cdot A} \text{或} \Delta L_1 = \frac{\rho'}{E} \cdot \frac{L'^2}{2} \tag{4-32}$$

式中　L'——应计算改正数段钢尺的长度，cm；

M——长度 L' 钢尺的质量的一半，kg；

E——钢的弹性模量，采用 1.96×10^5 MPa；

A——钢尺的横截面积，cm^2；

ρ'——钢单位体积的质量，$\rho' = 7.8\ \text{g/cm}^3$。

2. 钢尺加重伸长改正数 ΔL_2

$$\Delta L_2 = \frac{L' \cdot (Q - Q_0)}{E \cdot A} \tag{4-33}$$

式中　Q——重锤质量，kg；

Q_0——钢尺检定时所加的锤质量，kg。

当钢尺下端悬挂的重锤质量等于钢尺比长的拉力时，可不计此项改正。

3. 钢尺的温度改正数 ΔL_t

$$\Delta L_t = \alpha L'(t_{平} - t_0) \tag{4-34}$$

式中　α——钢尺的温度膨胀系数，采用 0.000 012；

$t_{平}$——井筒内的平均温度；

t_0——钢尺检定的温度。

4. 钢尺比长改正数 ΔL_b

$$\Delta L_b = K' \cdot L' \tag{4-35}$$

式中　K'——钢尺每米的比长改正数。

对短钢尺相接的情况，还需考虑短钢尺间衔接不准的改正。同时，因每根钢尺的比长改正不同，故需分别计算。

三、全站仪三角高程导高法

当竖井浅、俯仰角不大时，可以直接用光电测距三角高程将井上高程导入井下水准点

上,测量时应满足下列要求:

(1)测量使用的全站仪测角精度不低于±2″,测距标称精度不低于 2 mm+$2\times10^{-6}d$(d为相邻控制点的距离);

(2)竖直角采用中丝法观测三测回,测回较差小于±7″,指标差较差小于±7″;

(3)反射棱镜和仪器高度测前测后量取互差不大于 2 mm,取平均值;

(4)测距边应进行气象改正;

(5)高差必须及时进行对向观测。

四、光电测距导高法

当竖井较深时,可以采用全站仪测量竖距的方法将高程从井上导入井下。

如图 4-5 所示,先在竖井正下方设置井下趋近水准点 B,在全站仪目镜上安装弯管目镜,将全站仪照准部竖直向上瞄准带圆孔的钢平板,通过望远镜指挥钢平板位置,使钢平板上的圆孔在全站仪铅直视线上,在托架上固定钢平板。量取全站仪的仪器高度两次,两次较差应小于 2 mm,取均值。同时用水准测量方法,测出置镜点与 B 点高差 h_b。

在钢平板圆孔中放上半球尺垫,在半球尺垫上放置水准尺,用水准仪观测井上趋近水准点 A 至半球尺点中心的高差 h_a,取下半球尺垫及水准尺,在带孔钢平板上安放球棱镜,使球棱镜面正对井下的全站仪,测量全站仪仪器中心至球棱镜中心的竖直距离 L,取多次观测值的平均值,全站仪的仪器高度为 i,则根据图 4-5 可以计算出井下趋近水准点 B 的高程为

$$H_B = H_A + h_a - L - i + h_b \tag{4-36}$$

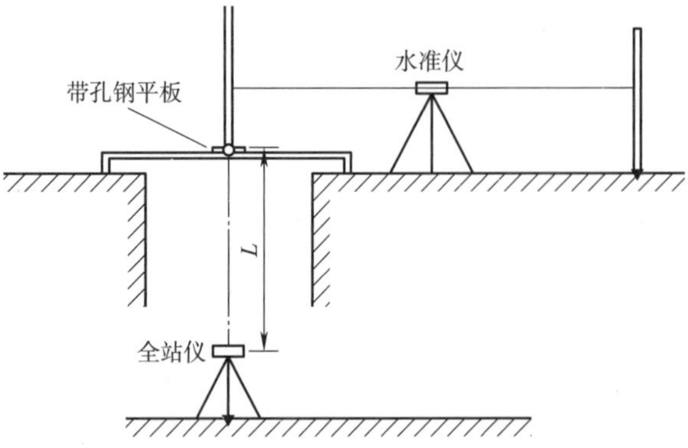

图 4-5　全站仪光电测距导高法测量

井上趋近水准点水准测量时,扶尺人员站立的托架应与放置带孔钢平板的托架互相独立,并确保扶尺过程中对钢平板不产生扰动,测量期间应确保人员和设备的安全。

全站仪导高应独立测量不少于两次,其互差不应大于 $H/10\ 000$。

第五章 线路测量

第一节 线路测量概述

由于受地形、地质、安全、技术条件等的限制和经济发展的需要，铁路线路的方向和高程要不断改变。为了保持线路的平顺性，在改变方向的两相邻直线间须用曲线连接起来，连接形式主要有圆曲线、缓和曲线和竖曲线。

如图 5-1 所示，圆曲线指道路平面走向改变方向时所设置的连接两相邻直线段的圆弧形曲线，特点是一段半径相同的圆弧。圆曲线的主要作用是改变线路走向，规避滑坡体、障碍物或其他复杂区域。圆曲线最小长度受曲线测设、养护维修、行车平稳和旅客舒适等条件控制，一般与夹直线最小长度采用同一标准。曲线偏角的大小影响列车在曲线上的运行阻力。曲线半径、外轨超高和圆曲线长度等对行车速度起限制作用，这是目前高速铁路设计中需要特别考虑的因素。

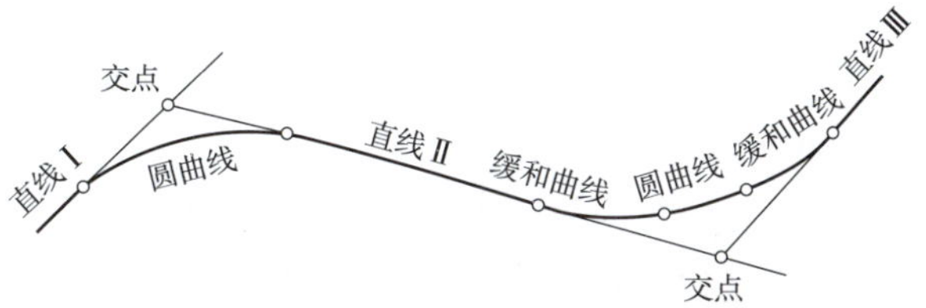

图 5-1 线路曲线

缓和曲线指平面线形中，在直线与圆曲线、圆曲线与圆曲线之间设置的曲率连续变化的过渡曲线。其曲率半径由无穷大逐渐变化到圆曲线的半径，圆曲线半径越大，这种突变程度就越小。当圆曲线半径＞2 000 m 时，这种突变对轨道交通行车影响很小。而当正线上曲线半径≤2 000 m 时，则要在圆曲线与直线间加设缓和曲线，实现曲率半径的逐渐过渡，减少列车在突变点处的轮轨冲击。线路平面圆曲线与直线之间主要根据曲线半径、超高设置及设计速度等因素设置缓和曲线长度。缓和曲线的线形有回旋线、三次抛物线、七次四项式型、半波正弦型、一波正弦型、双纽线、多心复曲线等。我国常用的线形有三次抛物线、回旋线两种，其中三次抛物线是回旋线的近似结果。缓和曲率的主要作用是曲率和离心加速度连续变化，没有突变，便于车辆行驶。

竖曲线指在线路纵断面上，以变坡点为交点，连接两相邻坡段的曲线。竖曲线有凸形和凹形两种。道路纵断面线常采用直坡段、竖曲线两种线形，二者是纵断面线形的基本要素。竖曲线的主要作用是缓和纵向变坡处行车动量变化而产生的冲击作用，确保道路纵向行车视距；将竖曲线与平曲线恰当地组合，有利于路面排水、改善行车的视线诱导和舒适感。

线路测量的目的是确定线路的空间位置，在施工阶段主要是将线路中线按设计的位置进行实地测设。测设曲线的方法主要有偏角法、长弦偏角法、切线支距法、极坐标法等。用偏角法测设曲线时，曲线点位精度既受主点测设精度影响，又受测设时误差的影响。主点测设精度主要受转向角测量的误差、切线丈量的精度、确定 ZH 及 HZ 时的定向误差、确定 HY 及 YH 时丈量精度及其定向误差等因素影响。测设曲线时的误差主要受主点测设精度、偏角测设精度（包括仪器对中误差、目标偏心误差、照准和度数误差、投点误差等）、照准后视点的方向误差、以弦长代替弧长的误差及弦长丈量的误差等因素影响。用极坐标法测设曲线时，由于光电测距精度高，测距误差对点位精度的影响不显著。而主点测设精度、设置测站误差、测站数等因素对点位精度影响较大。

第二节　直 线 测 量

直线，是一个点在平面或空间沿着一定方向和其相反方向运动的轨迹。欧几里得几何中的直线可以看作是一个点的集合，这个集合中的任意一点都在这个集合中的其他任意两点所确定的直线上。在工程测量中，直线一般表达为方位角和水平距离。直线是铁路线路的主要形式之一，在长大隧道线形设计中，直线也是主要形式之一。

如图 5-2 所示，方位角是从某点的指北方向线起依顺时针方向至目标方向线间的水平夹角，用“度”表示，常用于判定方位、指示目标和保持行进方向，可分为真方位角、磁方位角、坐标方位角。

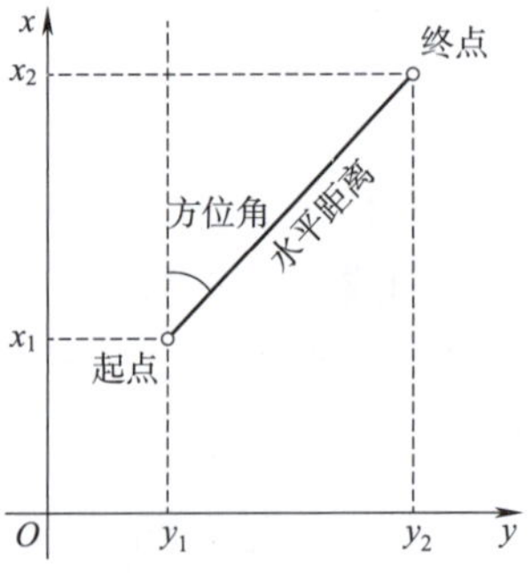

图 5-2　线路直线

由于每点都有真北、磁北和坐标北三种不同的指北方向，因此，从某点到某一目标，就有三种不同方位角。

(1)真方位角。某点指向北极的方向线叫真北方向线，对应经线，也叫真子午线。由真子午线方向的北端起，顺时针量到直线间的夹角，称为该直线的真方位角，一般用 A 表示，通常在精密测量中使用。

(2)磁方位角。地球是一个大磁体,地球的磁极位置是不断变化的。某点指向磁北极的方向线叫磁北方向线,也叫磁子午线。由磁子午线方向的北端起,顺时针量至直线间的夹角,称为该直线的磁方位角,用 A_m 表示。

(3)坐标方位角。由坐标纵轴方向的北端起,顺时针量到直线间的夹角,称为该直线的坐标方位角,常简称方位角,用 α 表示,常用于绘制地图、交通图和施工图等。

水平方向上的距离叫水平距离,亦即没有高度差的距离。物理上相对于地面做一平行线,分别过两点作垂线,垂足的距离就是水平距离。在地理上,水平距离等高线就是在平面图纸上相邻等高线之间线与线之间的距离。在工程测量上,水平距离是先把地面测得的斜距换算成测线两端点平均高程面上的弧长,再换算成参考椭球面的边长,然后经投影改化,才能换算成高斯投影平面上的边长,如图 5-3 所示。

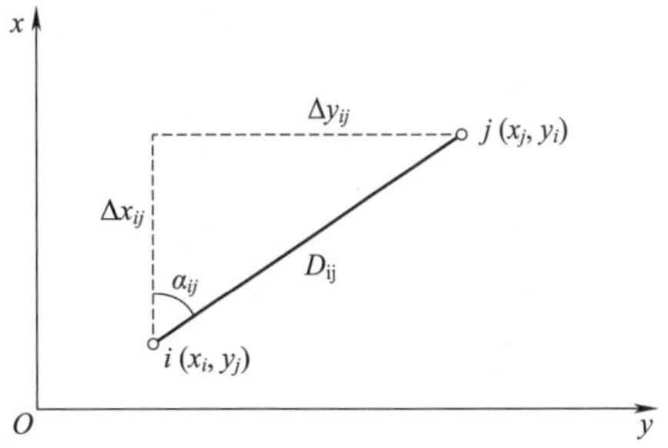

图 5-3　直线的计算

第三节　道路平曲线中桩坐标计算

道路施工测量中的一项重要工作是将道路中线、高程测设于实地,因此道路中桩的坐标与高程计算是道路施工测量的首要任务。

由于实际地形、地物的限制以及道路使用的要求,道路中线往往设计成由直线段和曲线段组成的空间曲线。其中,在平面上连接直线段的曲线称为平曲线,完成道路从一个方向到另一个方向的过渡,在竖直方向上连接直线段的曲线称为竖曲线,完成道路从一个坡度到另一个坡度的过渡,如图 5-4 所示。

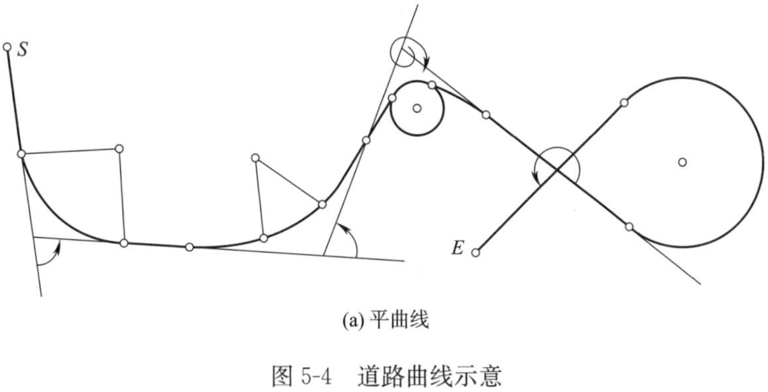

(a) 平曲线

图 5-4　道路曲线示意

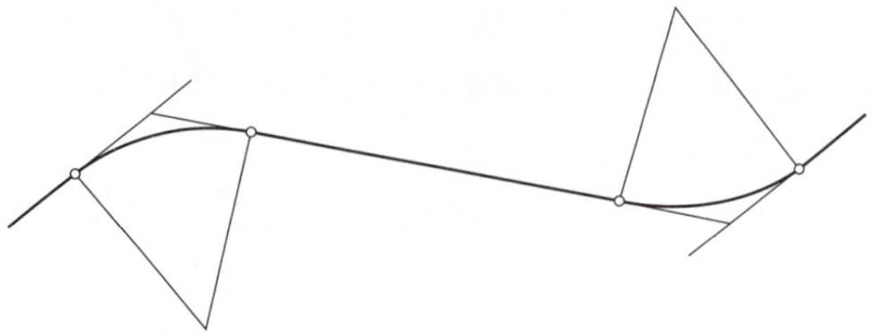

(b) 竖曲线

图 5-4 （续）

一、圆曲线及其放样

1. 圆曲线元素

如图 5-5 所示，圆曲线的元素包括转向角 α（设计值或由观测得到）、圆曲线半径 R（设计值）、切线长 T、曲线长 L、外矢距 E、切曲差 q（又称校正数或超距）、交会角 γ（一般很少使用）。

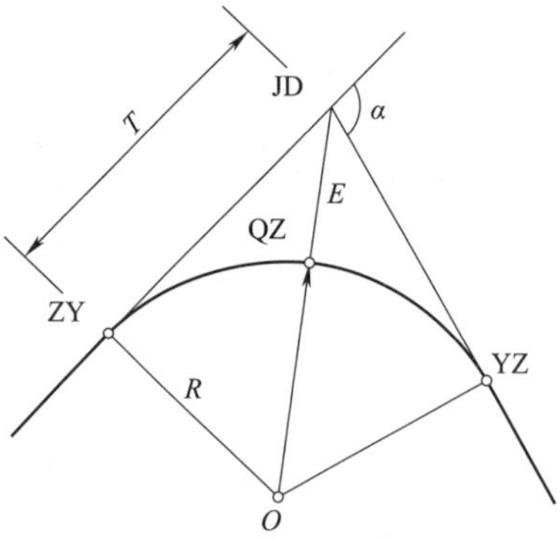

图 5-5 道路圆曲线

$$T=R\cdot\tan\frac{\alpha}{2} \tag{5-1}$$

$$L=\frac{\alpha}{\rho}R \tag{5-2}$$

$$E=R\left(\sec\frac{\alpha}{2}-1\right) \tag{5-3}$$

$$q=2T-L \tag{5-4}$$

$$\gamma=180^\circ-\alpha \tag{5-5}$$

2. 圆曲线主点及其里程

圆曲线的起、终、中点称为圆曲线的主点，相应的桩称为圆曲线的控制桩，分别称为直圆点、圆直点和曲中点，以汉语拼音缩写表示为 ZY、YZ 和 QZ。

线路中线上点的位置是用里程(简记 DK)表示的,并作为桩号。线路上某点的里程表示该点沿线路中心到线路起点的水平长度,通常用“×××+×××.(×××)”形式表示,“+”号前为千米数,“+”号后为不足千米的米数,若不足整米数,要记到毫米位。交点 JD 不在道路中线上,交点里程仅用于曲线点里程的计算。各主点的里程按下列各式计算:

$$\text{Chn ZY}=\text{Chn JD}-T$$
$$\text{Chn YZ}=\text{Chn ZY}+L$$
$$\text{Chn QZ}=\text{Chn YZ}-L/2$$
$$\text{Chn JD}=\text{Chn QZ}+q/2\text{(校核)}$$

式中,Chn 表示里程。

3. 圆曲线的放样

道路曲线是在交点的基础上进行放样的,一般分为主点放样和详细放样两个步骤。圆曲线的主点可根据 α、T、E、JD 及其前后交点很容易地在实地标定出来。圆曲线的详细放样在主点的基础上进行。

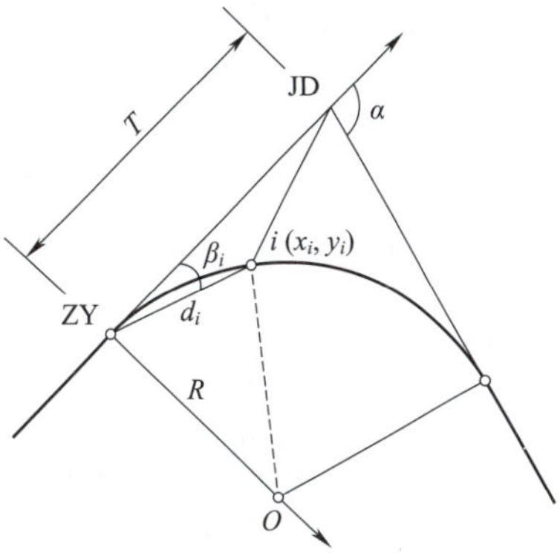

图 5-6　圆曲线细部点坐标及其放样元素

圆曲线详细放样的关键是求出圆曲线上细部点的坐标。实际工作要求第一个细部点落在整里程桩上,以后按等里程间隔放样。因此,细部点坐标必须以弧长为参数。

以切线方向 ZY →JD 为 x 轴方向,以与之垂直的半径方向 ZY →O 为 y 轴方向,如图 5-6 所示设立坐标系,则细部点 i 的坐标为

$$\begin{cases} x_i=R\sin\dfrac{l_i}{R} \\ y_i=R\left(1-\cos\dfrac{l_i}{R}\right) \end{cases} \tag{5-6}$$

式中　l_i——ZY 到 i 点的弧长。

得出(x_i, y_i)之后,则可根据使用仪器的不同和操作方便选择点位放样方法进行圆曲线放样。例如,在 ZY 设站使用极坐标法时,放样元素为

$$\begin{cases} \beta_i=\dfrac{l_i}{2R} \\ d_i=2R\sin\beta_i \end{cases} \tag{5-7}$$

当然也可以在 JD 设站、用极坐标法进行放样。实际工作中经常使用的方法有偏角法、切线支距法、弦线支距法等。

例:某道路中线的折线形式已测设于实地。设某交点的转向角 $\alpha=33°30'26''$,圆曲线的设计半径 $R=600$ m。试计算圆曲线元素,并叙述曲线主点的放样步骤。

解：(1)圆曲线元素计算

切线长：$T=R\cdot\tan\frac{\alpha}{2}=600\times\tan\frac{33°30'26''}{2}$ m=180.621 m

曲线长：$L=\frac{\alpha}{\rho}R=\frac{33°30'26''}{206\ 265''}\times600$ m=350.887 m

外矢距：$E=R\left(\sec\frac{\alpha}{2}-1\right)=600\times\left(\sec\frac{33°30'26''}{2}-1\right)$ m=26.597 m

切曲差：$q=2T-L=(2\times180.621-350.887)$ m=10.355 m

(2)主点放样步骤

因道路折线位置已测设于实地，所以可采用下列步骤放样主点：在交点 JD 上安置全站仪，以上一个交点定向，自交点 JD 沿视线方向量取距离 $T=180.621$ m，得曲线起点 ZY。转动全站仪，以下一个交点定向，自交点 JD 沿视线方向量取距离 $T=180.621$ m，得曲线终点 YZ。将全站仪朝曲线方向转角$\frac{180°-\alpha}{2}=73°14'47''$，自交点 JD 沿视线方向量取距离 $E=26.597$ m，得曲线中点 QZ。

二、带缓和曲线的圆曲线

车辆在圆曲线上行驶时，为了抵抗由曲率半径 R 引起的离心力，公路外侧或铁路之外轨道应有一定量的升高(称为超高)，以使车辆重力和路基支撑力形成指向圆心的向心力。另外，道路转弯时，道路内侧需要加宽。道路外侧的升高和内侧的加宽均应逐渐变化，这就需要在直线与圆曲线之间加设一段过渡曲线，以使道路的曲率半径由∞逐渐变为 R。这段过渡曲线称为缓和曲线。

最简单也是最常用的缓和曲线是使道路外侧升高与离开直线段的弧长呈线性递增，经历缓和曲线长 l_h 到达圆曲线段时，超高达到最大值。满足此要求的数学方程为

$$rl=Rl_h=c \tag{5-8}$$

该方程在数学上称为回旋线。其中 $c=Rl_h$ 为常数，称为曲线半径变化率。

圆曲线两端加设等长缓和曲线后，它们与直线段的关系如图 5-7 所示。此时曲线有五个主点，在道路工程中分别称为直缓点 ZH、缓圆点 HY、曲中点 QZ、圆缓点 YH 和缓直点 HZ。

由圆心 O 向直线段做垂线，交圆曲线延线于 F，交直线(ZH—JD)于 U。记该垂线与 HY 和 O 连线的夹角为 β_h，则圆曲线所对应的圆心角为 $\alpha-2\beta_h$。

UF 为加设缓和曲线后圆曲线的内移量，记为 p；$\overline{ZH,U}$为加设缓和曲线后曲线起点、终点沿夹直线的后退量，记为 m，则曲线元素的计算公式变为

$$T=m+(R+p)\tan\frac{\alpha}{2} \tag{5-9}$$

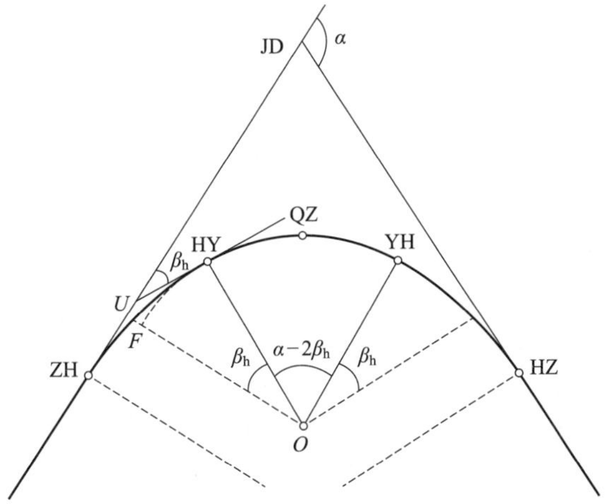

图 5-7　圆曲线与缓和曲线的几何关系

$$L=\frac{\alpha-2\beta_h}{\rho}R+2l_h \tag{5-10}$$

$$E=(R+p)\sec\frac{\alpha}{2}-R \tag{5-11}$$

$$q=2T-L \tag{5-12}$$

以下推导缓和曲线的直角坐标方程，同时给出 m、p、β_h 的计算公式。选坐标系如图 5-8 所示，设 i 点到 O 点的弧长为 l，曲线在 i 点的切线与 x 轴的夹角为 β。在任意 s 处取微分段 $\mathrm{d}s$，则有微分方程

$$\frac{\mathrm{d}s}{r_s}=\mathrm{d}\beta \tag{5-13}$$

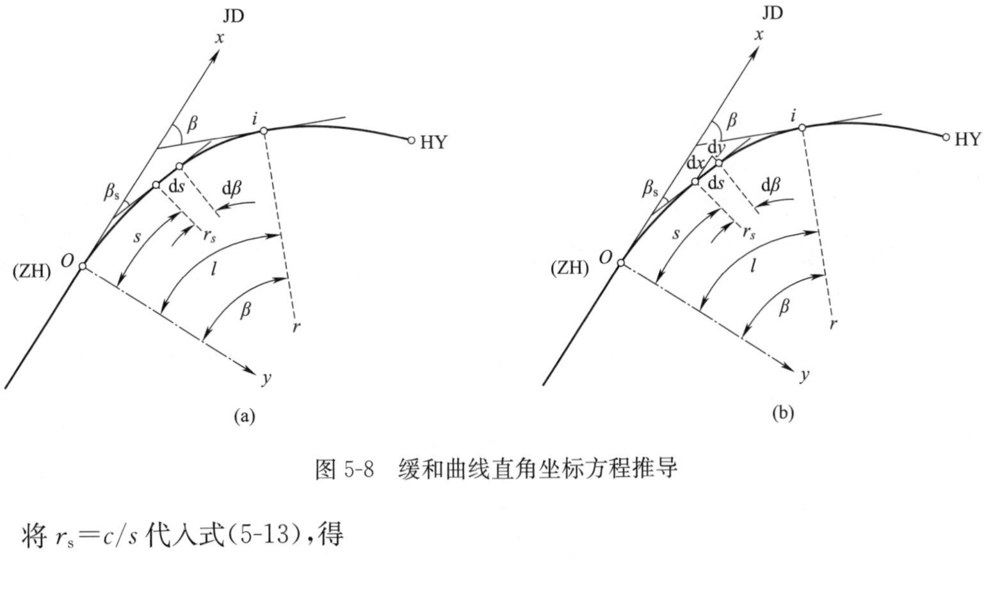

图 5-8　缓和曲线直角坐标方程推导

将 $r_s=c/s$ 代入式(5-13)，得

$$d\beta=\frac{s\mathrm{d}s}{c}$$

则

$$\beta=\int d\beta=\int_0^l\frac{s\mathrm{d}s}{c}=\frac{l^2}{2c}=\frac{l^2}{2Rl_{\mathrm{h}}}=\frac{c}{2r^2}$$

可得最大值

$$\beta_{\mathrm{h}}=\frac{l_{\mathrm{h}}}{2R} \tag{5-14}$$

设 i 点的坐标为(x,y)，则由微分关系

$$dx=ds\cos\beta_s=ds\cos\frac{s^2}{2c}$$

$$dy=ds\sin\beta_s=ds\sin\frac{s^2}{2c}$$

可得缓和曲线的直角坐标方程

$$\begin{cases}x=\int_0^l\cos\frac{s^2}{2c}\mathrm{d}s=\sum\limits_{i=0}^{\infty}(-1)^i\frac{l^{4i+1}}{(2i)!(4i+1)(2c)^{2i}}=l-\frac{l^5}{40c^2}+\frac{l^9}{3\,456c^4}-\cdots\\ y=\int_0^l\sin\frac{s^2}{2c}\mathrm{d}s=\sum\limits_{i=0}^{\infty}(-1)^i\frac{l^{4i+3}}{(2i+1)!(4i+3)(2c)^{2i+1}}=\frac{l^3}{6c}-\frac{l^7}{336c^3}+\frac{l^{11}}{42\,240c^5}-\cdots\end{cases}$$

(5-15)

记 HY 的坐标为$(x_{\mathrm{h}},y_{\mathrm{h}})$，在图 5-7 中由 HY 向 OU 作垂线，垂足为 G，则可以看出

$$m=x_{\mathrm{h}}-R\sin\beta_{\mathrm{h}} \tag{5-16}$$

$$p=y_{\mathrm{h}}-R(1-\cos\beta_{\mathrm{h}}) \tag{5-17}$$

另外，圆曲线部分在图 5-8 所示坐标系中的方程为

$$\begin{cases}x=m+R\sin\left(\beta_{\mathrm{h}}+\frac{l}{R}\right)\\ y=p+R\left[1-\cos\left(\beta_{\mathrm{h}}+\frac{l}{R}\right)\right]\end{cases} \tag{5-18}$$

式中，弧长 l 是从 HY 开始起算的。

至此，就可以开始曲线的放样工作了。但需注意到，上述缓和曲线计算是针对一端的，计算另一端缓和曲线时，需将坐标系设置在相应的一端。若将两端缓和曲线计算统一在一个坐标系中，需要进行坐标变换。

例：已知道路某交点 JD(6 546.789，8 431.673)，$\alpha_{\mathrm{ZH,JD}}=123°45'33''$，Chn JD＝DK8＋449.140，转向角 $\alpha_Y=20°18'40''$，圆曲线半径 $R=600$ m，圆曲线两端加等长缓和曲线 $l_{\mathrm{h}}=60$ m。请计算曲线元素、主点里程、中桩 DK8＋340、中桩 DK8＋440 的局部坐标和测量坐标。

解：$\beta_{\mathrm{h}}=\frac{l_{\mathrm{h}}}{2R}=\frac{60}{2\times600}\ \mathrm{rad}=0.05\ \mathrm{rad}=2°51'53''$

$$x_h=l_h-\frac{l_h^3}{40R^2}=\left(60-\frac{60^3}{40\times600^2}\right)\ \text{m}=59.985\ \text{m}$$

$$y_h=\frac{l_h^2}{6R}=\frac{60^2}{6\times600}\ \text{m}=1.000\ \text{m}$$

$$m=x_h-R\sin\beta_h=(59.985-600\times\sin 0.05)\text{m}=29.998\ \text{m}$$

$$p=y_h-R(1-\cos\beta_h)=[1.000-600\times(1-\cos 0.05)]\text{m}=0.250\ \text{m}$$

(1)计算曲线元素

切线长：$T=m+(R+p)\tan\frac{\alpha_Y}{2}=\left[29.998+(600+0.250)\times\tan\frac{20°18'40''}{2}\right]\text{m}=137.519\ \text{m}$

曲线长：$L=\frac{\alpha_Y-2\beta_h}{\rho}R+2l_h=\left(\frac{20°18'40''-2\times2°51'53''}{\rho}\times600+2\times60\right)\text{m}=272.699\ \text{m}$

外矢距：$E=(R+p)\sec\frac{\alpha_Y}{2}-R=\left[(600+0.250)\times\sec\frac{20°18'40''}{2}-600\right]\ \text{m}=9.804\ \text{m}$

切曲差：$q=2T-L=(2\times137.519-272.699)\ \text{m}=2.339\ \text{m}$

(2)主点里程计算

Chn ZH=JD−T=DK8+449.140−137.519=DK8+311.621

Chn HY=Chn ZH+l_h=DK8+311.621+60=DK8+371.621

Chn QZ=Chn ZH+$\frac{L}{2}$=DK8+311.621+272.699/2=DK8+447.971

Chn HZ=Chn ZH+L=DK8+311.621+272.699=DK8+584.320

Chn YH=Chn HZ−l_h=DK8+584.320−60=DK8+524.320

(3)中桩 DK8+340、DK8+440 的局部坐标计算

注意到中桩 DK8+340 在第一条缓和曲线上、中桩 DK8+440 在圆曲线上，计算如下：

$l_{DK8+340}$=DK8+340−Chn ZH=(DK8+340−DK8+311.621)m=28.379 m

$l_{DK8+440}$=DK8+440−Chn HY=(DK8+440−DK8+371.621)m=68.379 m

$$x_{DK8+340}=l_{DK8+340}-\frac{l_{DK8+340}^5}{40\ (Rl_h)^2}=\left[28.379-\frac{28.379^5}{40\times(600\times60)^2}\right]\ \text{m}=28.379\ \text{m}$$

$$y_{DK8+340}=\frac{l_{DK8+340}^3}{6Rl_h}=\frac{28.379^3}{6\times600\times60}\ \text{m}=0.106\ \text{m}$$

$$x_{DK8+440}=m+R\sin\left(\beta_h+\frac{l_{DK8+440}}{R}\right)=\left[29.998+600\times\sin\left(2°51'53''+\frac{68.379}{600}\right)\right]\ \text{m}=127.936\ \text{m}$$

$$y_{DK8+440}=p+R\left[1-\cos\left(\beta_h+\frac{l_{DK8+440}}{R}\right)\right]=\left\{0.250+600\times\left[1-\cos\left(2°51'53''+\frac{68.379}{600}\right)\right]\right\}\ \text{m}=8.297\ \text{m}$$

(4)中桩 DK8+340、DK8+440 的测量坐标计算。先计算 ZH 的测量坐标，得

$$\begin{cases} X_{ZH}=X_{JD}-T\cos\alpha_{ZH,JD}=(6\ 546.789-137.519\times\cos 123°45'33'')\text{m}=6\ 623.209\ \text{m} \\ Y_{ZH}=Y_{JD}-T\sin\alpha_{ZH,JD}=(8\ 431.673-137.519\times\sin 123°45'33'')\text{m}=8\ 317.342\ \text{m} \end{cases}$$

利用平面直角坐标变换公式，得

$$X_{DK8+340}=X_{ZH}+x_{DK8+340}\cos\alpha_{ZH,JD}-y_{DK8+340}\sin\alpha_{ZH,JD}$$
$$=(6\ 623.209+28.379\times\cos 123°45'33''-0.106\times\sin 123°45'33'')\text{m}=6\ 607.351\ \text{m}$$
$$Y_{DK8+340}=Y_{ZH}+x_{DK8+340}\sin\alpha_{ZH,JD}-y_{DK8+340}\cos\alpha_{ZH,JD}$$
$$=(8\ 317.342+28.379\times\sin 123°45'33''-0.106\times\cos 123°45'33'')\text{m}=8\ 340.995\ \text{m}$$
$$X_{DK8+440}=X_{ZH}+x_{DK8+440}\cos\alpha_{ZH,JD}-y_{DK8+440}\sin\alpha_{ZH,JD}$$
$$=(6\ 623.209+127.936\times\cos 123°45'33''-8.297\times\sin 123°45'33'')\text{m}=6\ 545.217\ \text{m}$$
$$Y_{DK8+440}=Y_{ZH}+x_{DK8+440}\sin\alpha_{ZH,JD}-y_{DK8+440}\cos\alpha_{ZH,JD}$$
$$=(8\ 317.342+127.936\times\sin 123°45'33''-8.297\times\cos 123°45'33'')\text{m}=8\ 428.316\ \text{m}$$

下面是一个实际算例，是计算机程序生成的结果（局部）。

```
* * * * * * * * 道路带等长缓和曲线平面曲线计算* * * * * * * *

xJD: 6546.789m   yJD: 8431.673m   a(JD-> ZH):   303.4533
JD: DK8+ 449.140   xh:   59.985m   T :   137.519m
a:20.1840   yh:1.000m   Ly:   152.697m
R:   600m   Bh:2.5153   L :   272.697m
lh:60m   p : .250m   E :9.804m
dl:20m   m :   29.998m   q :2.340m

tangent offset method(Sta. ZH)切线支距法(设站 ZH)
= = = = = = = = = = = = = = = = = = = = = = = = = = = = = = = = = = = = =
Pegx(m)y(m)   B   s(to ZH)(m)
---------------------------------------------------------------------------
DK8+ 311.621(ZH)
DK8+ 320 8.379   .003 .0107 8.379
DK8+ 34028.379   .106 .124928.379
DK8+ 36048.374   .524 .371548.377
DK8+ 371.621(HY)59.985 1.000 .571859.993
DK8+ 38068.350 1.4771.141768.366
DK8+ 40088.284 3.0882.001188.338
DK8+ 420   108.154 5.3622.5018   108.287
```

DK8+ 440　127. 936 8. 2973. 4239　128. 205

DK8+ 447. 970(QZ)　135. 790 9. 6504. 0354　136. 133

DK8+ 460　147. 61011. 8904. 3619　148. 088

DK8+ 480　167. 15316. 1375. 3051　167. 930

DK8+ 500　186. 54421. 0326. 2558　187. 725

DK8+ 520　205. 76026. 5717. 2130　207. 469

DK8+ 524. 319(YH)　209. 88527. 8517. 3332　211. 725

DK8+ 540　224. 78732. 7318. 1704　227. 158

DK8+ 560　243. 65839. 3569. 1031　246. 816

DK8+ 580　262. 43746. 2379. 5931　266. 479

DK8+ 584. 319(HZ)　266. 48747. 735　10. 0920　270. 729

= =

Peg x(m)y(m)

DK8+ 311. 621(ZH)　6623. 2098317. 342

DK8+ 320　6618. 5508324. 307

DK8+ 340　6607. 3518340. 877

DK8+ 360　6595. 8918357. 268

DK8+ 371. 621(HY)　6589. 0448366. 657

DK8+ 380　6583. 9988373. 347

DK8+ 400　6571. 5828389. 024

DK8+ 420　6558. 6498404. 280

DK8+ 440　6545. 2168419. 095

DK8+ 447. 970(QZ)　6539. 7268424. 873

DK8+ 460　6531. 2968433. 455

DK8+ 480　6516. 9068447. 343

DK8+ 500　6502. 0608460. 744

DK8+ 520　6486. 7768473. 642

DK8+ 524. 319(YH)　6483. 4208476. 360

DK8+ 540　6471. 0828486. 038

DK8+ 560　6455. 0878498. 044

DK8+ 580　6438. 9318509. 834

DK8+ 584. 319(HZ)　6435. 4358512. 368

* *

三、带不等长缓和曲线的圆曲线

在大多数情况下，道路圆曲线两端的缓和曲线是等长的。但有时为了适应地形以减少土石方工程量，也可设计两段缓和曲线不等长。

如图 5-9 所示，设圆曲线的半径为 R，线路转向角为 α，缓和曲线长为 l_1 和 l_2。因为 m、p、β_h 只是 l 与 R 的函数，所以由 l_1、R 可求得 m_1、p_1、β_1，由 l_2、R 可求得 m_2、p_2、β_2。

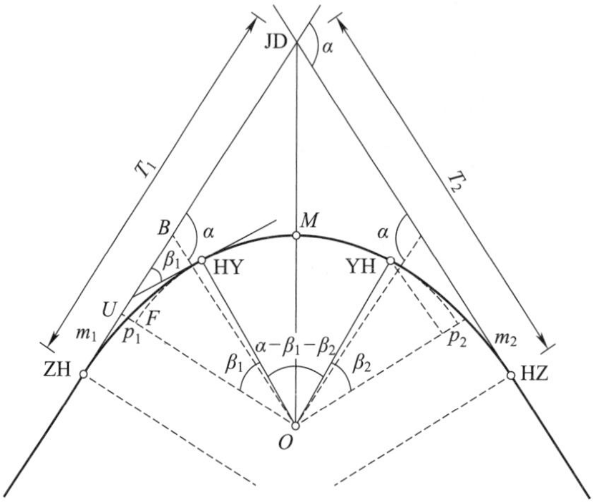

图 5-9 圆曲线与两不等长缓和曲线的关系

过圆心做两切线的平行线，则有

$$T_1=\overline{ZH,U}+UB+\overline{B,JD}$$

$$\overline{ZH,U}=m_1$$

$$UB=(R+p_1)\cot(\pi-\alpha)$$

$$\overline{B,JD}=(R+p_2)/\sin(\pi-\alpha)$$

经整理可得切线长

$$T_1=m_1+(R+p_1)\tan\frac{\alpha}{2}+\frac{p_2-p_1}{\sin\alpha} \tag{5-19}$$

同理可得另一条切线长

$$T_2=m_2+(R+p_2)\tan\frac{\alpha}{2}+\frac{p_1-p_2}{\sin\alpha} \tag{5-20}$$

这时的曲线长为

$$L=l_1+l_2+\frac{\alpha-\beta_1-\beta_2}{\rho}R \tag{5-21}$$

圆曲线两端的缓和曲线不等长时，曲中点可取圆曲线的中点或全曲线的中点。但为了放样方便，可取交点 JD 和圆心 O 的连线与圆曲线的交点 M 作为曲线的中点，则外矢距为

$$E=\frac{R+p_1}{\sin\angle OUM}-R \tag{5-22}$$

式中，$\angle OUM=\arctan\frac{T_1-m_1}{R+p_1}$。

在圆曲线两端加设缓和曲线还有另外一些情况，如复合曲线中间缓和曲线及另外类型的缓和曲线等，关于其计算方法可参考相关文献。

第四节　竖　曲　线

在道路工程竖向设计中，纵向坡度发生变化时，应按规定设置竖曲线，以满足行车平稳、舒适及视距的需要。例如，在我国铁路建设中，当坡度差大于等于 3‰～4‰，需设竖曲线；公路纵向坡度差一般为 3%～4%，常需设竖曲线。

理论上，竖曲线应设计成抛物线，但实践中多使用圆曲线，二者差别很小。

两段相邻纵向坡度线分别记为第一、二坡度线，其坡度值 i_1、i_2 分别称为第一、二坡度，两坡度线交点称为变坡点，记为 C，其高程 H_C 和里程 Chn C 为设计值，另外的设计值还包括竖曲线圆半径 R。

当 $i_1>i_2$ 时，设置的竖曲线称为凸曲线；当 $i_1<i_2$ 时，设置的竖曲线称为凹曲线。

1. 圆形竖曲线

如图 5-10 所示，已知 i_1、i_2、R、H_C 和 Chn C，求相切圆曲线上的高程，这是一个简单问题，但实践中却常用近似算法。

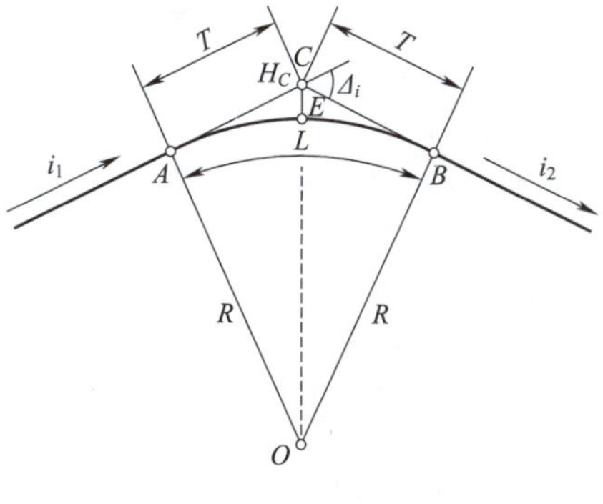

图 5-10　竖曲线元素计算

(1)圆形竖曲线的近似计算

①竖曲线元素计算

竖曲线元素包括曲率半径 R(设计值)、纵向转折角 Δ_i、切线长 T、曲线长 L、外矢距 E。

$$\Delta_i=\text{abs}(i_2-i_1) \tag{5-23}$$

$$T=R\cdot\tan\frac{\Delta_l}{2}=\frac{R}{2}\Delta_l \tag{5-24}$$

$$L=R\Delta_l=2T \tag{5-25}$$

$$E=R\left(\sec\frac{\Delta_i}{2}-1\right)=R\left\{\left[1+\frac{1}{2}\left(\frac{\Delta_i}{2}\right)^2\right]-1\right\}=\frac{R\Delta_i^2}{8}=\frac{T^2}{2R} \tag{5-26}$$

②坡度线高程计算

曲线起点里程为

$$\text{Chn }A=\text{Chn }C-T \tag{5-27}$$

起点高程为

$$H_A=H_C-T\times i_1 \tag{5-28}$$

曲线终点里程为

$$\text{Chn }B=\text{Chn }C+T \tag{5-29}$$

终点高程为

$$H_B=H_C+T\times i_2 \tag{5-30}$$

设曲线段某中桩 j 的里程为 Chn j，则其坡度线高程可表示为

$$\begin{cases}H'_j=H_C-(\text{Chn }C-\text{Chn }j)i_1 & \text{当位于第一坡度线时}\\ H'_j=H_C-(\text{Chn }C-\text{Chn }j)i_2 & \text{当位于第二坡度线时}\end{cases} \tag{5-31}$$

③高程改正值计算

如图 5-11 所示，Oj 为圆曲线半径，延长线交坡度线 AC 于 j'，$y=\overline{jj'}$，$x=\text{Chn }j-\text{Chn }A$。$H'_j$为中桩 j 的坡度线高程，当 i_1、i_2 很小时，认为 $H_{j'}=H'_j$，且用 y 作为 H'_j的改正值。

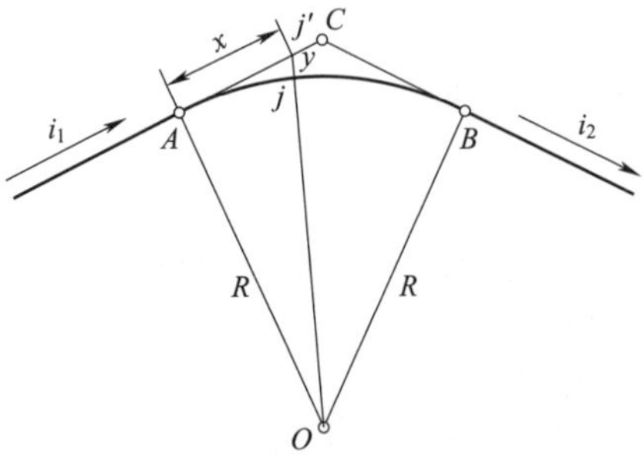

图 5-11　竖曲线高程改正值计算

由图 5-11 中关系 $x^2+R^2=(y+R)^2$，得

$$2Ry=x^2-y^2$$

略去 y^2，得

$$y=\frac{x^2}{2R} \tag{5-32}$$

显然圆曲线上 j 点高程

$$H_j = H_{j'} \pm y \tag{5-33}$$

式中，对凸曲线用“－”，对凹曲线用“＋”。

例：已知 Chn C=DK1+325.000，$i_1=-5.0‰$，$i_2=+7.0‰$，$R=500$ m，$H_C=71.500$ m，中桩间距 20 m，请计算该竖曲线。

解：a. 计算竖曲线元素。

纵向转折角：$\alpha=\Delta_i=|i_1-i_2|=|-0.05-0.07|$ rad $=0.12$ rad

切线长：$T=R\Delta_i/2=500\times0.12/2$ m $=30$ m

曲线长：$L=2T=2\times30$ m $=60$ m

外矢距：$E=T^2/(2R)=30^2/(500\times2)$ m$=0.900$ m

b. 确定中桩点，计算坡度线高程。

Chn A=Chn $C-T$=DK1+325.000−30=DK1+295.000

Chn B=Chn $C+T$=DK1+325.000+30=DK1+355.000

由此可确定曲线上中桩里程，见表 5-1 第 1 列；计算各中桩点 j 与变坡点 C 的里程差，$l_j=$|Chn j−Chn C|，列在表 5-1 第 2 列。

计算坡度线高程，$H'_j=H_C-l_ji_1$（当位于第一坡度线时）或 $H'_j=H_C+l_ji_2$，列在表 5-1 第 3 列。

表 5-1　圆形竖曲线计算

Chn j	|Chn j−Chn C|/m	坡度线高程/m	Chn j−Chn A 或 Chn B−Chn j	Y/mm	竖曲线高程/m
DK1+295.000 (A)	30	73.000	0	0	73.000
DK1+300.000	25	72.750	5	25	72.775
DK1+320.000	5	71.750	25	625	72.375
DK1+325.000 (C)	0	71.500	30	900	72.400
DK1+340.000	15	72.550	15	225	72.775
DK1+355.000 (B)	30	73.600	0	0	73.600

c. 计算坡度改正值。

计算中桩里程与曲线起、终点里程差，当位于第一坡度线时，x=Chn j−Chn A 或 x=Chn B−Chn j，列在表 5-1 第 4 列。

按 $y=\dfrac{x^2}{2R}$ 计算坡度改正值，列在表 5-1 第 5 列。

d. 计算竖曲线高程。

$H_j=H_{j'}+y$，列在表 5-1 第 6 列。

(2)圆形竖曲线的严密计算

图 5-12 表示了道路圆形竖曲线的 6 种不同类型，其中，凹型竖曲线（$i_2>i_1$）分为三类：一类 $i_1<0$、$i_2>0$ 示于图 5-12(a)，二类 $i_1>0$、$i_2>0$ 示于图 5-12(b)，三类 $i_1<0$、$i_2<0$ 示于图 5-12(c)。凸型竖曲线（$i_1>i_2$）也分为三类：一类 $i_1>0$、$i_2<0$ 示于图 5-12(d)，二类 $i_1>0$、$i_2>0$ 示于图 5-12(e)，三类 $i_1<0$、$i_2<0$ 示于图 5-12(f)。为看图清楚起见，图 5-12 进行了很大的夸张表示。

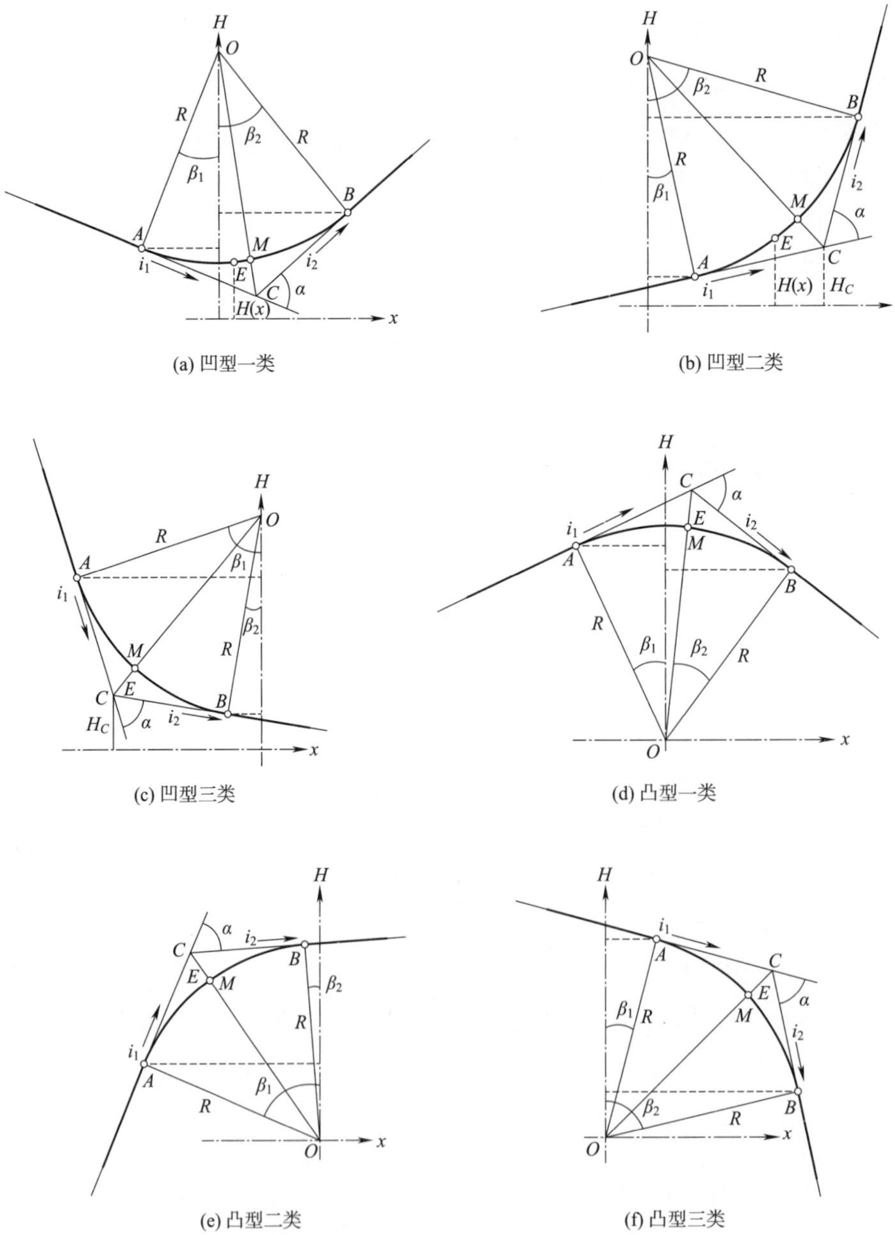

(a) 凹型一类　(b) 凹型二类

(c) 凹型三类　(d) 凸型一类

(e) 凸型二类　(f) 凸型三类

图 5-12　道路圆形竖曲线

在图 5-12 中，已知变坡点 C 的里程 Chn C 和高程 H_C、第 1 坡度 i_1、第 2 坡度 i_2、圆形竖曲线的半径 R。记圆心为 O，第 1 切点（曲头）为 A，第 2 切点（曲尾）为 B，曲线中点为 M。根据已知，依次可以算得

线形判断符

$$s=\text{sign}(i_2-i_1) \tag{5-34}$$

当 $s>0$ 时，圆形竖曲线为凹曲线；当 $s<0$ 时，圆形竖曲线为凸曲线。

第 1、2 倾角 β_1 和 β_2，亦即圆形竖曲线两切线与水平面的夹角。

$$\beta_1=\arctan|i_1| \tag{5-35}$$

$$\beta_2=\arctan|i_2| \tag{5-36}$$

倾角增量 α，亦即圆形竖曲线两切线的夹角。

$$\alpha=|\arctan i_2-\arctan i_1| \tag{5-37}$$

切线长

$$T=\overline{AC}=\overline{BC}=R\cdot\tan\frac{\alpha}{2} \tag{5-38}$$

外矢距

$$E=\overline{MC}=R\left(\sec\frac{\alpha}{2}-1\right) \tag{5-39}$$

第 1、2 切点（曲头、曲尾）A、B 的里程为

$$\text{Chn } A=\text{Chn } C-T\cos\beta_1 \tag{5-40}$$

$$\text{Chn } B=\text{Chn } C+T\cos\beta_2 \tag{5-41}$$

第 1、2 切点（曲头、曲尾）A、B 的高程为

$$H_A=H_C-T\frac{i_1}{\sqrt{1+i_1^2}} \tag{5-42}$$

$$H_B=H_C+T\frac{i_2}{\sqrt{1+i_2^2}} \tag{5-43}$$

圆心 O 的里程，由 A 点推算，可得

$$\text{Chn } O=\text{Chn } A-sR\frac{i_1}{\sqrt{1+i_1^2}} \tag{5-44}$$

或由 B 点推算，可得

$$\text{Chn } O=\text{Chn } B-sR\frac{i_2}{\sqrt{1+i_2^2}} \tag{5-45}$$

圆心 O 的高程，由 A 点推算，可得

$$H_O=H_A+sR\cos\beta_1 \tag{5-46}$$

将式(5-42)代入式(5-46)，得

$$H_O=H_C-T\frac{i_1}{\sqrt{1+i_1^2}}+sR\cos\beta_1 \tag{5-47}$$

或由 B 点推算，可得

$$H_O = H_B + sR\cos\beta_2 \tag{5-48}$$

将式(5-43)代入式(5-48)，得

$$H_O = H_C + T\frac{i_2}{\sqrt{1+i_2^2}} + sR\cos\beta_2 \tag{5-49}$$

由上述可得，在如图 5-12 所示 $x-H$ 坐标系中，圆形竖曲线方程为

$$H(x) = H_O - s\sqrt{R^2 - x^2} \tag{5-50}$$

至此，如果知道某点与 O 点的里程差，就可以用式(5-50)计算出该点的精确高程了。曲线另外特征点的计算如下：

曲线中点 M 是直线 OC 的分割点，故其里程与高程可由式(5-51)和式(5-52)给出。

$$\text{Chn } M = \frac{\text{Chn } O \times E + \text{Chn } C \times R}{E + R} \tag{5-51}$$

$$H_M = \frac{H_O \times E + H_C \times R}{E + R} \tag{5-52}$$

过 C 点铅垂线与曲线交点的高程为

$$H_{曲C} = H_O - s\sqrt{R^2 - (\text{Chn } C - \text{Chn } O)^2} \tag{5-53}$$

过 O 点铅垂线与曲线交点，有文献称为最值点，也就是凹曲线的最低点，或凸曲线的最高点，其里程即 Chn O，其高程可通过式(5-50)计算，即

$$H_{曲O} = H_O - sR \tag{5-54}$$

具体的圆形竖曲线计算并不需要上述所有的公式，必要的公式依次为式(5-34)～式(5-41)、式(5-44)、式(5-46)、式(5-49)、式(5-50)，其余的公式可用于检核计算。

下面是一个道路圆形竖曲线实际算例(计算机程序生成结果)。

```
* * * 道路圆形竖曲线计算* * * *
变坡点里程 ChnC= DK1+ 325.000
变坡点高程 Hc= 71.500 m
第 1 坡度 i1= - 5.0%
第 2 坡度 i2= - 25.0%
竖圆曲线半径 R= 500 m
第 1 倾角 B1= 2.5145
第 2 倾角 B2= 14.0210
倾角增量 a= 11.1026
切线长 T= 48.910 m
外矢距 E= 2.387 m
```

```
桩号竖曲线点高程 H(m)
--------------------------------------------------------------------------------
DK1+ 251.182(O,圆心 O)   74.566
DK1+ 276.151(A,曲线起点)73.942
DK1+ 28073.735
DK1+ 29073.057
DK1+ 30072.177
DK1+ 31071.095
DK1+ 32069.808
DK1+ 323.601(M,曲线中点)69.294
DK1+ 325.000(C,变坡点)   69.087
DK1+ 33068.315
DK1+ 34066.614
DK1+ 35064.704
DK1+ 36062.581
DK1+ 37060.243
DK1+ 372.450(B,曲线终点)59.638
--------------------------------------------------------------------------------
```

* *

2. 抛物线形竖曲线

道路抛物线形竖曲线如图 5-13 所示，设计参数为 i_1、i_2、L、H_C 和 Chn C。在图 5-13 所示坐标系下，抛物线的方程为

$$f=\frac{i_2-i_1}{2L}x^2+i_1x \tag{5-55}$$

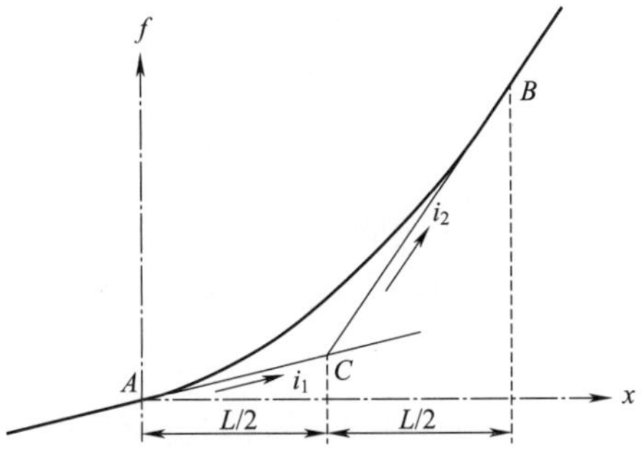

图 5-13　道路抛物线形竖曲线

由式(5-55)可以计算得曲线起点 $A(0,0)$、终点 $B\left(L,\frac{i_1+i_2}{2}L\right)$。

$$\frac{\mathrm{d}f}{\mathrm{d}x}=\frac{i_2-i_1}{L}x+i_1 \tag{5-56}$$

由式(5-56)可以计算得曲线在 A 点处斜率为 i_1，在 B 点处斜率为 i_2，则 A 点的切线方程为

$$f=i_1x \tag{5-57}$$

B 点的切线方程为

$$f-\frac{i_1+i_2}{2}L=i_2(x-L) \tag{5-58}$$

不难验证，上述两切线方程即两坡度线方程，A、B 均为曲线与坡度线的切点。

两条切线长分别为

$$\begin{cases}T_1=\frac{1}{2}\sqrt{1+i_1^2}L\\T_2=\frac{1}{2}\sqrt{1+i_2^2}L\end{cases} \tag{5-59}$$

抛物线顶点在 $L\left(-\frac{i_1L}{i_2-i_1},-\frac{i_1^2L}{2(i_2-i_1)}\right)$。

(1)抛物线形竖曲线的近似计算

由 $\frac{\mathrm{d}f}{\mathrm{d}x}=\frac{i_2-i_1}{L}x+i_1$ 和 $\frac{\mathrm{d}^2f}{\mathrm{d}x^2}=\frac{i_2-i_1}{L}$ 得曲线的曲率半径，即

$$R=\frac{\left[1+\left(\frac{\mathrm{d}f}{\mathrm{d}x}\right)^2\right]^{\frac{3}{2}}}{\frac{\mathrm{d}^2f}{\mathrm{d}x^2}}=\frac{\left[1+\left(\frac{i_2-i_1}{L}x+i_1\right)^2\right]^{\frac{3}{2}}}{\frac{i_2-i_1}{L}}=\frac{L}{i_2-i_1}\left[1+\left(\frac{i_2-i_1}{L}x+i_1\right)^2\right]^{\frac{3}{2}} \tag{5-60}$$

当 $x=0$ 时，并考虑到 i_1、i_2 很小，则

$$R=\frac{L}{i_2-i_1}\text{或 }L=(i_2-i_1)R \tag{5-61}$$

抛物线方程变为

$$f=\frac{1}{2R}x^2+i_1x \tag{5-62}$$

因第一坡度线方程为 $f=i_1x$，故相应的高程改正值 y 为

$$y=f-i_1x=\frac{x^2}{2R} \tag{5-63}$$

近似计算中，也将这一改正施加于第二坡度线，显然不能保证整条曲线在 B 和 C 处光滑。

例：某公路有一变坡点 C，Chn C=DK2+600，$H_C=100.000$。$i_1=1\%$，$i_2=-2\%$，$R=$3 500 m，试计算竖曲线起点 A、终点 B、DK2+560、DK2+580、DK2+600、DK2+620、DK2+

640 等桩点设计高程。

解：曲线长 $L=R|i_2-i_1|=3\ 500\times|-2\%-1\%|\ \text{m}=105\ \text{m}$

切线长 $T=L/2=105/2\ \text{m}=52.5\ \text{m}$

Chn $A=$Chn $C-T=$DK2+600−52.5=DK2+547.500

Chn $B=$Chn $C+T=$DK2+600+52.5=DK2+652.500

$H_A=H_C-i_1T=(100.000-1\%\times52.5)\text{m}=99.475\ \text{m}$

$H_B=H_C-i_2T=(100.000-2\%\times52.5)\text{m}=98.950\ \text{m}$

①DK2+560

$x=$DK2+560−Chn $A=$(DK2+560−DK2+547.500)m =12.500 m

$y=x^2/(2R)=[12.500^2/(2\times3\ 500)]\text{m}=0.022\ \text{m}$

$H'=H_C-$(Chn $C-$DK2+560)$\times i_1=$[100.000−(DK2+600−DK2+560)×1%]m=99.600 m

$H=H'-y=(99.600-0.022)\text{m}=99.578\ \text{m}$

②DK2+580

$x=$DK2+580−Chn $A=$(DK2+580−DK2+547.500)m =32.500 m

$y=x^2/(2R)=[32.500^2/(2\times3\ 500)]\text{m}=0.151\ \text{m}$

$H'=H_C-$(Chn $C-$DK2+580)$\times i_1=$[100.000−(DK2+600−DK2+580)×1%]m=99.800 m

$H=H'-y=(99.800-0.151)\text{m}=99.649\ \text{m}$

③DK2+600

$x=$DK2+600−Chn $A=$(DK2+600−DK2+547.500)m =52.500 m

$y=x^2/(2R)=[52.500^2/(2\times3\ 500)]\text{m}=0.394\ \text{m}$

$H'=H_C=100.000\ \text{m}$

$H=H'-y=(100.000-0.394)\text{m}=99.606\ \text{m}$

④DK2+620

$x=$Chn $B-$DK2+620= (DK2+652.500−DK2+620)m=32.500 m

$y=x^2/(2R)=[32.500^2/(2\times3\ 500)]\text{m}=0.151\ \text{m}$

$H'=H_C-$(DK2+620−Chn C)$\times i_2=$[100.000−(DK2+620−DK2+600)×2%]m=99.600 m

$H=H'-y=(99.600-0.151)\text{m}=99.449\ \text{m}$

⑤DK2+640

$x=$Chn $B-$DK2+640=(DK2+652.500−DK2+640)m =12.500 m

$y=x^2/(2R)=[12.500^2/(2\times3\ 500)]\text{m}=0.022\ \text{m}$

$H'=H_C-$(DK2+640−Chn C)$\times i_2=$[100.000−(DK2+640−DK2+600)×2%]m=99.200 m

$H=H'-y=(99.200-0.022)\text{m}=99.178\ \text{m}$

(2)抛物线形竖曲线的严密计算

抛物线形竖曲线中桩高程的严密计算很容易归纳为

$$H=H_A+\frac{i_2-i_1}{2L}x^2+i_1x \tag{5-64}$$

式中，竖曲线起点高程 $H_A=H_C-i_1L/2$，$x=\text{Chn }j-\text{Chn }A$。

例：上例中，$H_A=99.475$ m，$L=|i_2-i_1|R=|-2\%-1\%|\times3\,500$ m$=105$ m。抛物线形竖曲线中桩高程的严密计算见表 5-2。

表 5-2 抛物线形竖曲线中桩高程的严密计算

中　　桩	与起点里程差/m	中桩设计高程/m
Chn A=DK2+547.500	0	99.475
DK2+560	12.5	99.578
DK2+580	32.5	99.649
DK2+600	52.5	99.606
DK2+620	72.5	99.449
DK2+640	92.5	99.178
Chn B=DK2+652.500	105.0	98.950

第六章 隧道施工测量

第一节 隧道施工测量概述

隧道施工测量是为了满足隧道施工生产需要而进行的隧道洞内导线传递测量、水准传递测量、隧道结构物（开挖面、仰拱、衬砌、沟槽及垫层）施工放样、断面测量、贯通测量等工作。隧道施工测量的作用是指示隧道开挖方向，标识出隧道设计中线、高程，为隧道结构物、构筑物提供施工基准。隧道施工测量的目的是保证两个相向开挖面正确贯通，各结构物位置和尺寸符合设计要求。

第二节 洞门测量

洞门测量包括隧道进出洞口和辅助坑道洞门测量。隧道进出洞口一般需要首先施工管棚和导向墙，一般洞口断面较大，对施工测量精度要求较高。辅助坑道一般包括平道、斜井、竖井等，一般断面较小，对洞口精度的要求相对较低。

一、洞门测量

1. 测量内容

隧道进洞前一般需先进行洞口测量，洞口测量的内容主要有洞口中线、高程、仰坡、导向墙、管棚等施工放样。

2. 测量方法

(1)洞口中线一般采用极坐标法、直角坐标法和交会法，洞口高程常用水准法、三角高程法。

(2)洞口仰坡放样使用全站仪或RTK，先根据线路要素计算出隧道中线、拱底高程、坡脚坐标，根据坡比推算开挖线，进而放样出刷坡线，及时标记以方便开挖作业。

(3)导向墙施工放样一般采用极坐标法或交会法,可根据技术交底先对导向墙钢架位置进行放样,钢架加固完成后进行导向墙内侧模板施工放样。

(4)管棚施工放样前先逐个计算管棚中心坐标并检核,确认正确后再进行现场放样,现场施测时采用卡具确定导向管间距和外插角,以保证导向管圆顺、美观和管棚施工完成后不造成侵限。

二、斜井、平导等辅助通道测量

1. 测量内容

斜井、平导等辅助通道的中线、高程、轮廓线、关键炮眼位置。

2. 测量方法

(1)斜井中线一般采用极坐标法、直角坐标法和交会法。先依据线路要素计算出斜井、平导等辅助通道的中线坐标,进而对断面轮廓线、关键炮眼位置进行放样。

(2)斜井高程常用水准法和三角高程等方法,依据坡度和竖曲线资料,计算斜井、平导等辅助通道的拱顶、拱底高程值,采用全站仪或水准仪进行放样。

(3)对斜井、平导等辅助坑道的上循环超欠挖进行断面测量,对于欠挖部位,与现场管理人员沟通并做好超欠挖记录,由现场管理人员安排施工工人及时处理。

(4)根据掘进进度,做好洞内临时施工控制点传递工作,曲线上宜 10 m 一点,直线上宜每 20 m 一点。

(5)做好测量原始记录保存和备份工作。

第三节　施 工 放 样

一、开挖轮廓线放样

1. 放样内容

开挖放样直接关系到掌子面超欠挖,对隧道的成型质量和成本控制具有重要意义。其主要内容包括开挖轮廓线或关键炮眼、拱脚、拱顶等位置。

2. 放样方法

(1)人工钻爆

人工钻爆法施工中,一般用全站仪放样出炮眼位置和开挖轮廓线。依据线路参数和周边炮眼位置参数提前完成程序设定。放样过程中,选择设定好的参数(平曲线、竖曲线、开挖断面)进行放样,从左到右或从上到下。前视人员按照激光指示,用红漆标出关键炮眼、轮廓线、拱顶和拱脚位置。掌子面开挖放样时应检查上循环中突出部位超欠情况,标出欠挖范围，并形成书面记录，以便施工人员处理欠挖。

若全站仪中没有断面测量程序，可用仪器测出开挖面任意点平面坐标和高程，反算该点里程和偏距，再根据里程、偏距和高程计算该点超欠量。司镜员指挥前视人员根据超欠量移动棱镜，观测并计算超欠位置，直至前视棱镜移动至指定位置。

（2）凿岩台车

凿岩台车放样方法、内容与人工钻爆基本一致，一般采用全站仪机载程序或凿岩台车测量导向系统完成。采用全站仪机载程序时，与人工钻爆不同之处在于缺少开挖台架，前视人员需乘坐台车吊篮完成轮廓线和关键炮眼标记工作，一般从左到右或从右到左放样，也可根据现场需要选择从上到下放样。在凿岩台车钻孔过程中，测量人员可进行上一班爆破面的超欠挖检查，如遇欠挖可用红漆标注或激光指示凿岩台车操作手及时进行欠挖处理，避免后期处理费时费工。采用凿岩台车测量导向系统时，可实现台车实时定位和可视化显示。凿岩台车测量导向系统一般包含数据采集模块、数据处理模块和车载工业电脑。其中，数据采集模块一般包含角度传感器、倾角仪、流量传感器、压力传感器。车载工业电脑可实时显示钻头空间位置和角度，辅助操作手定位钻孔位置，记录凿岩台车钻进过程中的各项数据参数，便于对各项参数进行汇总、分析，作业效率、自动化程度较全站仪机载程序更高。

二、仰拱放样

1. 放样内容

仰拱放样的主要内容包括拱脚、仰顶、拱底。

2. 放样方法

（1）设站后，在边墙位置放样标出当前开挖仰拱设计里程位置及开挖起始线，并记录放样点偏距。施工中可根据放样点高程及偏距，采用台阶法进行仰拱开挖，待开挖完成后及时进行净空检查。

（2）仰拱立模完成后，按现场技术交底对仰拱模板位置及高程进行校核。仰拱模板校核无误后，即可进行仰拱混凝土浇筑。

三、台车定位

1. 测量内容

放样隧道中线点、高程点，并对台车定位姿态进行二次检核。

2. 放样方法

采用极坐标法或自由设站法建站，按照测量技术交底，放样出一对中线点并测得中线点高程。根据定位中线，从二次衬砌台车上悬吊垂球，指导二次衬砌中线定位。

中线定位完成后，需进行二次衬砌模板位置检查，确认无误后方可封闭挡头模板，进行混凝土浇筑。

四、沟槽及垫层放样

1. 放样内容

每 10 m 在沟槽施工段内侧放样一个平面点和高程点(一般共点),模板拼装完成后进行二次检核。在水沟电缆槽施工完成的段落,可进行仰拱调平层施工放样。

2. 放样方法

(1)在二次衬砌完成段落进行水沟电缆槽施工前,需对水沟电缆槽进行放样。尽量选择已知点设站,仪器架设于导线点上,以保证水沟电缆槽线形顺直且避免侵限。放样时根据交底计算坐标,在仰拱上放出设计位置并记录高程偏距,在二次衬砌边墙放出混凝土面高程,指导水沟电缆槽模板定位及混凝土浇筑高程控制。

(2)水沟电缆槽施工完成的段落可进行垫层施工放样。调平层放样主要控制其高程,放样时尽量选择在导线点上设站,设站完成后可在水沟电缆槽边墙每隔 10～20 m 放出垫层标顶面点。为了放样点易保存和使用方便,现场可在高 20 cm 位置放点,施工时可在该点下方 20 cm 处控制混凝土高程。

第四节　断 面 测 量

一、断面测量目的

隧道断面测量是检测隧道开挖、初喷及二次衬砌后净空尺寸是否满足设计要求、是否侵入净空的重要技术手段。开挖后或初喷后断面测量的主要目的是检查超欠挖情况并及时处理,二次衬砌断面测量的主要目的是检测隧道净空及结构尺寸是否满足设计要求。隧道断面测量一般采用全站仪机载程序法、断面仪法、三维激光扫描仪法等方法。在隧道施工过程中,断面测量是一项重要测量工作,做好隧道断面测量,对隧道质量控制至关重要。

二、断面测量方法

(一)全站仪机载程序法

全站仪机载程序法是在测量机器人上进行二次开发,通过机载软件控制仪器自动采集数据。该方法对仪器设备及操作人员要求较高,采用单点测量模式,以间隔一定距离的单点测量成果反映隧道断面测量情况。采用机载程序法进行断面测量,仅需要安装程序,不需要另外的仪器设备,性价比较高,可用于断面测量,也可用于其他施工测量,在断面测量工作量不大的情况下,具有方便、实用等优点,在断面测量量大的情况下,作业效率较低,不太适合。

(二)断面仪法

激光断面仪是建立在无合作目标可见光激光测距技术和精密数字测角技术之上，采用极坐标测量方法与计算机技术紧密相结合的光机电一体化产品，加上专门设计的外业掌上电脑控制软件及图像后处理软件，能迅速得到隧道断面的实际测量曲线图，并与标准设计图进行对比后，可以快速给出超欠挖等参数的检测报告。断面仪测量方法操作简单、准确率高、图像直观，然而在作业过程需要配套的全站仪放样出隧道中线和高程，作业过程比较繁琐，近年来在隧道断面测量中的应用逐步减少，目前已基本被三维激光扫描仪和扫描型全站仪替代。

(三)三维激光扫描法

三维激光扫描技术是20世纪90年代中期开始出现的一项高新技术，是继GPS空间定位系统之后又一项测绘技术新突破。它具有三维测量和快速扫描两项基本功能，通过高速激光扫描测量的方法，大面积、高分辨率、快速地获取被测对象表面的三维坐标数据。它突破了传统的单点测量方法，具有高效率、高精度的独特优势，可以快速、大量地采集空间点位信息，为快速建立物体的三维影像模型提供了一种全新的技术手段。三维激光扫描仪具有快速性、不接触性、实时、动态、主动性、高密度、高精度、数字化、自动化等特性。

三维激光扫描系统主要有三维激光扫描仪、计算机、电源供电系统、支架及配套软件构成。三维激光扫描仪作为系统的主要组成部分之一，由激光发射器、接收器、时间计数器、马达控制可旋转的滤光镜、控制电路板、微电脑、CCD相机及软件等组成。激光测距技术是三维激光扫描仪的主要技术之一。激光测距的原理主要是基于脉冲测距法、相位测距法、激光三角法、脉冲-相位式四种类型。目前测绘领域所使用的三维激光扫描仪主要是脉冲测距法和相位测距法。三维激光扫描仪主要由测距系统、测角系统及其他的辅助系统构成，如内置相机、双轴补偿器等。工作原理是通过测距系统获取扫描仪到待测物体的距离，再通过测角系统获取扫描仪至待测物体的水平角和竖直角，进而计算出待测物体的三维坐标信息。扫描过程中利用本身的垂直和水平马达等传动装置完成对物体的全方位扫描，这样连续对空间以一定的取样密度进行扫描测量，由此得到被测目标物体密集的三维彩色散点数据，即点云。

1. 三维激光扫描仪的基本功能

(1)三维测量传统测量概念里，所测得的数据最终输出的都是二维结果(如CAD出图)。在测量仪器中，全站仪、GNSS比重居多，但测量的数据都是二维形式的，在逐步数字化的今天，三维已经逐渐地代替二维，因为其直观是二维无法表示的，三维激光扫描仪每次测量的数据不仅仅包含X、Y、Z点的信息，还包括R、G、B颜色信息，同时还有物体反色率的信息，这样全面的信息能给人一种物体在电脑里真实再现的感觉，是一般测量手段无法做到的。

(2)快速扫描是扫描仪诞生产生的概念，在常规测量手段里，每一点的测量费时都在

2～5 s，在数字化的今天，这样的测量速度已经无法满足测量的需求。三维激光扫描仪的诞生改变了这一现状，最初 1 000 点/s 的测量速度已经让测量界大为惊叹，而现在新一代扫描仪(Leica ScanStation P40)最大速度竟达到 1 000 000 点/s，其扫描范围达到 270 m。这是三维激光扫描仪对物体详细描述的基本保证，古文物、工厂管道、隧道、地形等复杂的领域无法测量已经成为过去式。

2. 三维激光扫描仪的应用领域

①三维激光扫描仪已经成功地在文物保护、城市建筑测量、地形测绘、采矿业、变形监测、工厂、大型结构、管道设计、飞机船舶制造、公路铁路建设、隧道工程、桥梁改建等领域中应用。

②地铁、市政、土木等基础设施扫描的测量手段正从传统的单点测量方式向激光扫描方式过渡，三维激光扫描仪集高效率和高性能于一身，测量级的精度，一体化的数据处理流程，提供完整的三维激光扫描解决方案。

③工厂、石化、船舶等数字化管理和改造中，三维激光扫描仪可快速获取丰富点云数据和高清晰图像，数据可无缝导入专业设计软件中进行建模、设计、制图和冲突检测。如鹰图 SmartPlant 3D，可利用点云进行逆向建模，快速进行工厂数字化。

④对于建筑施工、安装、装修和竣工验收，三维激光扫描仪可贯穿于整个建筑的生命周期，记录和控制建设中各个环节，利用后处理软件可无缝结合 BIM，无需在施工现场即可跟踪了解项目情况，确保工程质量，从而避免重复劳动的成本花费以及工期的延误。

3. 三维激光扫描仪在隧道超欠挖中的应用案例

为了获取高精度的完整的点云数据，工程过程中一般包括项目计划定制、外业数据采集和内业数据处理三个环节。地面三维激光扫描总体应包括技术准备与技术设计、控制测量、数据采集、数据处理、成果制作、质量控制和成果归档。

①设计采集方案扫描项目确定后，项目实施技术负责人应仔细了解工程需求，为保证技术设计的合理性并能顺利实施，需确认工程现场情况和控制点情况。根据扫描对象形态、空间分布、扫描精度及需要达成的分辨率，确认测站位置和扫描仪参数等。

a. 扫描仪参数选择。扫描仪品牌较多，在激光波长、激光等级、数据采样率、最小点间距、测距精度、测距范围等指标各有不同，参数设计应注意最佳扫描距离、每站扫描区域、分辨率等指标，分辨率达到工程项目精度即可。

b. 测站布设选择。扫描仪本身在扫描过程中可以设站建立与项目工程匹配的绝对坐标系统，在无特殊要求时能满足项目需求。为了保证测站精度，需要注意现场测量控制网布设，测站距离控制点过远或控制点夹角过小等都会引起测站精度降低，从而影响整个测站点云精度。

②获取点云数据扫描开始前需要做好相关准备工作，主要包括仪器、人员组织、交通、后

勤保障、测量控制点布设等。针对不同设备在一个测站上具体的扫描操作方法会有所不同。目前多数扫描仪集成度高，采用后方交会设站方式，在一个测站上扫描的基本步骤为：

a. 仪器开机，整平。

b. 扫描仪设站，后方交会方式设站。

c. 扫描作业。

d. 保存，关机。

第五节　贯通误差测定与调整

隧道贯通测量是对相向开挖的隧道贯通后进行的联测工作，分别从隧道大、小里程已知测量边起算测定贯通点并进行平差计算和误差调整工作。其主要意义是进行贯通误差调整，以此作为未衬砌段后续结构物、构筑物施工依据，确保该段落平顺衔接。

隧道贯通误差可分为纵向贯通误差、横向贯通误差、高程贯通误差。纵向贯通误差是贯通误差在隧道施工中线（或切线）方向上的投影，仅仅影响隧道里程（或长度），对隧道质量不产生影响；横向贯通误差是贯通误差在垂直于隧道施工中线（或切线）方向的投影，使隧道施工中线产生向左或向右的偏差；高程贯通误差是贯通误差在垂直于隧道中线（或切线）的竖直方向的投影，使隧道高程面产生上或下的偏差，可能影响隧道纵坡；横向贯通误差和高程贯通误差对隧道质量均具有重要意义。此外，方向贯通误差也是隧道贯通测量的一项重要衡量指标，方向贯通误差是从隧道大、小里程已知边分别独立起算，以支导线形式分别推算至贯通面导线边的方位角并取差，其主要目的是检核隧道两端导线测量的方向误差情况。不同类型隧道有可能出现坐标贯通误差较大、方向误差较小，坐标贯通误差较小、方向误差较大，坐标和方向误差均较大等贯通情况。

一、测量方法

采用中线法测量的铁路隧道，一般从两相向开挖方向向贯通面引伸中线确定各自的贯通点，两实际贯通点间的横向距离和纵向距离即为横向和纵向贯通误差。洞内采用导线测量的铁路隧道，应在贯通面中线附近埋设一个控制点，由两端导线分别测量该点的坐标，其坐标较差分别投影至线路中线及其垂直的方向上，即为纵向和横向贯通误差，同时测量该点的水平角，求得方向贯通误差。由两端高程点分别测量贯通面处临时点的高程，其高程差即为高程贯通误差。

二、调整原则

（1）贯通误差宜在未衬砌地段（调线地段）调整，当不影响已衬砌段的建筑限界时，调整范围可延伸至已衬砌段。

(2)贯通误差调整应以满足线路设计规范和轨道平顺性要求为原则,调整后的线路应满足隧道建筑限界要求。

(3)调线地段的开挖、衬砌和沟槽施工均应以调整后的成果进行放样。

(4)直线隧道的贯通误差调整应符合下列规定:

①洞内采用导线法测量的直线隧道应优先采用平差法调整。

②洞内采用中线法测量的直线隧道可采用折线法调整,满足增设大半径曲线要求时应增设大半径曲线,无法增设大半径曲线时,应采用顶点内移法确定线路中线位置。

(5)曲线隧道的横向贯通误差应符合下列规定:

①导线法测量的曲线隧道应优先采用平差法调整。

②中线法或导线法测量的曲线隧道,当采用平差法不能满足轨道平顺性要求和有关验收标准及建筑限界要求时,可采用增减圆曲线长度、改变曲线起终点、增设曲线等方法调整贯通误差。

(6)高程贯通误差应按下列方法调整:

①由两端测得的贯通点高程,应取两贯通高程的平均值作为调整后的贯通面高程。

②高程贯通误差调整可按贯通误差的一半,分别在两端未衬砌地段,以未衬砌段的线路长度按比例调整其范围内各水准点高程。

③以调整后的水准点高程作为未衬砌段高程放样的依据。

④调整后的线路应满足线路设计和验收规范要求。

三、调整方法

1. 平差法

隧道洞外、洞内两端控制网连接贯通后,通过网平差处理,将贯通误差配赋到控制网中各导线点角度、距离观测值中,实现纵向、横向贯通误差调整。网平差时一般以隧道进出口地面控制点、洞内贯通面两端已衬砌段控制点、贯通面处导线点为约束点进行约束平差,选择的约束点应满足导线精度要求,在满足线路平顺性要求条件下,顾及隧道衬砌现状,减少因贯通误差调整引起的衬砌修整。

2. 中线法

(1)直线隧道贯通误差的调整

直线隧道横向贯通误差的调整,可在未衬砌地段上采用折线法调整(图 6-1)。如果由于调整贯通误差而产生的转折角在 $5'$ 以内时,圆曲线长度远远不足现行《铁路线路设计规范》(TB 10098)规定的最小 30 m,无法设置曲线,外矢距也小于 1 mm,顶点内移量实际上设不出来,可作为直线线路考虑。当折角在 $5'\sim25'$ 时,按 $\beta=25'$、$R=10\ 000$ m 计算,曲线全长为 70 m，也无法设置最短圆曲线长 30 m、缓和曲线长 40 m 的曲线。但是按照该方法设置的顶点内移值可达 70 mm，因此采用顶点内移的方法是可行的。当折角大于 25′时，可设置大半径曲线，半径大小可根据贯通误差大小选取。

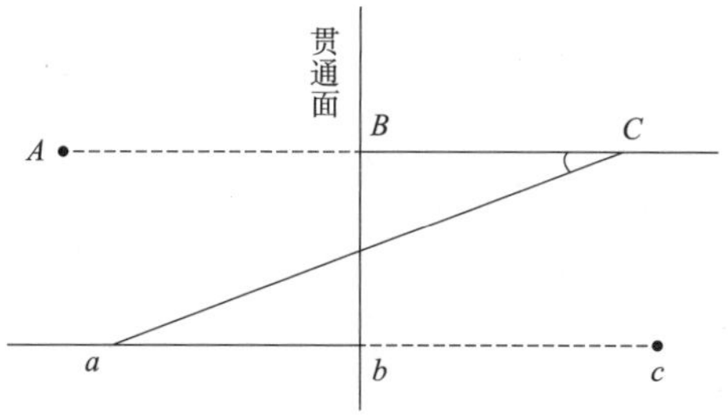

图 6-1　直线隧道贯通误差的调整示意

(2)曲线隧道贯通误差的调整

①当调线地段内有直线和曲线，而且贯通点在曲线的始点或终点附近时，查看曲线延伸出来的切线与另一端洞内直线重合点。通常情况下是不重合也不平行，该情况下一般分为两个步骤进行调整，第一步先将两者调整至平行，第二步将两者调整至重合。

第一步为调整圆曲线长度法，调整 C 至 C' 延长或缩短圆曲线长度。

图 6-2 中，D 和 D' 附近为贯通点，当从 D' 点继续向前延伸切线时，此切线与 DE 切线不平行，欲使切线平行，可将圆曲线 BC' 缩短至 BC，此时圆曲线半径和缓和曲线长度保持不变，而圆曲线的中心角减小了相应值，$D'E'$ 切线也转动一个角与 DE 切线平行，CC' 的近似值可按式(6-1)计算。

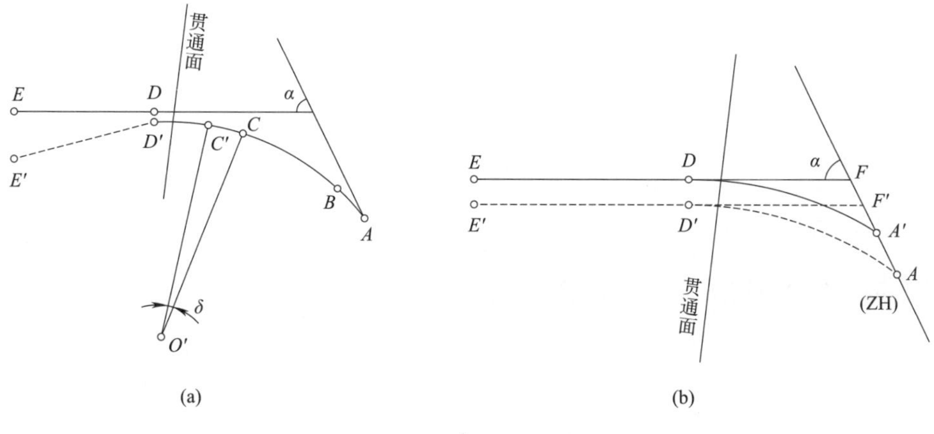

图 6-2　曲线隧道贯通误差的调整示意

$$CC' = \frac{EE' - DD'}{DE} \cdot R \tag{6-1}$$

式中　R——圆曲线的半径。

因为圆曲线长度缩短(或增长)了一段 CC',与其相应的圆曲线中心角亦应减少(或增长)δ 值,δ 可按式(6-2)计算。

$$\delta=\frac{360^\circ}{2\pi R}\cdot CC' \tag{6-2}$$

式中 CC'——圆曲线长度变动值。

第二步为调整曲线始终点法,具体为调整 ZH 点或 HZ 点位置,使该切线与直线重合,如图 6-2(b)所示。即将曲线的始点 A 沿着切线向顶点方向移动到 A' 点,使 $AA'=FF'$,这样 $D'E'$ 就与 DE 重合了。然后,再由 A' 点进行曲线测设,将调整后的曲线标定在实地上。

曲线始点 A 移动的距离可按式(6-3)计算。

$$AA'=FF'=\frac{DD'}{\sin\alpha} \tag{6-3}$$

式中 α——圆曲线的总偏角。

②当贯通面位于圆曲线上,调整贯通误差的地段又全部在圆曲线上时,可用调整偏角法进行调整。在贯通面两侧每 20 m 弦长中线点上,增加(内移)或减少(外移)$10''$～$60''$的切线偏角值进行调整。

平差法调整贯通误差的核心在于选择约束点是否合适和导线精度是否满足要求,该方法具有直观、技术简洁、方便实用等优点,在铁路隧道贯通误差调整中优先得到使用。当导线精度勉强满足精度,一旦加入隧道洞内其他约束点就导致精度不满足要求时,可采用中线法进行贯通误差调整,该方法可根据不同情况增设不同类型曲线,具有调整余地大、调整灵活、影响范围小等优点,其不足主要因为修改了曲线参数,手续麻烦,同时需要多次试算。不论采用哪种方法进行贯通误差调整,均需要以调整后成果进行现场再确认,进行实地放样和断面检查,确保净空、线形和平顺性满足规范要求。

第六节　竣 工 测 量

一、测量方法

竣工测量是对隧道净空断面、结构物等进行的验收测量。一般采用全站仪、水准仪、断面仪或三维激光扫描仪进行。

二、测量内容

(1)隧道竣工以后,应在直线地段每 50 m、曲线地段每 20 m 或者需要加测断面处,以中线桩为准,测量隧道的实际净空。测量内容包括拱顶高程、起拱线宽度、轨顶水平宽度、铺底或仰拱高程。

(2)对于铁路隧道,洞内高程点应每千米埋设一个,小于 1 km 的隧道可设置一个;直线上每 200～500 m、曲线上的主点均应埋设永久中线桩并应在边墙上标示，以便以后养护维修时使用。

(3)平面控制点、水准控制点均应在隧道边墙上清晰标识。

(4)竣工测量完成后，提交净空断面测量成果和永久中线点、平面和高程控制点成果及示意图。

第七章　盾构(TBM)导向测量

第一节　盾构(TBM)导向系统概述

导向系统是盾构(TBM)的“眼睛”,为盾构(TBM)隧道的精准掘进提供方向和实时位姿数据,并实时计算出盾构(TBM)与隧道设计中线的偏差,指导盾构(TBM)司机控制盾构(TBM)掘进。

盾构(TBM)施工速度快、工作连续进行,洞内因设备阻挡的原因,测量作业面狭小,如果采取人工测量盾构(TBM)姿态的方法,要求的测量频率高,对隧道掘进干扰大,数据处理慢,容易发生人为的测量错误,而且不能及时连续地向主司机提供盾构(TBM)姿态数据。而盾构(TBM)导向测量系统则具备实时测量能力,可实时显示隧道施工过程中和盾构(TBM)有关的位姿,实时显示盾构(TBM)和设计轴线(DTA)偏差,系统稳定性自动检查及报警,辅助测站维护和移站,记录隧道施工过程中和盾构(TBM)位姿有关的数据,以及进行历史数据查询等功能。

盾构(TBM)导向系统综合运用测绘技术、计算机技术、自动控制技术、机械电子技术、物联网技术,使得盾构(TBM)法施工极大地提高了准确性、可靠性和自动化程度,从而广泛应用于铁路、公路、市政等工程领域。盾构(TBM)导向系统一般由全站仪、控制器、棱镜、标靶、计算机及掘进软件组成。导向测量系统两(三)棱镜具有结构简单、精度低、测量窗口大等特点。激光靶具有精度高、测量窗口小、维修成本高等特点。

第二节　导向系统原理及功能

一、陀螺仪系统原理

陀螺仪系统是利用实测距离或管片环数计算掘进机的掘进距离,利用安装在掘进机上的陀螺仪和两个倾斜仪直接测量出掘进机的实时姿态角,包括实时方位角、俯仰角和滚动角,然后利用角度和距离积分来计算掘进机的实际坐标。

优点:借助陀螺仪和倾斜仪能够自动确定掘进机的三个角度信息,无须人工干预,操作简单,数据获取及时。

缺点:由于陀螺仪感知方位角的静定精度较低,对掘进机推进只能起到有限的辅助参考作用。由于受到陀螺仪低精度和零位漂移的影响,所得出的演算值与实际的掘进行程和管片组装会有一定误差,而且随着掘进距离的增加这样的误差势必会积累起来,从而导致偏差越来越大。如果不加以控制,必然会导致隧道轴线与设计轴线的偏差过大。

二、棱镜系统原理

1. 三棱镜系统

三棱镜导向系统是在"全站仪测掘进机上三点"的人工测量方法上演变而来,将人工方法实现自动化。利用全站仪自动搜索掘进机内固定安装的反射棱镜,对棱镜的位置分别测量,然后根据棱镜与掘进机中心的相对位置来计算掘进机切口中心和盾尾中心的坐标,再与设计轴线进行对比,可计算出掘进机姿态,以此实现掘进机掘进方向的监测,如图 7-1 所示。

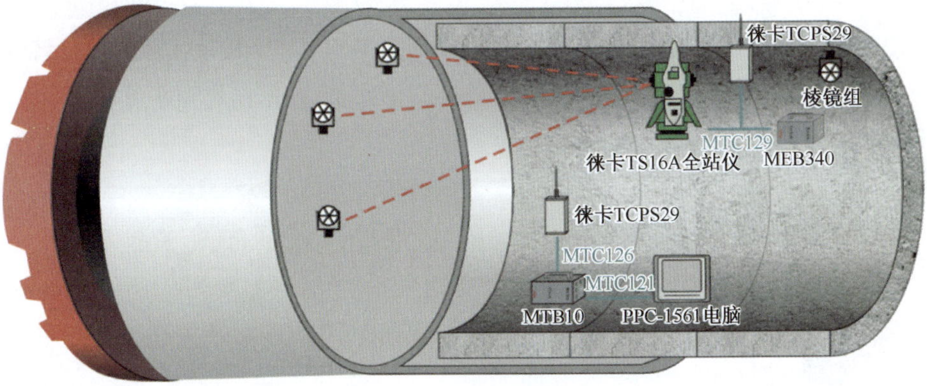

图 7-1 三棱镜导向系统

棱镜与掘进机切口中心和盾尾中心的相对位置是固定的,在安装时就经过了严格测量。棱镜点在三维空间上组成一个三角形,该三角形与掘进机的切口中心和盾尾中心相对位置是不变的。

全站仪在一次测量过程中依次搜索到棱镜 1、棱镜 2、棱镜 3,分别对三个棱镜进行坐标测量。通过全站仪测量到三个棱镜的实际坐标,可以通过几何关系计算出掘进机切口中心和盾尾中心在空间中的坐标。

优点:将人工方法实现自动化,缩短了测量作业时间,提升了效率。系统中棱镜无需供电和通信,因此系统硬件相对简单,故障率低。

缺点：

（1）由于棱镜法是依靠三个棱镜的坐标来换算掘进机的位置坐标，棱镜间的距离就与测量精度息息相关。因为全站仪测量棱镜坐标的精度有限，这就要求三个棱镜之间的距离不能太短，否则无法达到隧道施工测量的精度要求。因此，盾构后部须留出足够宽的通视空间，使全站仪能够分别搜索到三个棱镜。这给掘进机后部的结构设计增添了许多限制，不利于掘进机的设计与施工。

（2）由于全站仪在一次测量中分别搜索三个棱镜，无法保持锁定棱镜的状态。随着掘进机推进位置变化，特别是掘进机在半径较小的圆弧形隧道内掘进时，棱镜位置变化较快，容易导致全站仪搜索棱镜失败，使得测量无法完成。针对该问题，个别厂家通过后期改进使用开关棱镜或继电器控制方式加以解决，但每个棱镜都需要供电和增加线缆进行通信。

（3）三个棱镜的测量是不同步的。每一个棱镜从转向、照准到测量，整个时间至少 10 s，也就是至少需要 30 s 完成一次测量，而掘进机一般在正常地下掘进 1 min 掘进 5～6 cm，在软土层下大约为 9 cm，按照正常的土层计算，一次测量前后里程变化了 2.5～3 cm。对于城市中地铁等高精度的隧道掘进，该精度无法达到施工需求。

2. 两棱镜系统

两棱镜导向系统在三棱镜导向系统上做了改进，将其中一个棱镜用倾斜仪代替，倾斜仪数据的实时输出频率较高。对于精度 0.01°的倾斜仪而言，数据输出频率可达 25 Hz。两棱镜系统如图 7-2 所示。

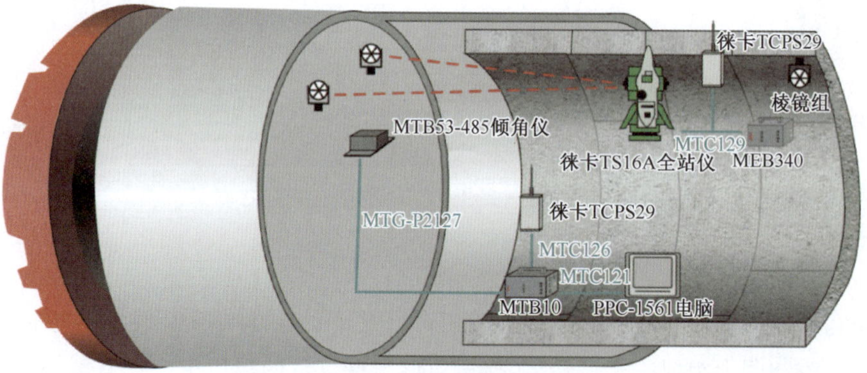

图 7-2　两棱镜系统

优点：该系统与三棱镜相比，可以缩短一个棱镜的测量时间，一定程度上减小了测量所需通道；采用精度 0.01°的倾斜仪，提高了角度数据的精度。

缺点：两棱镜系统虽然有改进，但整体的缺点与三棱镜系统的类似。

三、激光靶系统原理

全站仪固定在隧道衬砌环的基座上，基座后方安装有后视棱镜，该棱镜固定在另一个基座上,两个基座的三维坐标是采用人工方法多次精密测量得到的。全站仪以基座中心坐标位置为基准坐标值,以瞄准后视棱镜得到的水平角度为方位角基准,测量激光靶上棱镜的三维坐标,如图 7-3 所示。

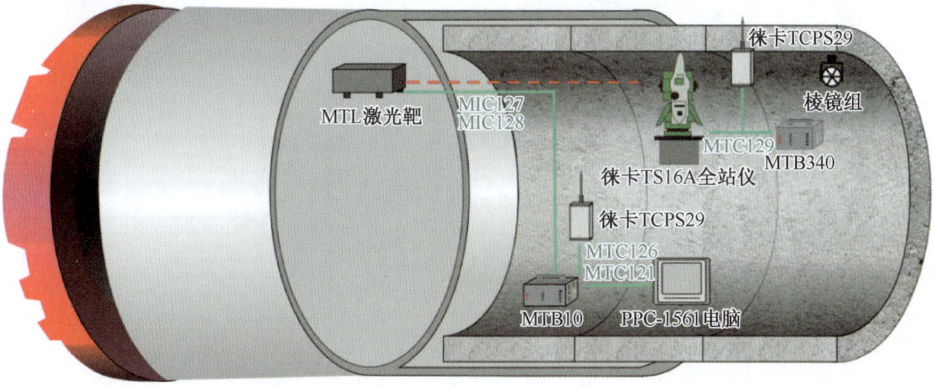

图 7-3 激光靶导向系统

由于激光靶与掘进机轴线位置相对固定,根据两者之间的相对位置关系(即零位数据),结合激光靶的空间位置,可计算出掘进机切口和盾尾中心的坐标,再与电脑内存储的隧道设计中线数据进行计算比较,从而计算出掘进机位姿数据。

优点:其方位角测量是一个瞬间值,且相对于棱镜法,它只需测量一个目标棱镜,其快速的优势是棱镜法无法比拟的,在测量精度方面优点突出。对掘进机尺寸要求较低,只需要保留一条全站仪分别测量后视棱镜和激光靶的通道即可,也就是激光靶测量系统在不同尺寸掘进机中应用的适用性更高。

四、导向系统功能模块

1. 用户管理模块

该模块主要对导向系统的操作控制加强管理,设置分级权限管理,如图 7-4 所示。

2. 系统设置和工程设置模块

该模块主要对盾构和全站仪进行初始化参数设置,以及具体工程信息设置等,如工程名称、管片基本信息和限差设置等,如图 7-5～图 7-7 所示。

3. 设计轴线的计算与纠偏模块

如图 7-8 所示,该模块是对设计的隧道轴线进行计算,并存储在数据库中,用于指导盾构掘进,同时用于计算盾构的实际掘进路线与设计线路的偏差,当实际的偏差超过一定的允许值,则进行回归设计轴线的修正计算。

图 7-4　用户管理

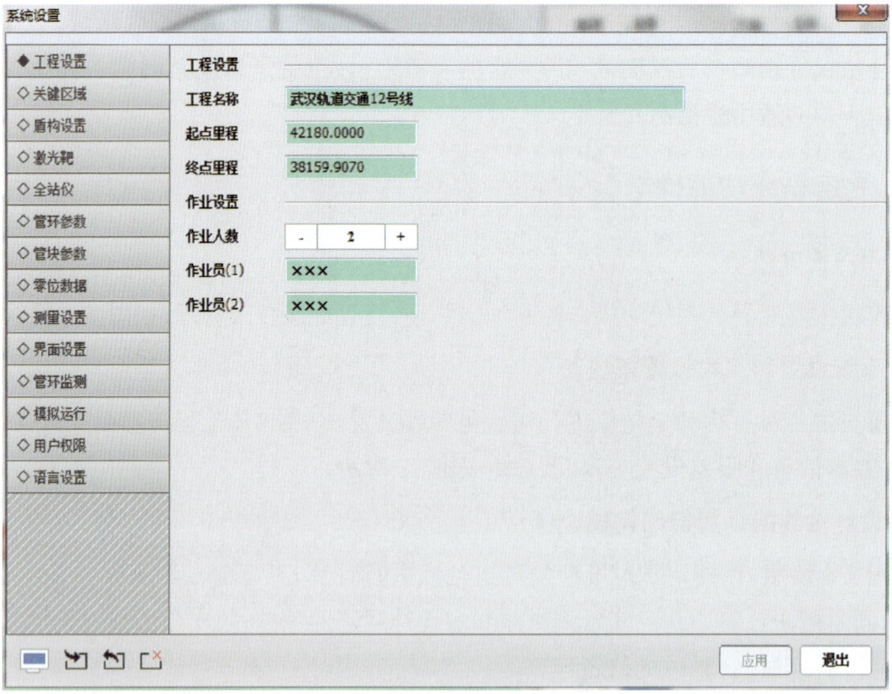

图 7-5　工程设置

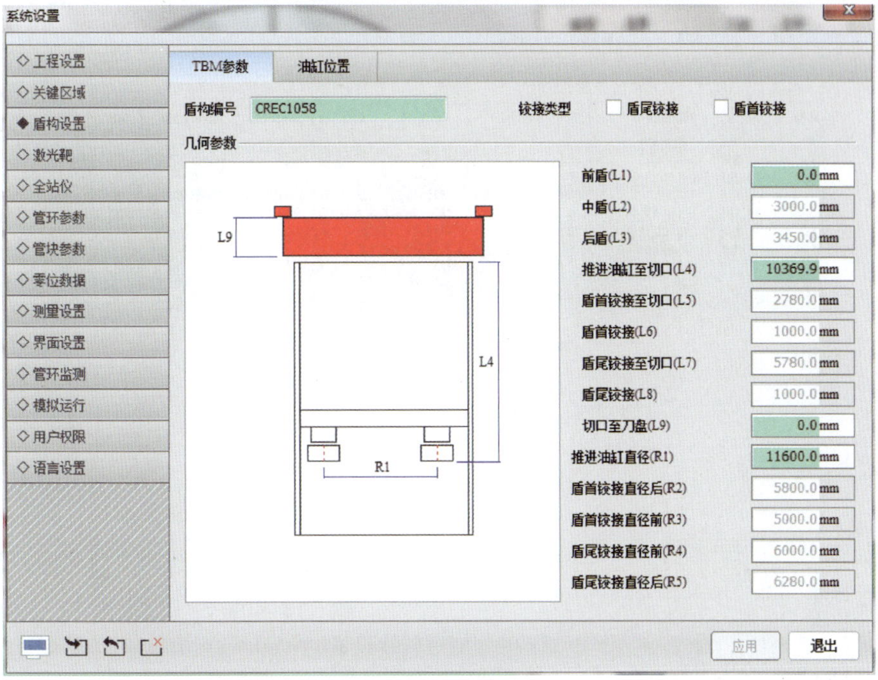

图 7-6 盾构设置

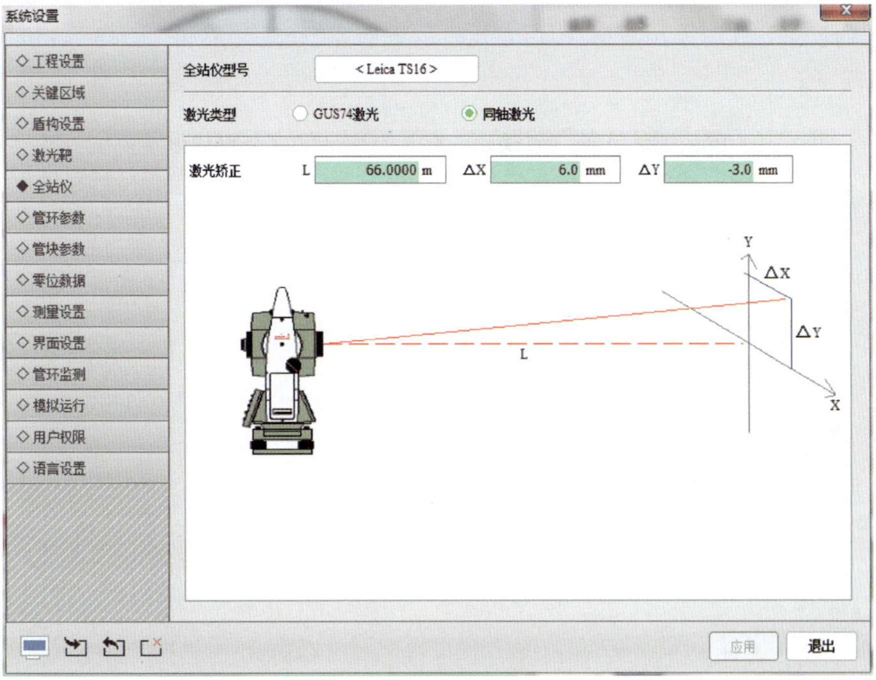

图 7-7 全站仪设置

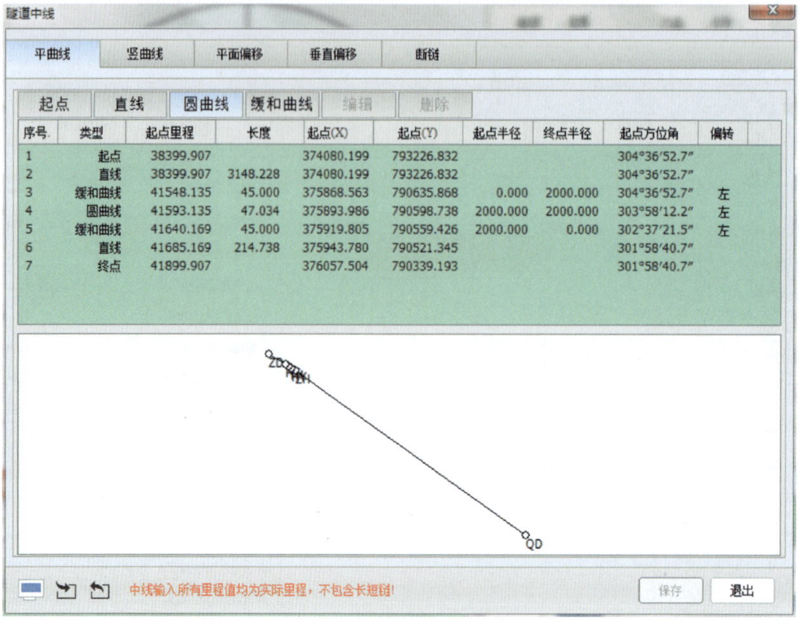

图 7-8　隧道轴线设置

4. 盾构实时姿态测量模块

该模块通过实时数据采集系统，获得盾构激光靶坐标和盾构的倾斜角和滚动角，从而计算出盾构的姿态。实时采用数据、图形方式显示盾构姿态（滚动角和俯仰角等）和趋势数据如图 7-9 所示。

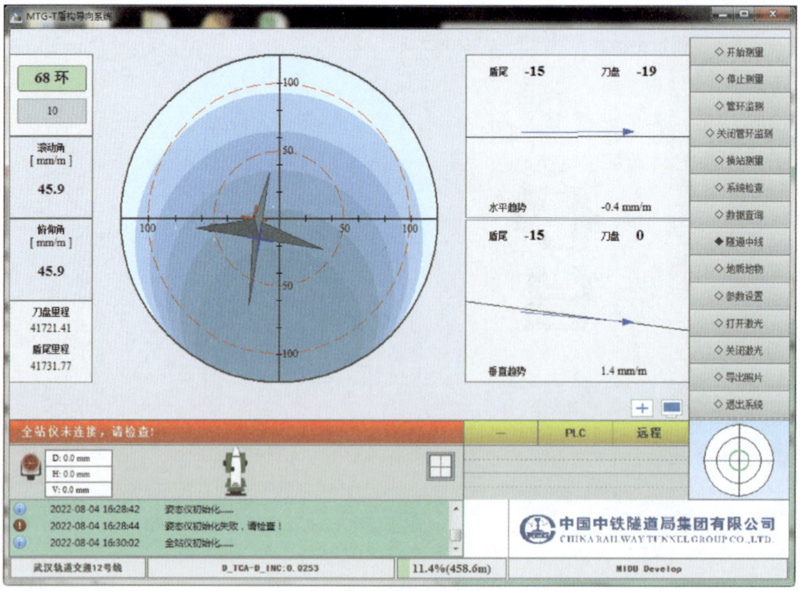

图 7-9　盾构姿态

5. 管片测量模块

每个周期测量一次管片中心点的位置,同时实现管片的环号手动输入,确定每个管片的轴线坐标,如图 7-10 所示。

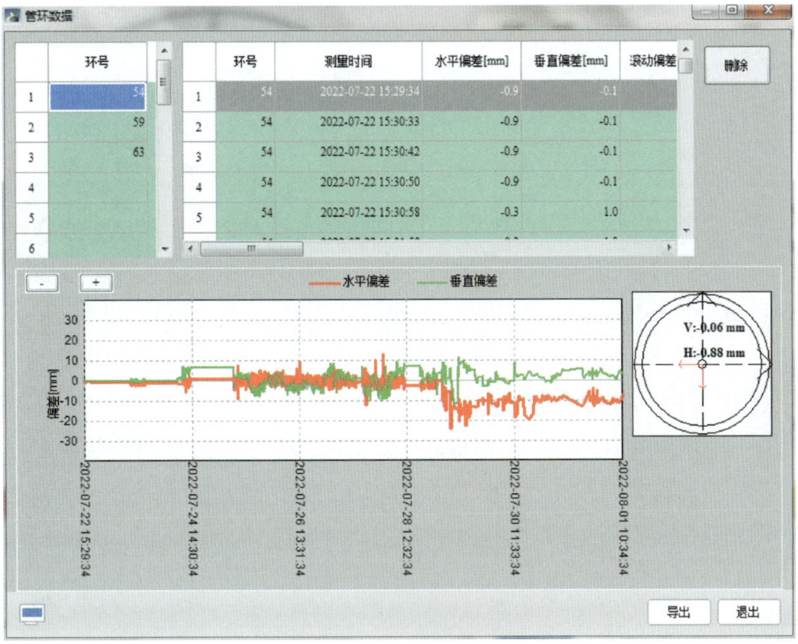

图 7-10 管片测量

6. 远程监控模块

通过电话线与地面办公室相联,把盾构的实时位置传输到地面办公室,在办公室的计算机显示器上显示盾构位置等信息,如图 7-11 所示。

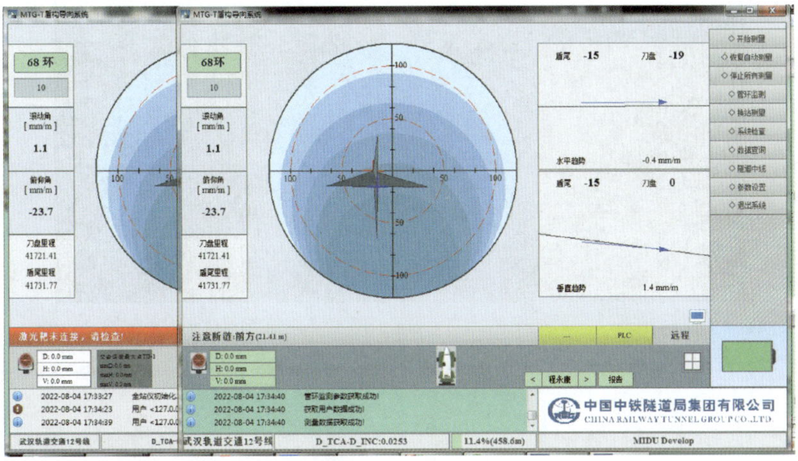

图 7-11 远程监控

7. 信息查询模块

实现按管片号查询以往任意时候的盾构掘进状态，并获得偏差曲线图，且同时可查询掘进时的盾构趋势和偏差值，如图 7-12 和图 7-13 所示。

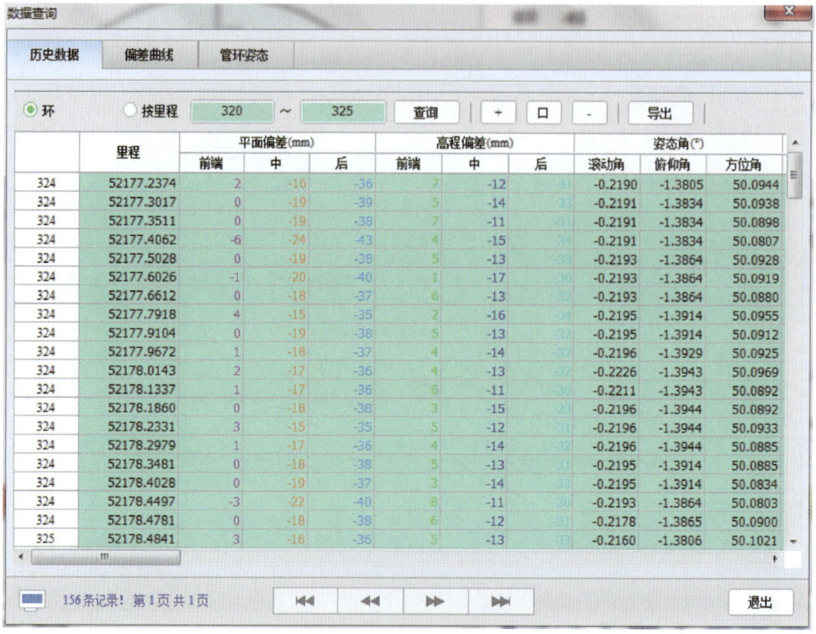

	里程	平面偏差(mm)			高程偏差(mm)			姿态角(°)		
		前端	中	后	前端	中	后	滚动角	俯仰角	方位角
324	52177.2374	2	-16	-36	7	-12	-31	-0.2190	-1.3805	50.0944
324	52177.3017	0	-19	-39	5	-14	-33	-0.2191	-1.3834	50.0938
324	52177.3511	0	-19	-38	7	-11	-31	-0.2191	-1.3834	50.0898
324	52177.4062	-6	-24	-43	4	-15	-34	-0.2191	-1.3834	50.0807
324	52177.5028	0	-19	-38	5	-13	-33	-0.2193	-1.3864	50.0928
324	52177.6026	-1	-20	-40	1	-17	-36	-0.2193	-1.3864	50.0919
324	52177.6612	0	-18	-37	6	-13	-32	-0.2193	-1.3864	50.0880
324	52177.7918	4	-15	-35	2	-16	-34	-0.2195	-1.3914	50.0955
324	52177.9104	0	-19	-38	5	-13	-32	-0.2195	-1.3914	50.0912
324	52177.9672	1	-18	-37	4	-14	-32	-0.2196	-1.3929	50.0925
324	52178.0143	2	-17	-36	4	-13	-32	-0.2226	-1.3943	50.0969
324	52178.1337	1	-17	-36	6	-11	-30	-0.2211	-1.3943	50.0892
324	52178.1860	0	-18	-38	3	-15	-33	-0.2196	-1.3944	50.0892
324	52178.2331	3	-15	-35	5	-12	-31	-0.2196	-1.3944	50.0933
324	52178.2979	1	-17	-36	4	-14	-32	-0.2196	-1.3944	50.0885
324	52178.3481	0	-18	-38	5	-13	-31	-0.2195	-1.3914	50.0885
324	52178.4028	0	-19	-37	3	-14	-33	-0.2195	-1.3914	50.0834
324	52178.4497	-3	-22	-40	8	-11	-30	-0.2193	-1.3864	50.0803
324	52178.4781	0	-18	-38	6	-12	-31	-0.2178	-1.3865	50.0900
325	52178.4841	3	-16	-36	5	-13	-33	-0.2160	-1.3806	50.1021

图 7-12　历史数据记录

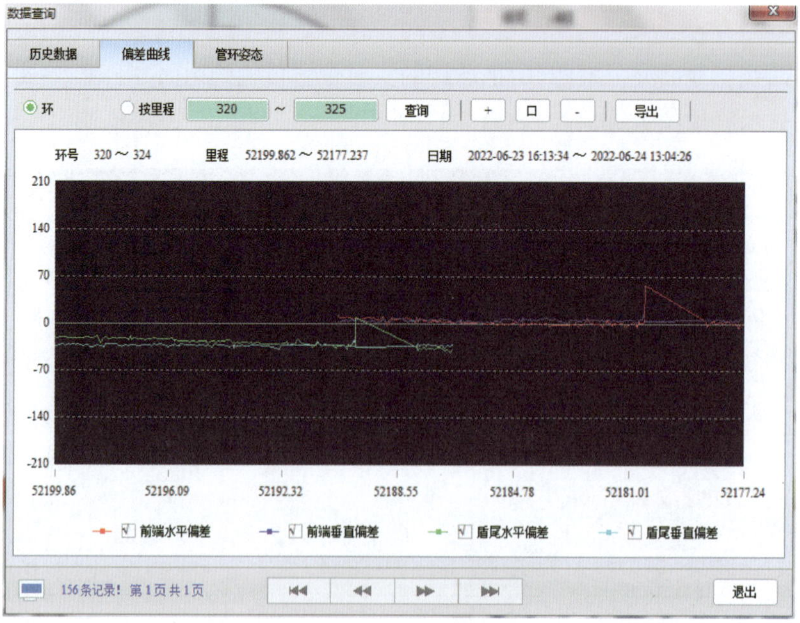

图 7-13　历史数据曲线

第三节 盾构导向系统应用

一、导向系统使用流程

导向系统在盾构上的应用按实际工程进度可分为始发前、始发调试、过程使用三个阶段，主要操作内容如图 7-14 所示。

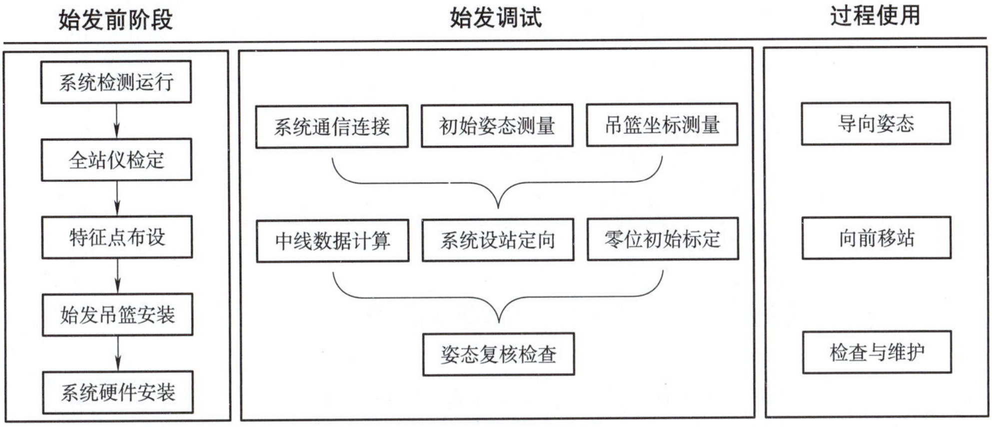

图 7-14 导向系统应用流程

二、始发前准备

(一)系统检测运行

在盾构始发前，应对所配套导向系统进行系统检测运行，确保系统零部件完整，且运行状态良好。按导向系统硬件接线要求进行连接，通电后测试各个设备工作状态是否正常。导向系统连接示意如图 7-15 所示。

(二)全站仪检定

根据规范要求，导向系统配套使用的全站仪需要通过检定后方可使用；在始发前应确认全站仪是否具备检定证书。

(三)特征点布设

如图 7-16 所示，特征点法是人工测量盾构姿态的方法之一，具有精度高、速度快的优势。常规新盾构由导向系统厂家在盾构组装后完成人工测量盾构姿态工作。若盾构的特征点损坏严重，可在盾构始发前在始发井完成特征点布设。

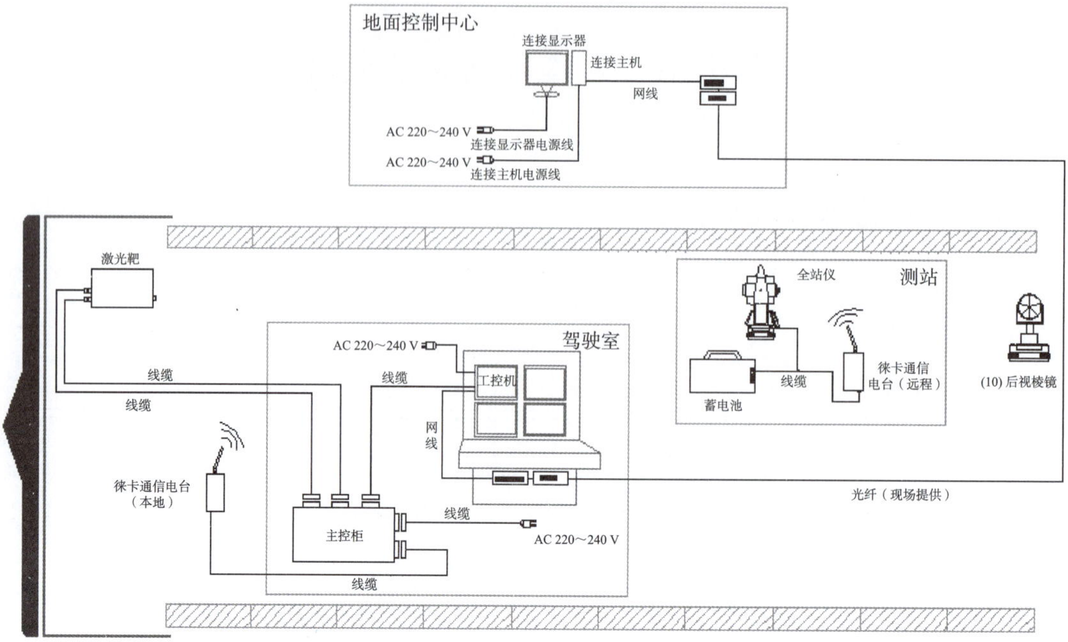

图 7-15　导向系统连接示意

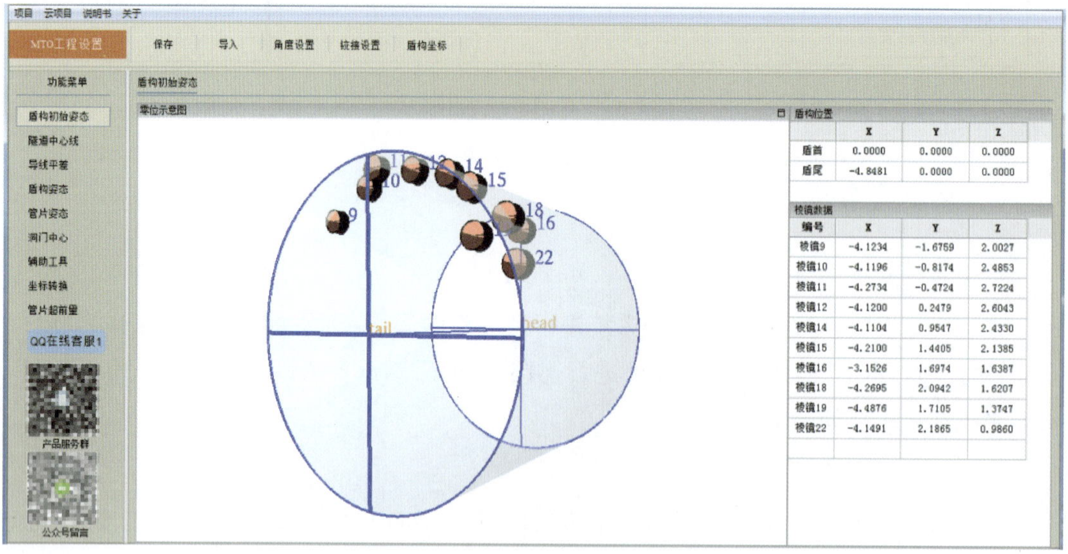

图 7-16　盾构特征点

（四）始发吊篮安装

始发吊篮一般由测站吊篮和后视吊篮组成。在安装测站吊篮时，需注意吊篮与激光靶棱镜中心位置相对于中线的偏差不宜过大，即测站至激光靶与盾构轴线的夹角需小于激光靶角度测量量程，否则会导致导向系统测量超限，如图 7-17 所示。

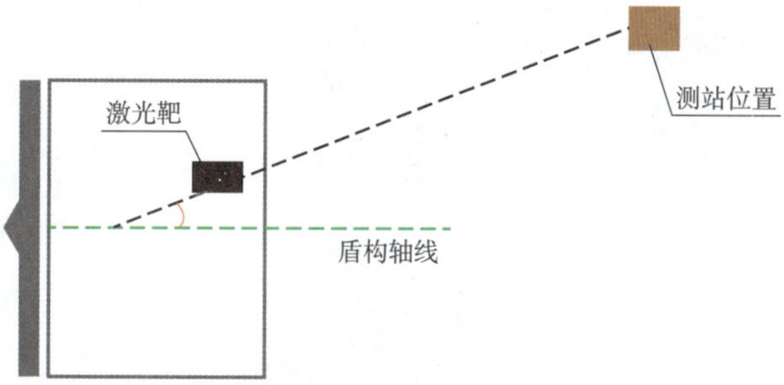

图 7-17　测站至激光靶与盾构轴线的夹角

(五)系统硬件安装

1. 激光靶安装

激光靶安装在盾构中盾,如图 7-18 所示。

2. 测站安装

测站安装包含全站仪、远程电台、大电池安装,安装于测站吊篮上,如图 7-19 所示。

图 7-18　激光靶安装

图 7-19　测站安装

3. 工控机安装

工控机安装于操作室预留孔位上,如图 7-20 所示。

4. 主控箱安装

主控箱安装于盾构 1 号台车上,如图 7-21 所示。

5. 后视棱镜安装

后视棱镜安装于后视吊篮上,如图 7-22 所示。

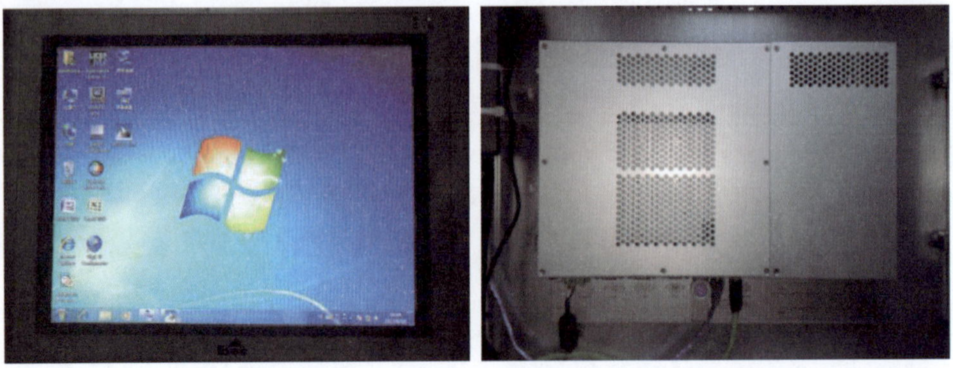

图 7-20　工控机安装

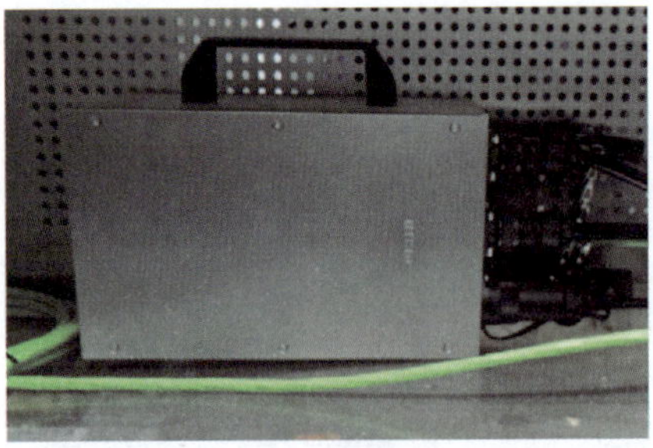

图 7-21　主控箱安装

图 7-22　后视棱镜安装

三、始发调试

(一)初始姿态测量

盾构初始姿态测量常用方法有特征点法、分中法、侧边法、支撑环法，具体操作内容如下：

1. 特征点法

特征点法需要盾构本身具备特征点，如图 7-23 所示，通过测量 3 个以上的特征点，应用隧道精灵等软件便可计算出盾构姿态，精度较高。

2. 分中法

分中法是测量盾构外壳盾首、铰接圆周上两个高程相同点之间的弧长，然后取弧长的中心，从而得到盾构中心的坐标。测量流程如图 7-24 所示。

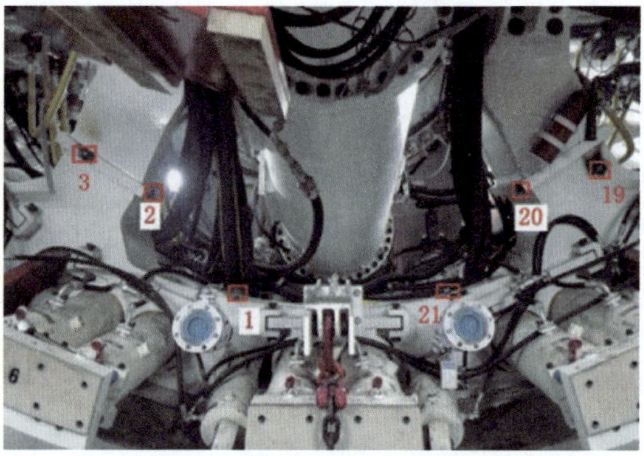

图 7-23　盾构特征点

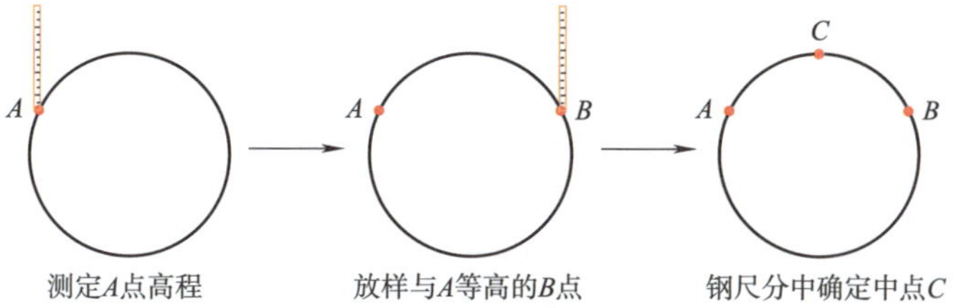

图 7-24　分中法测量示意

3. 侧边法

侧边法是测量盾构外壳直径处的平面坐标，盾首、盾尾各测一个点，同时测量盾首、盾尾外壳顶的高程，如图 7-25 所示。

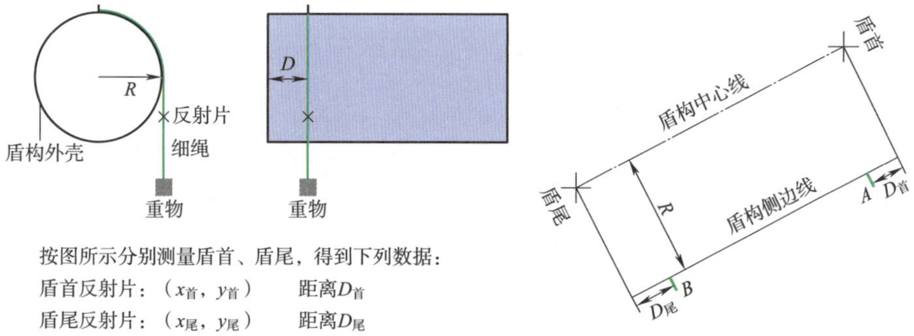

图 7-25　侧边法测量示意

4. 支撑环法

支撑环法是测量盾构主体内的圆形结构支撑环圆周上多个点的三维坐标，采用空间多点拟合圆心方法，计算出圆心坐标和法向量，从而计算出盾首、盾铰接中心的三维坐标的方法。此方法是测量支撑环得到该中心断面的三维坐标和盾构轴向的方位角、俯仰角，再结合该断面至盾首和铰接的距离，通过直线延长即得所需切口和铰接中心轴断面的三维坐标，如图 7-26 所示。

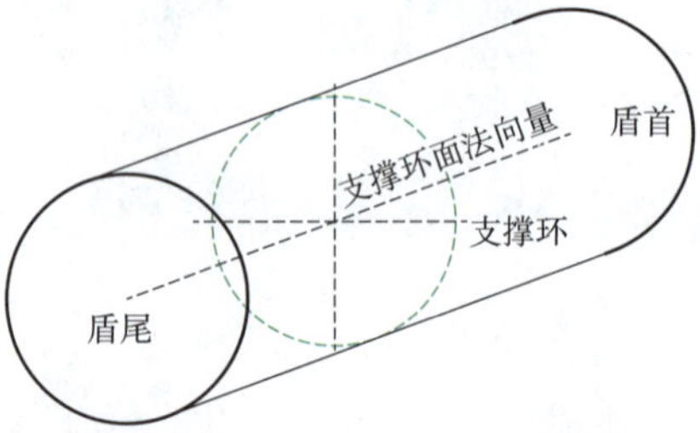

· 测量支撑环上多个点，最小二乘拟合空间圆。
· 拟合结果可得到支撑环的中心点（X_0, Y_0, Z_0）和支撑环面的法向量（m, n, p）。
· 测量盾尾上一点，计算点到支撑环面的距离D。
· 计算盾首坐标（$X_首, Y_首, Z_首$）和盾尾坐标（$X_尾, Y_尾, Z_尾$）。

图 7-26　支撑环法示意

(二)中线数据计算

中线计算需要将施工图纸中的线路要素录入导向系统中，完成中线计算，如图 7-27 和图 7-28 所示。

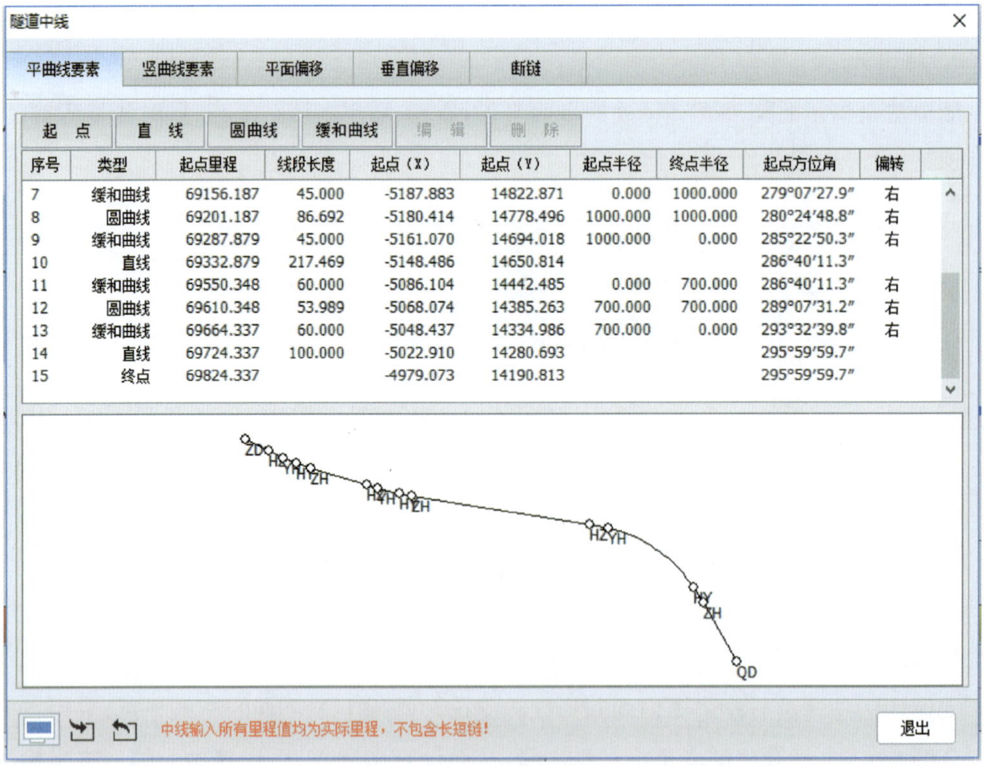

序号	类型	起点里程	线段长度	起点（X）	起点（Y）	起点半径	终点半径	起点方位角	偏转
7	缓和曲线	69156.187	45.000	-5187.883	14822.871	0.000	1000.000	279°07′27.9″	右
8	圆曲线	69201.187	86.692	-5180.414	14778.496	1000.000	1000.000	280°24′48.8″	右
9	缓和曲线	69287.879	45.000	-5161.070	14694.018	1000.000	0.000	285°22′50.3″	右
10	直线	69332.879	217.469	-5148.486	14650.814			286°40′11.3″	
11	缓和曲线	69550.348	60.000	-5086.104	14442.485	0.000	700.000	286°40′11.3″	右
12	圆曲线	69610.348	53.989	-5068.074	14385.263	700.000	700.000	289°07′31.2″	右
13	缓和曲线	69664.337	60.000	-5048.437	14334.986	700.000	0.000	293°32′39.8″	右
14	直线	69724.337	100.000	-5022.910	14280.693			295°59′59.7″	
15	终点	69824.337		-4979.073	14190.813			295°59′59.7″	

图 7-27　平曲线录入

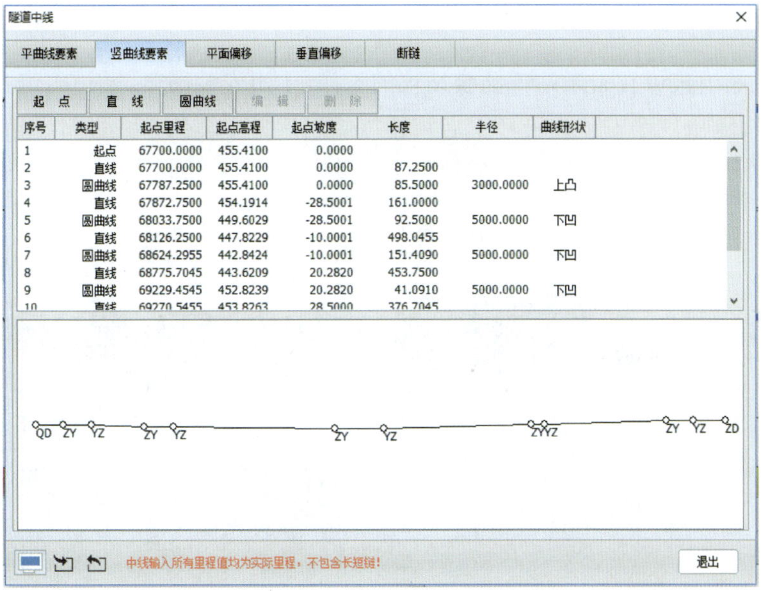

图 7-28　竖曲线录入

(三)系统设站定向

1. 吊篮设站

通过在已知坐标的两个吊篮上设置全站仪及后视棱镜，在导向系统软件**向前移站→吊篮坐标**中输入测站、后视三维坐标，在“设站定向”页面选择对应的点测量并设置，如图 7-29 所示。

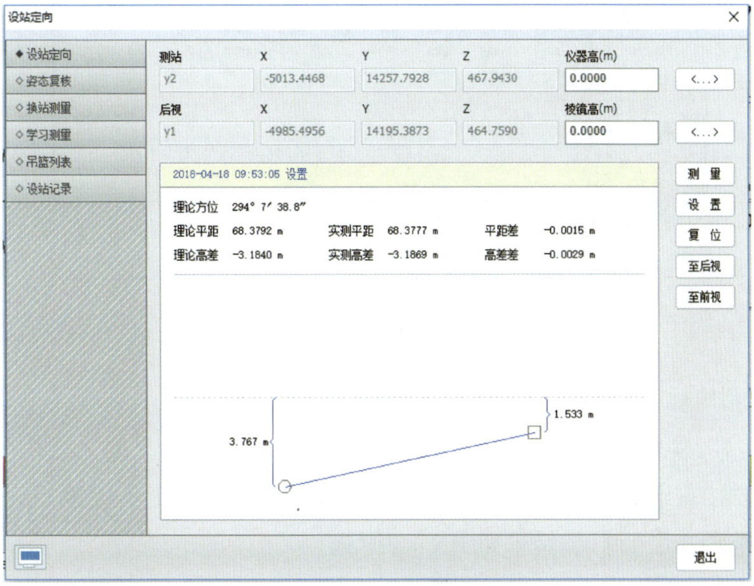

图 7-29　设站定向

2. 免搬站模式

使用免搬站模式可省去搬站挪动全站仪的工作，不用安装吊篮，通过固定安装在盾构台车上的全站仪，测量三个安装在管片上后视棱镜应用后方交会的方式进行设站定向，可有效提高测量效率，如图 7-30 和图 7-31 所示。

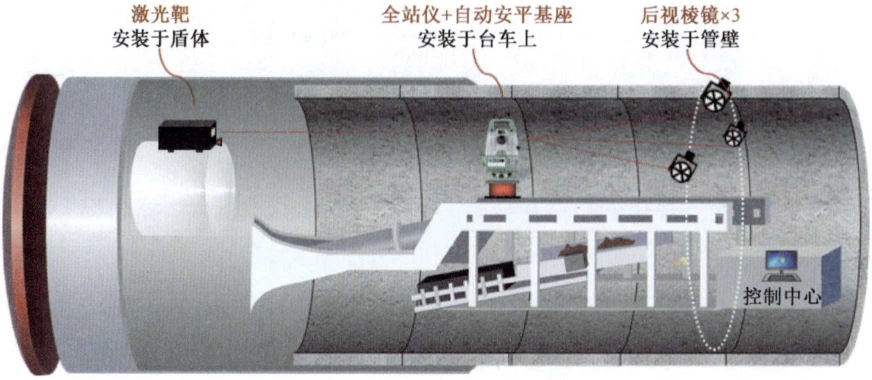

图 7-30　免搬站安装示意

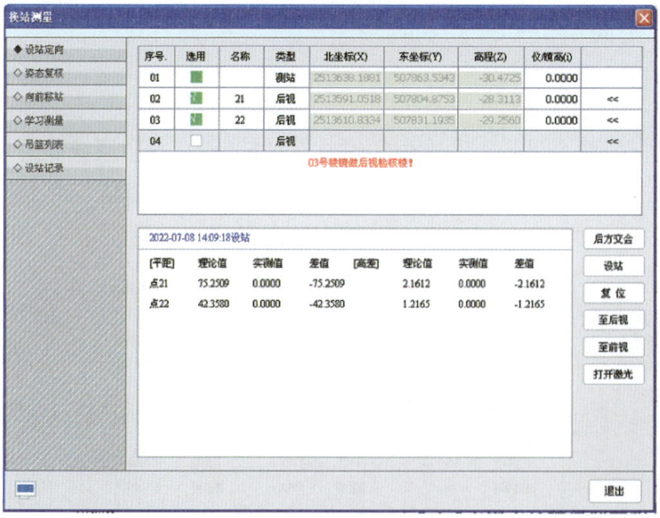

图 7-31　免搬站模式设站

（四）零位初始标定

在导向系统软件**参数设置→零位数据**页面中对应的文本框内，输入盾构人工初始姿态测量的切口、铰接三维坐标，以及盾构的滚动角，人工照准激光靶小棱镜，点击“测量”并应用，完成零位测量的运行调试，结果如图 7-32 所示。

（五）姿态复核检查

通过以上工作内容可完成导向系统的调试工作，即可实现盾构的姿态测量。为确保所

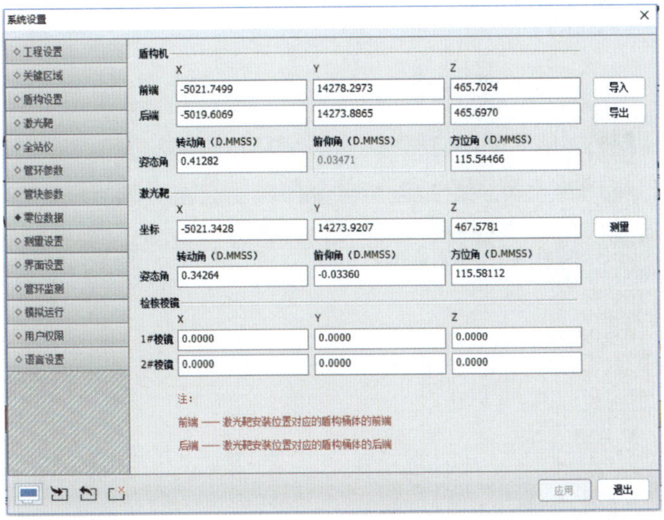

图 7-32　零位测量

有测量、参数录入的正确性，需在盾构掘进较短的一段距离后通过人工测量盾构姿态与导向系统姿态进行对比，确定导向系统姿态准确无误。

四、过程使用

1. 导向姿态

在掘进过程中导向系统可根据盾构掘进状态自动进行姿态测量，在系统主界面以数字和图形两种方式显示实时盾构姿态，如图 7-33 所示。

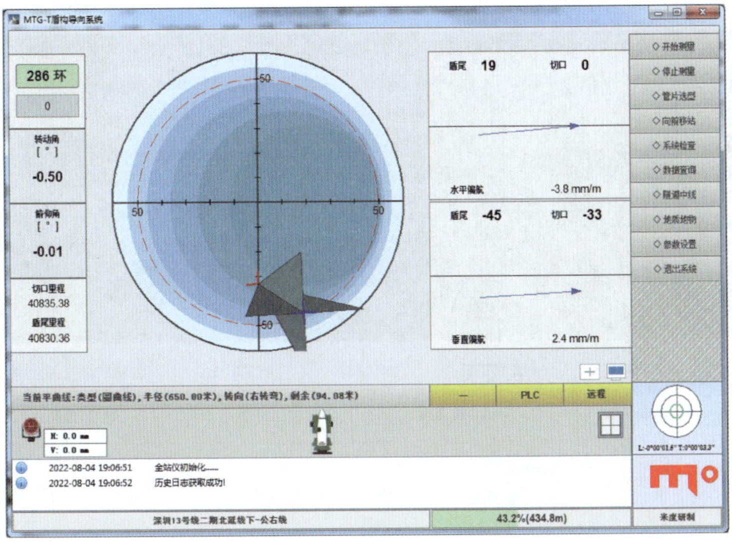

图 7-33　导向系统姿态显示

通过历史姿态数据查询可展示出一段掘进时间或者一段掘进距离范围内的姿态变化情况，如图 7-34 所示。

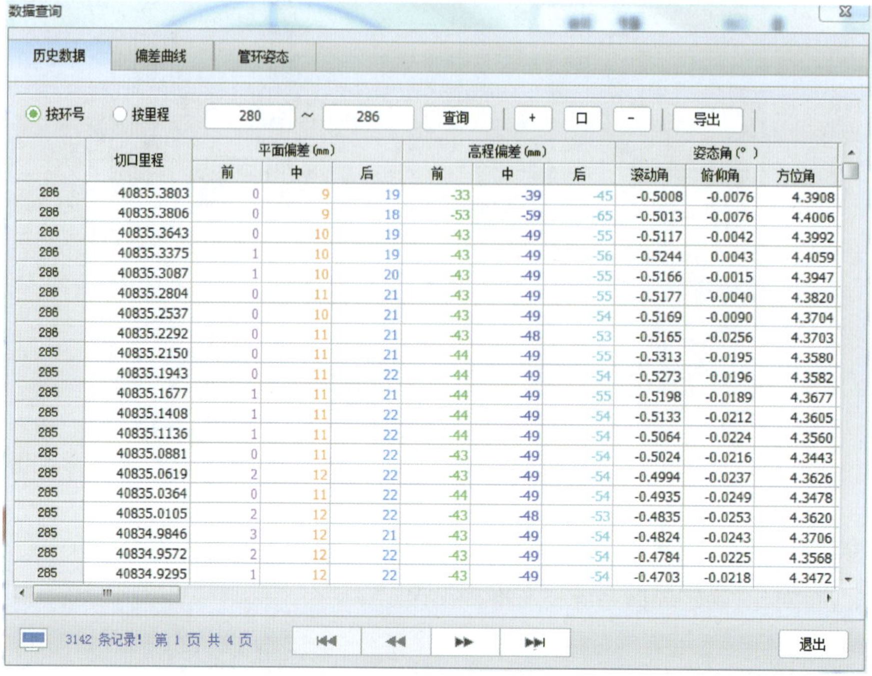

	切口里程	平面偏差 (mm)			高程偏差 (mm)			姿态角 (°)		
		前	中	后	前	中	后	滚动角	俯仰角	方位角
286	40835.3803	0	9	19	-33	-39	-45	-0.5008	-0.0076	4.3908
286	40835.3806	0	9	18	-53	-59	-65	-0.5013	-0.0076	4.4006
286	40835.3643	0	10	19	-43	-49	-55	-0.5117	-0.0042	4.3992
286	40835.3375	1	10	19	-43	-49	-56	-0.5244	0.0043	4.4059
286	40835.3087	1	10	20	-43	-49	-55	-0.5166	-0.0015	4.3947
286	40835.2804	0	11	21	-43	-49	-55	-0.5177	-0.0040	4.3820
286	40835.2537	0	10	21	-43	-49	-54	-0.5169	-0.0090	4.3704
286	40835.2292	0	11	21	-43	-48	-53	-0.5165	-0.0256	4.3703
285	40835.2150	0	11	21	-44	-49	-55	-0.5313	-0.0195	4.3580
285	40835.1943	0	11	22	-44	-49	-54	-0.5273	-0.0196	4.3582
285	40835.1677	1	11	21	-44	-49	-55	-0.5198	-0.0189	4.3677
285	40835.1408	1	11	22	-44	-49	-54	-0.5133	-0.0212	4.3605
285	40835.1136	1	11	22	-44	-49	-54	-0.5064	-0.0224	4.3560
285	40835.0881	0	11	22	-43	-49	-54	-0.5024	-0.0216	4.3443
285	40835.0619	2	12	22	-43	-49	-54	-0.4994	-0.0237	4.3626
285	40835.0364	0	11	22	-44	-49	-54	-0.4935	-0.0249	4.3478
285	40835.0105	2	12	22	-43	-48	-53	-0.4835	-0.0253	4.3620
285	40834.9846	3	12	21	-43	-49	-54	-0.4824	-0.0243	4.3706
285	40834.9572	2	12	22	-43	-49	-54	-0.4784	-0.0225	4.3568
285	40834.9295	1	12	22	-43	-49	-54	-0.4703	-0.0218	4.3472

(a)

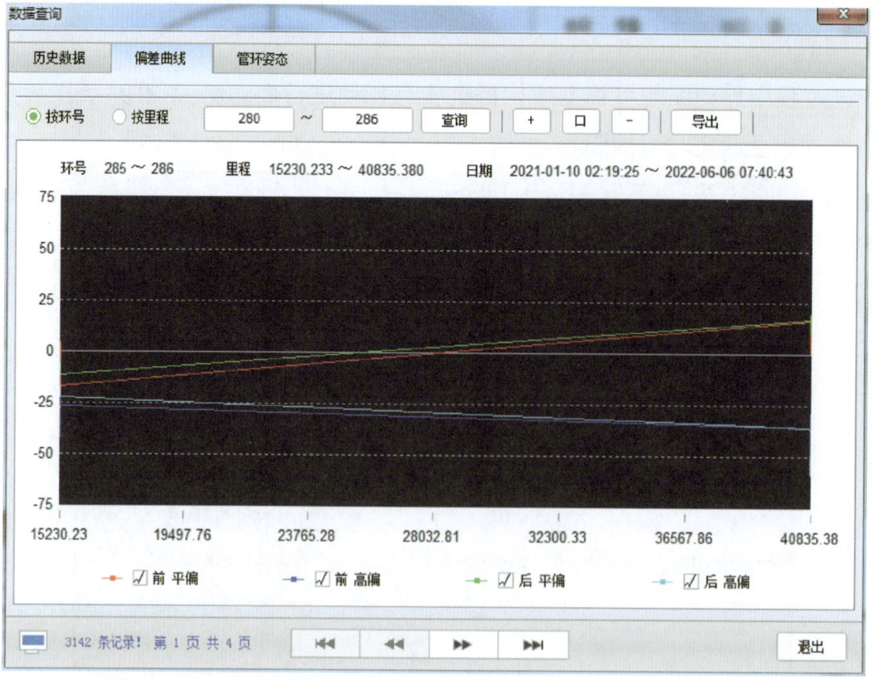

(b)

图 7-34　历史姿态查询

2. 向前移站

经过始发调试无误的导向系统,可在施工过程中为盾构掘进提供自动测量,过程中需要使用人员进行换站测量工作。换站测量的步骤是:首先在当前测站吊篮的前方合适位置安装新吊篮作为新的测站吊篮,其次将后视棱镜移动到当前测站吊篮上并作为新的后视点,新的测站和后视吊篮均需要人工测出三维坐标并录入系统软件中。若采用免搬站模式只需要移动后视棱镜,人工测出三维坐标并录入系统软件中。

第四节 姿态异常及案例分析

一、导向系统的姿态数据异常分析

盾构(TBM)导向系统是用来对盾构(TBM)进行定向测量时所涉及的仪器、标准、操作、软件、人员和环境的集合,用来获得盾构(TBM)姿态的整个过程。由于盾构(TBM)姿态的精度受集合体内各组成成员的自身稳定性和精度影响,所以导向系统在使用过程中会出现姿态跳动或数据异常的情况。导向系统属于盾构(TBM)核心系统,一旦发生数据跳动或异常,无法准确指导操作人员进行正常施工,盾构(TBM)极易造成姿态偏差,严重影响盾构(TBM)掘进施工的持续和安全。因此,熟悉并掌握盾构(TBM)导向系统的数据异常处理方法,在日常使用维护等方面采取积极有效的措施,可以大大提高导向系统的稳定性和准确性。

姿态异常通常有姿态跳动和姿态不符两种情况。

(一)姿态跳动

1. 盾体前后姿态都跳动

(1)掘进过程中导向系统周期测量不成功,姿态数据未更新

解析:推进过程中由于测量通道被遮挡、数据通信故障、硬件连接故障、硬件自身故障、测量环境恶劣等导致周期测量失败,盾构(TBM)盲推,两次的盾构(TBM)位置不连续,盾构(TBM)里程、姿态角、盾构姿态均发生了很明显变化。

(2)盾体在某个方向上发生了整体平移

解析:受当前地层或推进方式的影响,盾体(TBM)整体向某一个方向发生了平移,致使盾构(TBM)姿态在该方向上发生整体偏移变化。

(3)激光靶或棱镜与盾体的相对空间位置关系改变

解析:激光靶(棱镜)安装位置不合理,在受外力干扰的情况下,激光靶(棱镜)所处的结构体发生了变形或者激光靶(棱镜)自身位置发生了变动,致使激光靶(棱镜)与盾构(TBM)的相对空间位置关系发生了改变,盾构姿态也随之发生变化。

(4)倾斜仪角度发生较大变化

解析:倾斜仪松动、安装方向错误、受震动影响等原因导致角度发生了较大变化,其中转动角影响水平姿态和垂直姿态,俯仰角影响垂直姿态。

(5)测站坐标错误

解析:测站坐标输入错误或人为修改数据,导致测量基准点错误,通过测量目标棱镜解算的盾构姿态也是错误的。

(6)隧道中线数据错误

解析:重新导入或编辑的隧道中线数据与真实数据不符。

(7)全站仪气泡偏差大或长时间未进行后视检核

解析:气泡偏差影响全站仪测角精度;长时间未进行后视检核,不能及时发现周期测量期间全站仪转向角度发生偏差,后视偏差变大,待重新后视定向后,测量前视方位角有误差,水平姿态有变化。

(8)全站仪测角、测距有偏差

解析:由于全站仪自身故障问题,测角或测距有偏差造成目标棱镜测量坐标有误差。

(9)全站仪自动照准不准

解析:全站仪自动照准不能照准棱镜中心,方位角计算有误差。

(10)基座问题

解析:全站仪的调平基座有问题,致使气泡不能调平或全站仪转向时气泡跑偏造成测角精度降低。

(11)移站前后的测站精度不一致

解析:移站前未调平气泡,重新后视定向,并完整地进行一次周期测量,致使盾构姿态不是当前位置的真实姿态;移站、复核前的吊篮坐标有偏差。

(12)吊篮位置所在的管片不稳

解析:安装吊篮位置的管片发生了旋转、位移、震动、沉降;旋转会引起方位偏差,随着距离增大,方位偏差也会连续累积放大;位移会引起全站仪测站横向点位误差;震动会引起全站仪不能照准目标棱镜,周期测量失败或光斑跳动计算方位有误差;沉降会引起全站仪测站纵向坐标变化。

(13)全站仪至激光靶(棱镜)距离较远

解析:全站仪在同等测角精度的情况下,随着全站仪至目标棱镜的距离增大,水平方位误差也会连续累积放大。

(14)后视棱镜测量错误

解析:在全站仪至后视的方向上,仪器误把周边其他反光体当成后视棱镜,并且测量完成,造成后视方位错误,以后视方位为基准的前视方位角也是错误的。

(15)激光靶距离盾体较远

解析：一些盾构(TBM)掘进施工中，激光靶安装在某节台车上距离盾体较远，全站仪测量后视方位有误差时，解算至盾体位置方位误差就会随着距离增大而连续累积放大。

(16)测量环境

解析：震动环境下不仅引起光斑抖动，计算方位有误差，还会带来点位误差；气流不均及扰动也会引起捕获光斑抖动或减少，计算方位有误差。

2. 盾体前部跳动较大，盾尾跳动较小

(1)激光靶不稳

解析：激光靶安装不牢固或安装部位受外力影响，在推进过程中发生抖动会造成光斑位置提取有误差，影响计算前部姿态的方位角精度。

(2)倾斜仪不稳

解析：倾斜仪不稳造成姿态计算的姿态角有误差，其中转动角影响水平姿态，俯仰角影响高程姿态。

(3)外源光干扰

解析：除了全站仪激光外，有其他外源光射入激光靶时，会出现多光斑，干扰了光斑坐标提取，激光靶方位计算就会产生误差。

(4)盾构掘进振动

解析：掘进过程中盾构(TBM)振动强度比较大，对光斑提取和倾斜仪角度都会产生误差。

(5)马达棱镜间距小

解析：通过两棱镜解算盾构方位角时，棱镜间距小，测量误差会累积放大。

(6)全站仪到棱镜距离远

解析：全站仪到目标棱镜距离增大，激光靶接收的全站仪激光亮度变弱，易产生方位误差，对于棱镜系统来说，测量点位误差会放大方位误差。

(7)铰接行程

解析：系统读取铰接油缸数据，推算切口或盾尾姿态时，其他两个断面的姿态不变或变化小，在某个方向的铰接行程差发生改变，推算的切口或盾尾姿态也会变化。

(二)盾构姿态与人工姿态不符

1. 激光靶(棱镜)与盾体的相对空间位置关系发生变化

解析：(1)零位测量与盾体姿态测量时，盾体不处于同一个位置，激光靶(棱镜)与盾体的相对空间位置关系与真实关系不符。

(2)二次始发时，激光靶重新安装后未做新的始发标定，姿态角有误差。

(3)棱镜系统的倾斜仪角度未按实测真实值作调整和校正。

(4)使用过程中激光靶(棱镜)位置发生变动,与盾体的相对空间位置关系发生变化。

2. 参考点精度

解析:(1)复测姿态的参考点个数少,空间位置较小,解算的盾构姿态精度差。

(2)复测姿态的参考点点位偏差较大。

3. 测站精度

解析:盾构姿态测量与人工复核姿态测量的测站精度不一致。

4. 盾构姿态不实时

解析:人工复核姿态前未重新调平气泡和后视定向后再进行一次完整的周期测量,系统姿态不是当前最新的真实值。

二、案例分析

1. 设计隧道轴线错误——成都地铁1号线南延线华阳站—广都北站右线(2014年)

原因:电脑内保存了多个DTA数据,使用了一个错误的DTA,纵断面的圆曲线开口方向反了 。

处理措施:重新导入正确的DTA数据。

注意事项:确保电脑内保存的中线是唯一、准确的。勤复中线和管片姿态,及时发现问题。

2. 硬件安装及防护——激光靶与盾体的相对空间位置关系变化

原因:激光靶安装支架附近有油管,在掘进状态时油管受力挤压激光靶,致使激光靶与盾体的相对空间位置关系发生改变。

处理措施:移走油管,加强激光靶防护。

注意事项:激光靶安装环境稳定,周边不受其他外物挤压、剐碰。

3. 硬件安装——倾斜仪变换安装方向,盾构静止时不易发现

原因:倾斜仪安装方向反了,导向软件也未进行方向设置。

处理措施:设置倾斜仪安装方向或重新安装后再做始发标定。

注意事项:安装倾斜仪时可多方向转动倾斜仪,根据读取的倾斜仪数据检查安装方向是否准确。

第八章　变形监测

第一节　变形监测概述

在测量实践中，变形观测、变形测量、变形监测代表着同一概念，在此统称为变形监测，变形监测的对象（物体）称为变形体，为获取物体变形信息而进行的有关几何量和物理量的测量工作称为变形监测。

力的作用效果或使物体产生机械运动或使物体产生变形。变形监测不仅研究物体的变形（伸缩、弯曲、剪切、扭转等），也研究物体的运动（平移和旋转等）。物体的变形和运动统称为变形。其中，把物体的整体平移（水平位移和垂直位移）称为物体的绝对变形，把物体的旋转、伸缩、弯曲、剪切、扭转等称为物体的相对变形。

一、变形监测的任务

变形监测要回答的问题是：变形体是否有变形；若有变形，变形多大；变形产生的原因是什么；下一步发展的趋势如何。因此，变形监测的任务是，应用各种测量手段，测定变形体的形状、位置在时空域中的变化特征，并解释其发生的原因。也就是说，变形监测不仅要研究变形体的变形（绝对变形和相对变形），而且还要研究变形与空间位置、时间和力的关系。变形与空间、时间的关系分析称为变形几何分析，变形与影响因素之间的关系分析称为变形物理解释，二者统称为变形分析。实践中，可将水平与高程、空间变形特征与时间变形特征、几何分析与物理解释分开考虑，理论上，应对变形分析进行综合处理。

二、变形监测的意义

假如人们对物体产生变形的各种原因和变形规律了如指掌，则变形监测失去存在的意义。而实际上，人们对物体变形规律有所知，但知之不够，不能满足人们生产和生活的需要。这带来两方面的问题：一是现实中建造的建筑物不是百分之百的安全（因其设计基础是不完善的理论），因而需对其变形情况及时掌握，以便在问题出现时，能及时采取应对措施；二是对变形规律需要继续进行深入研究。前者构成变形监测的工程意义，后者构成变形监测的科学意义。后者往往要求很高的测量精度，所以变形监测研究主要集中在前者。

变形监测的工程意义是安全监测。在工程领域，主要是检查各种工程建筑物、地质构造、工业构件等的稳定性，以便及时发现问题和采取应对措施。例如，对沿海城市地面下沉、冰期后海面上升的监测，可以预报城市及沿海地区遭受淹没的灾害，对城市建设和土地开发利用的决策起着决定性的战略作用；对各种工程建筑及地质构造稳定性的监测，可以避免工程施工事故、保证运营安全；对于精密工程构件（例如粒子加速器的构件）的变形监测和及时调校，起着保证构件正常运转的作用；等等。地壳形变监测是预报地震的一种重要手段。许多国家都在地壳活动地带布设各种形式的监测网，测量地应变积累过程，这对中期和中短期地震预报起着极为重要的作用。

变形监测的科学意义包括更好地理解变形的机理，验证有关工程设计的理论，以及建立正确的预报变形的理论和方法。例如：对地壳板块位移的监测，用以验证板块的边界、板块的相对位移和嵌入、地壳抬高和降低的理论；对断层相对位移的监测，验证断层活动与地震的关系；对工程建筑物的变形、扭转和摆动的监测，验证工程设计理论的正确性；对病害地质的滑坡、崩塌的监测，验证岩土力学理论的正确性；等等。有的变形监测是在科学实验场或实验室进行的，这些变形监测是专门为了验证工程结构、工程材料强度、物理性质等理论问题，或从实验中通过分析、探索而启发理论思路，或从中取得经验公式的参数。

变形监测按其研究的范围可分为全球性的、区域性的和局部性的。全球性的变形监测主要是研究地极移动、地球旋转速度的变化及地壳板块的运动。地球内部物质分部的变化，导致了转动惯性矩的变化，进而改变了地球自转的速度和地极的位置。区域性的变形监测，用以研究地壳板块范围内变形状态和板块交界处地壳相对运动。前者一般从定期复测国家控制网的资料获得，后者要建立专用监测网，监测板块相对运动在其交界处造成地壳变形。随着 GNSS 技术的发展，近年来很多国家和地区都建立 GNSS 连续监测网，用于研究区域性变形。局部性的变形监测主要是研究工程建筑物的沉降、水平位移、挠度和倾斜，滑坡体的滑动以及由采矿、采油和抽地下水等人为因素造成的局部地面变形，这部分也常常被称为工程变形监测。

三、点的状态划分

变形监测是用测量技术来获取物体的变形信息，其问题仍归结为点的位置及其变化（并对其进一步分析）。在变形体上设置的点称为目标点（也称变形观测点，或变形点，或监测点）。目标点的集合构成目标点场。目标点场可分为下列几种情况：

1. 静态点场

绝对静态的点是不存在的，只要目标点相对于周围的地表与建筑物是静态的，则将其视为静态点场。静态点场就是通常测量所假定的情况，几乎所有的工程规划、设计、施工放样、竣工测量，只有在这“静态”的观点下才得以实施；否则，认为一切位置都在变动之中，是无法设计，也无法施工的。在静态点场假定下，点位与时间无关，点位误差由观测值误差引起。

2. 似静态点场

即假定，在每一期观测过程（例如一期观测时间需要一个月）中，目标点是静态的，而在各期之间（即观测周期，例如为一年），目标点的位置发生了变化。

3. 运动态点场

认为在整个变形监测期间（包括各期之间及每期观测过程），目标点的位置都在发生变化，而且具有明显的运动速度和加速度。

4. 动态点场

不仅考虑目标点的运动，而且还考虑引起运动的作用力与作用机理。

四、变形监测的原理

变形监测的原理是，在变形体的变形特征处设置一些目标点，重复测算目标点的坐标，从目标点的坐标变化中获取变形信息。

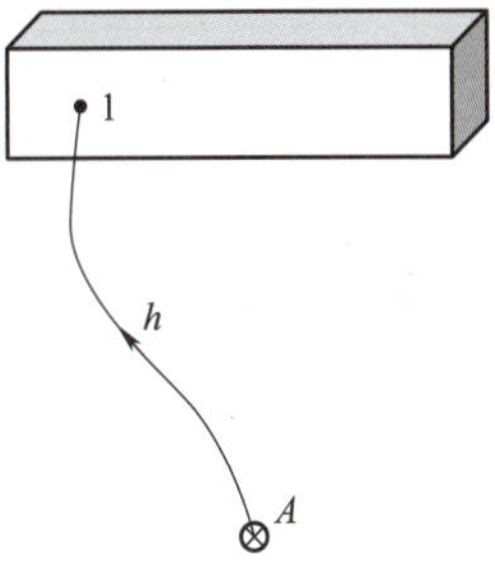

图 8-1　沉降测量简单示例

图 8-1 为沉降测量的最简单示例。由两期观测 $h^{[1]}$、$h^{[2]}$ 得相应高程

$$\begin{cases} H_1^{[1]}=H_A+h^{[1]} \\ H_2^{[2]}=H_A+h^{[2]} \end{cases}$$

从而可得高程变化量

$$s_1=H_1^{[1]}-H_1^{[2]}=h^{[1]}-h^{[2]} \tag{8-1}$$

精度

$$m_{s_1}=\sqrt{m_{h^{[1]}}^2+m_{h^{[2]}}^2}=\sqrt{2}m_h$$

s_1 的极限误差仍使用 $\Delta_{s_1极限}=2m_{s_1}=2\sqrt{2}m_h$。若 $s_1 \leqslant \Delta_{s_1极限}$，则是正常的；若 $s_1>\Delta_{s_1极限}$，则可能发生的情况有：①观测值中含粗差；②A 点发生沉降或上升；③1 点发生沉降或上升。现在，假定排除了①和②两种情况，并且将 $s_1 \geqslant \Delta_{s_1极限}$ 的判别一般化。假设观测量 $h \sim N(\tilde{h}, m_h^2)$，其中 $\tilde{h}$ 是 h 的数学期望，则 $s_1 \sim N(0, m_h^2)$，或

$$T=\frac{s_1}{m_{s_1}} \sim N(0,1) \tag{8-2}$$

因此，可以对 T 进行假设检验，原假设 $E(T)=0$，备选假设 $E(T)\neq 0$。

在原假设成立时，应有 $T \leqslant u_\alpha$（ u_α 为 u 检验的分位值，置信水平 $1-\alpha$），这时称未发现 1 点的显著沉降或上升；否则，称 1 点发生了显著沉降或上升。将 $T \leqslant u_\alpha$ 展开写成

$$s_1 \leqslant u_\alpha m_{s_1}=u_\alpha\sqrt{2}m_h \tag{8-3}$$

令

$$s_{10}=u_\alpha\sqrt{2}m_h \tag{8-4}$$

式(8-4)是在置信水平$(1-\alpha)$下可发现沉降的最小值，称为沉降灵敏度。进一步地，考

虑检验功效 γ，则式(8-4)变为

$$s_{10}=\delta_0\sqrt{2}m_h \tag{8-5}$$

式(8-5)是在置信水平$(1-\alpha)$和检验功效 γ 下可发现沉降的最小值，当然也是沉降灵敏度。例如，当 $\alpha=0.1\%$、$\gamma=80\%$时，$\delta_0=4.13$。一般情况下，在一定置信水平和检验功效下，变形监测系统能够发现的最小变形值，称为变形灵敏度，可分为位移灵敏度、沉降灵敏度、倾斜灵敏度、挠度灵敏度等。以下再举两个简单的例子。

图 8-2 为倾斜测量的最简单示例。由两期观测 $h^{[1]}$、$h^{[2]}$可得倾斜变化量

$$\alpha_{12}=\frac{s_1-s_2}{L}=\frac{h^{[1]}-h^{[2]}}{L} \tag{8-6}$$

精度

$$m_{\alpha_{12}}=\frac{\sqrt{2}m_h}{L}$$

在没有粗差情况下，当满足式(8-7)时，说明 1、2 两点间的倾斜发生了显著变化。否则，称“未发现显著变化”等。其中$\frac{\sqrt{2}\delta_0 m_h}{L}$称为倾斜灵敏度。

$$|\alpha_{12}|\geqslant\delta_0 m_{\alpha_{12}}==\frac{\sqrt{2}\delta_0 m_h}{L} \tag{8-7}$$

在图 8-3 中，记 $L=L_1+L_2$，则挠度定义为

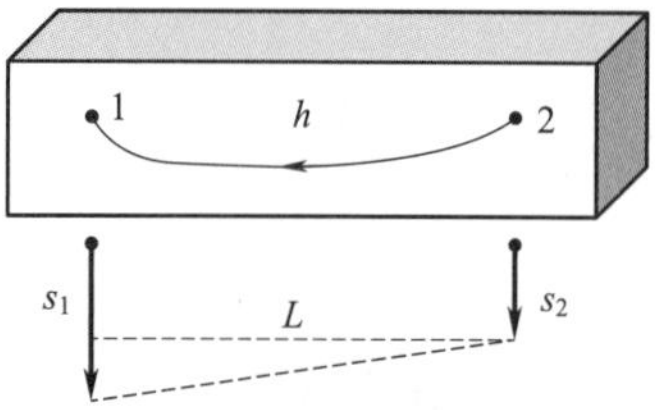

图 8-2　倾斜测量简单示意

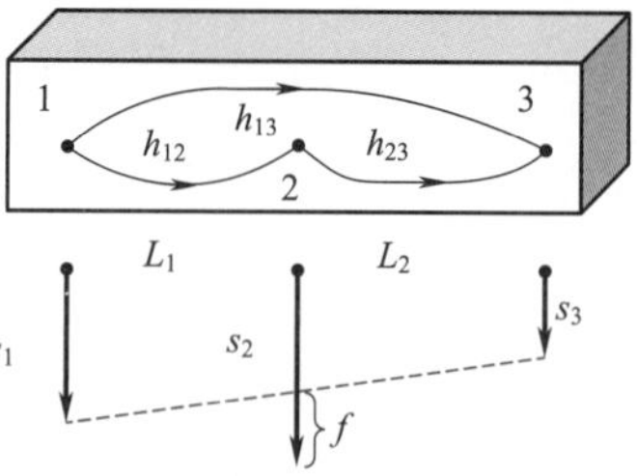

图 8-3　挠度测量简单示例

$$f=\frac{s_2-(L_2 s_1+L_1 s_3)/L}{L} \tag{8-8a}$$

或写成

$$f=\frac{L_2(s_2-s_1)+L_1(s_2-s_3)}{L^2}=\frac{L_2 h_{12}+L_1 h_{32}}{L^2} \tag{8-8b}$$

或当 $L_1=L_2$ 时写成

$$f=\frac{h_{12}+h_{32}}{2L} \tag{8-8c}$$

其精度为

$$m_f=\frac{m_h}{\sqrt{2}L}$$

在没有粗差情况下，当满足式(8-9)时，说明物体发生了显著弯曲；否则，称“未发生显著变形”等。

$$|f| \geqslant \delta_0 m_f = \frac{\delta_0 m_h}{\sqrt{2}L} \tag{8-9}$$

式中，$\frac{\delta_0 m_h}{\sqrt{2}L}$称为挠度灵敏度。

目标点形成的测量网称为相对网，如图 8-3 中 1、2、3 所形成的沉降网。

五、参考点与参考网

为了得到目标点的位置变化，需要一个稳定的点作参考，称参考点(基准点)。参考点必须稳固，即：对平面来说，参考点不能水平移动；对高程来说，参考点不能升降。设立参考点的要求是不受变形体的变形影响，在稳定的基岩上设置参考点是理想的；否则就需要远离变形体，离开变形体一定的平面距离，或深埋到地下的稳定土层。前者容易产生较大的传递误差，后者则需要将点引到地面，如深埋双金属管高程标志和倒垂标志。

措施不是结论，参考点是否稳定需靠数据证实。为此，参考点需设多个，并形成网，称为参考网(基准网)，对参考网也进行重复观测，目的是检查参考网点的稳定性，检查方法如平均间隙法。

参考点对绝对变形信息至关重要，但对相对变形信息的求取却没有关系。在多数工程变形问题中，人们较多关心工程建筑物的相对变形，而对绝对变形信息仅作为了解性的参考资料。但对大坝等工程物，绝对变形与相对变形具有同等重要的地位。一般来说，相对变形值的精度容易得到保证。

另外，生产中还存在工作基点的概念，介于目标点和参考点之间。一般在工作基点上设站观测目标点，工作基点的变形由联测参考点获得。

六、工程变形监测的内容

变形监测的内容，应根据建筑物的性质与地基情况来定。变形监测要求有明确的针对性，既要有重点，又要全面考虑，以便能正确反映出建筑物的变化情况，达到监视建筑物的安全运营、了解其变形规律的目的。

(1)工业与民用建筑物。对于基础而言，主要观测内容是均匀沉降与不均匀沉降，从而计算绝对沉降值、平均沉降值、相对弯曲、相对倾斜、平均沉降速度以及绘制沉降分布图。对于建筑物本身而言，则主要是倾斜与裂缝观测。对于工业企业、科学试验设施与军事设施中的各种工艺设备、导轨等而言，主要观测内容是水平位移和垂直位移。对于高大的塔式建筑物和高层房屋，还应观测瞬时变形、可逆变形和扭转(即动态变形)。

(2)土工建筑物。以土坝为例，其观测项目主要为水平位移、垂直位移、渗透(浸润线)及裂缝观测。

(3)钢筋混凝土建筑物。以混凝土重力坝为例,其主要观测项目为垂直位移(从而可以求得基础与坝体的转动)、水平位移(从而可以求得坝体的挠曲)及伸缩缝的观测。以上内容通常称为外部变形观测,也就是用测量的方法求出建筑物外形在空间位置方面的变化。此外,由于混凝土坝是一种大型水工建筑物,其安危影响很大,设计理论也比较复杂,除了观测其外形的变化外,还要了解其结构内部的情况。例如混凝土应力、钢筋应力、温度等,这些内容通常称为内部观测。它一般是将电学仪器(或其他仪器)埋设在坝体内部,以电缆(管道)连至廊道内,定期进行观测。外部观测与内部观测之间有着密切的联系,应该同时进行,以便在资料分析时可以互相补充、互相验证。

(4)地表沉降。对于建立在江河下游冲积层上的城市而言,由于工业用水需要大量地吸取地下水,而影响地下土层的结构,将使地面发生沉降现象。例如,我国某城市地表沉降观测的成果表明地表有时沉降、有时回升,这与季节性地吸取地下水有关。对于地下采矿地区而言,地下大量的采掘,也会使地表发生沉降现象。这种沉降现象严重的城市地区,暴雨以后将发生大面积的积水,影响居民的生活,有时甚至造成地下管线的破坏,危及建筑物的安全。因此,必须定期地进行观测,掌握地表沉降与回升的规律,以便采取防护措施。

为了更全面地了解影响工程建筑物变形的原因及规律,以及有些特种工程建筑物的要求,有时在勘测阶段就要进行地表形变观测,以研究地层的稳定性。

七、变形监测技术

1. 常规的大地测量方法

常规大地测量方法是指通过测角、量边、水准等技术来测定变形的方法,它具有下列一些优点:

(1)能够提供变形体整体的变形状态;

(2)观测量通过组成网的形式可以进行测量结果的校核和精度的评定;

(3)灵活性强,能够适应于不同的精度要求、不同形式的变形体和不同的外界条件。

它包括下列一些典型的测量技术:

①精密高程测量

高程测量一般通过几何水准测量或者电磁波测距三角高程测量的方法获得。在变形监测中,多采用水准测量或光电三角高程重复测量目标点间的高差,确定其变化量。

②精密距离测量

重复精密测距可测定目标点在某个方向上的相对位移。早期的测距工具是因瓦基线尺。目前因瓦基线尺仍然是有效的精密测距工具,但它不适应于距离远、地表起伏不平或跨越深沟的区域。20世纪70年代以来,各种型号的精密光电测距仪或全站仪广泛应用于变形监测,使得变形监测中的精密距离测量变得非常便利。测距精度由毫米提高到亚毫米精度。长距离测距需要解决大气折光问题。20 世纪 90 年代以后，由于 GNSS 的广泛应用，长距离测距仪已被 GNSS 所取代。

③角度测量

角度测量分为水平角测量和垂直角测量。全站仪已经成为角度测量的主要工具，目前已可以实现自动搜索目标、锁定目标、自动学习、自动测角、自动测距。

④重力测量

地面高程的变化也可以间接地用重力测量测定。目前重力测量的精度约 10 μGal，相当于高程变化 30 mm。这样的精度虽然不够高，但是由于重力测量的成本比较低，因此在较大范围的地面变形监测中，重力测量可以作为水准测量的补充。重力测量一般可以用于：

a. 在地震预报时，测定和解释地面的垂直运动，监测和解释地震后地壳的垂直运动。

b. 在火山地区结合水准测量和重力测量可以发现地下岩浆的运动。

c. 研究用于采油、抽地下水和利用地热蒸气等造成的地表变形。

d. 研究地壳的板块运动和变形。

2. 专门测量手段和技术

(1)液体静力水准测量

它是利用静止液面原理来传递高程的方法，是利用连通管原理测量各点处容器内液面高差的变化以测定垂直位移的观测方法，可以测出两点或多点间的高差，适用于混凝土坝基础廊道和土石坝表面垂直位移观测。一般将其中一个观测头安置在参考点，其他各观测头放置在目标点上，通过它们之间的差值就可以得出目标点相对参考点的高差。该方法无需点之间的通视，容易克服障碍物之间的阻挡，另外还可以将液面的高程变化转换成电感输出，有利于实现监测自动化。

(2)准直测量

准直测量就是测量目标点偏离基准线垂直距离的过程，它以观测某一方向上点位相对于基准线的变化为目的，包括准直法和铅直法两种。准直法为偏离水平基线的微距离测量，该水平基准线一般平行于被监测的物体。基准线一般可用光学法、光电法或机械法产生。铅直法为偏离垂直基准线的微距离测量，过基准点的铅垂线作为垂直基准线，该基准线同样可以用光学法、光电法或机械法产生。

(3)应变测量

应变是相对距离的变化。设两点之间的距离为 l，相对距离的变化为 Δl，那么 $\Delta l/l$ 为应变。应变可通过材料的物理参数与应力建立关系，因此它是变形观测中重要的观测量。

应变计有机械式和电子式两种。前者是两点间安装一根金属杆或金属丝，测量两点间距离的变化。后者有多种形式，常用电阻应变片。电阻应变片的基本原理是基于导体的应变效应，也就是利用导体的电阻随机械变形而变化的物理现象。这种测量方式成本比较高，对环境要求也比较高，而且误差比较大。

由于传统的应变测量方法具有诸多缺点，因而近年来发展了一些先进的方法，如光纤光栅法。基本原理是利用光纤中的自然布里渊散射光的频移变化量与光纤所受的轴向应变之间的线性关系，得到光纤的轴向应变。采用布里渊散射光时域反射测量计测量光纤内光的频率变化。当激光脉冲光从光纤一端输入后，光纤中就会发生沿着光纤背向传播到入射端的散射光。这些背向散射光，根据其频率和强度，可分为瑞利散射光、拉曼散射光和布里渊散射光等。布里渊散射光是由于入射的单频光与介质中产生的声波发生相互作用，介质的固有频率使光的频率产生漂移时而产生的。当激光脉冲由光源出发，经光纤传播时，在光纤中产生散射光，其后向散射光返回并由探测器监测到。当光纤在某一点受力而产生形变，甚至断开，光纤介质中背向传播的布里渊散射光频率就会发生变化，由于应变量和频率漂移量间存在着良好的线性关系，通过比较光源脉冲与后向散射光的强度可以判断光纤的通断情况及位置。光纤传感器具有测量精度高、动态范围大、频带宽并可实现绝对测量以及抗电磁干扰、耐腐蚀等优点，而且光纤体积小、柔软并可弯曲，能以任意形式复合于被测材料结构中而不影响材料的性能。因此，可将光纤传感器埋入混凝土结构中，用于各种建筑物的测量，如高大的楼房、桥梁及大坝等。

(4)倾斜测量

倾斜测量有相对于水平面和相对于垂直面两类。前者主要有监测地面倾斜和建筑物基础倾斜，而后者主要有监测高层建筑物倾斜。相对于水平面倾斜可以通过测定两点间相对沉降方法来确定，也可以用倾斜仪测定。常用倾斜仪有水准管式倾斜仪、气泡式倾斜仪和电子倾斜仪。相对于垂直面倾斜测量的关键是测定建筑物顶部中心相对于底部中心，或者各层上层中心相对于下层中心的水平位移矢量。建筑物倾斜观测的基本原理大都是测出建筑物顶部中心相对于底部中心的水平偏差来推算倾斜角，常用倾斜度(上下标志中心点间的水平距离与上下标志点高差的比值)来表示。

根据建筑物高低和精度要求不同，倾斜观测可采用悬挂垂球法和激光铅垂仪法等多种观测方法。悬吊垂球测定偏差的方法比较简单，但是要求在建筑物顶端能够悬挂垂球线。激光铅垂仪法是在顶部适当位置安置接收靶，在其垂线下的地面或地板上安置激光铅垂仪，在接收靶上直接读取或量出顶部的水平位移量和位移方向。

3. 空间测量技术

(1)GNSS 测量

GNSS 的出现给导航定位带来了革命性的变革，相比于传统的测绘作业及方法有着显著的特点和优越性，即：它不受天气的干扰，定位精度高，点位间无需通视，容易实施长距离的精确三维定位，可以进行实时测量，具备良好的自动化和集成性能。GNSS 测量以其精度高、速度快和全天候等优点成为当今先进的变形观测手段。GNSS 用于变形观测有两种基本模式：一种是按一定频率重复测量变形网，得出各目标点的位移；另一种是 GNSS 接收机固定安置在测点上，实现连续观测。

当然，GNSS 定位技术也有不足的方面，主要是目标点所处的天空应具备良好的开阔度，以确保能接收到 4 颗以上卫星发射的图形强度较好的信号。另外，目前大地测量型的接收机价格仍然偏高，限制了很多工程部门用于连续变形监测。为此，目前有下列两个方面的发展。

① GNSS 一机多天线技术

精密的测量型 GNSS 接收机价格很高，若采用常规的 GNSS 测量方案，每个测点需有一套 GNSS 测量设备，成本会随着测点的增加呈几何级数的递增。因此，建立起一个较大型的 GNSS 测量系统往往需要很大的经费预算，从经济角度来看是不合适的。高成本的精密测量型 GNSS 接收机极大地制约了 GNSS 在变形监测领域的应用。针对这一问题，GNSS 一机多天线系统应运而生，它使得一台 GNSS 接收机通过一个电子转换开关同时连接多个天线并保证 GNSS 信号完整可靠。8 个乃至 20 多个目标点共享一台 GNSS 接收机，整个监测系统的成本将大幅度下降。目前 GNSS 一机多天线系统已成功地用于国内外多项变形观测工程中，如小湾电站边坡稳定监测。

② 伪卫星定位技术

伪卫星，又称“地面卫星”，是从地面某特定地点发射类似于 GNSS 的导航信号，采用的导航电文格式与 GNSS 基本一致。由于伪卫星发射的是类似于 GNSS 的信号，并工作在 GNSS 的频率上，所以用户的 GNSS 接收机可以同时接收 GNSS 信号和伪卫星信号，而不必增设另一套伪卫星接收设备。地面建立的伪卫星站不仅可以增强区域性 GNSS 卫星导航定位系统，而且可以提高卫星定位系统的可靠性和抗干扰能力。

GNSS 定位的精度和可靠性主要取决于跟踪的可见卫星数量和几何图形分布两个重要因素。对于城市高楼密集区的“城市峡谷”和位于深山峡谷中的水库大坝而言，由于 GNSS 信号受遮挡，使得接收到的 GNSS 卫星数较少、卫星几何图形分布不佳，因此 GNSS 定位精度大大降低，不能满足定位要求。此外，应用 GNSS 技术进行精密测量，目前在水平方向的定位精度可达到毫米级；但在垂直方向，GNSS 定位精度较差，通常是水平定位误差的 2～3 倍，有时难以满足要求。因此，提高 GNSS 定位精度，特别是提高其垂直方向的精度，是目前亟需解决的一个关键问题。此外，目前在隧道、室内、地下还无法直接使用 GNSS 卫星信号。伪卫星定位技术是解决上述 GNSS 卫星导航和定位现存问题的有效途径之一。

伪卫星用于变形观测，常采用的模式是和 GNSS 构成组合系统，即在合适的地方安装伪卫星以增强定位的几何强度。近年来伪卫星增强 GNSS 定位技术用于精密测量受到广泛重视，如桥梁变形监测、大坝变形监测及矿山安全监测。

(2)合成孔径雷达干涉测量(InSAR)技术

20 世纪 50 年代，合成孔径雷达(SAR)系统开始在美国军队中使用。后来，美国航空航天局(NASA)喷气推进实验室和密执安环境研究所将 SAR 转为民用。20 世纪 90 年代，SAR 系统进入了高速发展阶段，SAR 卫星也日渐增多。InSAR 技术是近年来迅速发展起来的一种微波遥感技术，是利用合成孔径雷达的相位信息提取地表的三维信息和高程变化信息的一项技术，目前已成为国际遥感界的一个研究热点。

InSAR 技术可以测量地面点的高程变化，是目前空间遥感技术中获取高程信息精度最高的一项技术。由于它可以获得全球高精度、高可靠性（全天时、全天候）地表变化信息，因而能够有效地监测由自然和人为因素引起的地表形变。具体来说，InSAR 技术的基本原理是通过雷达卫星在相邻重复轨道上对同一地区进行两次成像，利用其所记录的相对相位进行干涉处理，通过计算可获取地形高程数据。

运用合成孔径雷达干涉及其差分技术（D-InSAR）进行地面微位移监测，是近年来发展起来并得到日益重视的新方法。对不同地区地面形变的最新研究结果表明，D-InSAR 技术在地震形变、冰川运移、活动构造、地面沉降及滑坡等研究与监测中有广阔的应用前景，具有不可替代的优势。与其他方法相比，用 InSAR 和 D-InSAR 技术进行地面形变监测的主要优点有：

①覆盖范围大，方便迅速；

②成本低，不需要建立监测网；

③空间分辨率高，可以获得某一地区连续的地表形变信息；

④可以监测或识别出潜在或未知的地面形变信息；

⑤全天候，不受云层及昼夜影响。

由于 D-InSAR 技术能获得厘米级甚至毫米级的高精度三维形变信息，因而该技术可用于地球表面形变场（包括地震、火山活动、冰川漂移、地面沉降及山体滑坡等引起的地表位移）的监测。早期 D-InSAR 技术主要用于探测形变比较明显的地震和火山活动，随着该技术的不断成熟和研究的不断深入，其应用重点已逐渐转移到地面沉降和山体滑坡等微小地形变化领域。

4. 摄影测量和激光扫描技术

（1）摄影测量技术

摄影测量具有下列优点：

①不需要接触被监测的变形体；

②观测时间短，外业工作量小，可以大量减少野外测量工作量，快速获取变形过程；

③信息量大、利用率高。摄影测量方法可以同时测定变形体上任意点的变形信息，对变形前后的信息做各种处理后，通过底片可以获得变形体任一位置的状态等。

由于摄影测量具有以上优点，因此摄影测量常应用于某些变形监测中。用摄影测量方法测定各种工程建筑物、滑坡体等的变形，其方法就是在这些变形体的周围选择稳定点，在目标点上安置照相机或者摄像机，对变形物体进行拍摄，然后通过内业处理得到变形体上目标点的二维或者三维的坐标，通过不同时期相同目标点的坐标变化得到它们的变化情况，从而得到建筑物的变化。

（2）激光扫描技术

激光扫描技术也是非接触测量的重要手段，利用激光扫描获得的数据真实可靠，最直接地反映客观事物实时的、变化的、真实的形态特性，所以人们将激光扫描技术作为快速获取空间数据的一种有效手段。国外一些发达国家已将这一先进技术用于对地观测系统和快速获取特定目标的立体模型。

激光扫描测量是通过激光扫描仪和距离传感器来获取被测目标的表面形态。激光扫描仪一般由激光脉冲发射器、接收器、时间计数器等部分组成。激光脉冲发射器周期地驱动一个激光二极管发射激光脉冲，然后由接收透镜接收目标表面后向反射信号，产生接收信号，利用稳定的石英时钟对发射与接收时间差作计数，经由电脑对测量资料进行内部处理，显示或存储、输出距离和角度资料，并与距离传感器获取的数据相匹配。最后经过相应的数据后处理软件进行一系列的数据处理，获取目标表面三维坐标数据，从而进行各种量算或建立立体模型。

与传统的测量手段相比，激光扫描技术有其独特的优势：能全天候工作；数据量大、精度较高；获取数据速度快，实时性强；全数字特征，信息传输、加工和表达容易。激光扫描测量可以应用于建筑物特征的提取、监测滑坡、度量岩石等的裂缝，还可以记录和监测古建筑物。

八、变形监测数据处理

变形监测数据处理包括粗差检验、方差估计、平差、变形分析、数据管理等。

变形观测中的粗差必须有效剔除，否则，将粗差的影响当作变形值，产生的后果是严重的。观测量的方差估计是为了精确定权，这对于精确求取变形参数是有利的。平差计算是必要的，单期数据的平差与普通测量差别不大，多期观测数据应进行联合平差。变形分析包括几何分析和物理解释，前者是分析变形的时空特性。后者是分析变形与影响因素之间的关系。变形分析还用于变形预报。变形分析的过程可分为三步：一是，将变形观测结果汇总成表、展点成图，如变形分布图、变形过程图等；二是，基于对变形观测结果表、图的观察和对变形规律已有的认识，为变形分析选配一个或多个模型；三是，函数式的求解、筛选与检验。

变形监测资料可能是由不用的方法在不用的时间采集的，因此需要综合利用。另外，变形观测是重复进行的，多年观测积累了大量的资料，必须有效地管理和利用这些资料。

九、变形监测的特点

变形监测与普通测量的最明显区别是重复观测，根据重复观测结果的差别分析出所需要的变形信息。重复观测的间隔即观测周期，一般根据变形体的管理要求和变形发展情况来确定。有些变形需做连续观测。

不同的变形体有不同的变形精度要求，之间甚至相差很大，这与其他应用测量项目一样。但变形监测精度要求较高，观测误差往往要求在变形允许值的 1/10～1/20 之间，甚至要求更高的测量精度。

任何一种测量技术都有可能用于变形监测，尤其对于大型工程建筑物，如大坝变形监测，需要多种测量技术的综合运用，大坝外部观测可采用常规大地测量技术或 GNSS 技术，大坝内部观测则要采用多种准直测量技术和正、倒锤测量技术等。

变形监测的目的是获取变形分析中的参数，而不是点的坐标。点的坐标只是变形监测中非常重要的中间结果。

变形监测的前提不是对变形体的变形规律一无所知，而是了解不够。因此，充分利用人们对变形规律已有的研究成果，对变形监测方案的设计、变形模型的选择非常必要。

变形体的变形一般很小，所以变形监测数据处理的首要任务是将变形值与测量误差区分开，然后对变形值进行几何分析与物理解释。在对变形体进行长期观测过程中，多期观测数据的处理与管理是一件重要与复杂的工作。

变形分析模型的建立需要相关学科知识，相关学科包括力学、地球物理学等。

十、变形监测的发展趋势

1. 在测量技术方面

(1)多种传感器、数字近景摄影、测量机器人和 GNSS 的应用，将极大促进实时、连续、高效、自动化、动态监测系统的建立。

(2)变形监测自动化将极大提高时空采样率，将为变形分析提供极丰富的数据信息。

(3)高度可靠、实用、先进的测量仪器和自动化系统，将在恶劣环境下长期稳定可靠地运行。

(4)远程在线监控或网络监控将在重大工程安全监控管理中发挥巨大作用。

2. 在变形分析方面

(1)数据处理与分析将向自动化、智能化、系统化、网络化方向发展，时空模型和时频分析(尤其是动态分析)将得到重点研究，数字信号处理技术、数据挖掘技术将发挥重要作用。

(2)对各种方法和模型的实用性研究将得到加强，变形监测系统软件的开发不会局限于某一固定模式，变形分析新方法仍将不断出现。

(3)由系统论、控制论、信息论、耗散结构论、协同学、突变论、分形与混沌动力学等所构成的系统科学和非线性科学将得到进一步应用。

(4)变形几何分析和物理解释的综合、变形非线性系统问题的研究将逐步展开，以知识库、方法库、数据库和多媒体为主题的安全监测专家系统的建立是未来发展的方向。

第二节　隧道监控量测

一、监测内容

隧道监测主要指的是在施工过程中运用各种仪表、仪器，对隧道围岩及衬砌技术状况的监测，以确保隧道施工的安全，并为后续施工提供数据，指导后续施工。

隧道监测的内容一般分为必测项目及选测项目。必测项目主要分为洞内外观察、周边收敛、拱顶下沉及地表下沉四类。

(1)洞内外观察主要在开挖及初期支护后进行,主要观察洞内掌子面施工状态及洞外地表和周边建筑物的变形情况。

(2)周边收敛主要是利用收敛计、全站仪等仪器对隧道内两侧壁测点间连线的相对位移进行观测,一般情况下,按每 5～50 m 设置一个断面,每断面布置 2～3 对测点。

(3)拱顶下沉量测断面布置与周边收敛量测断面布置相同,每个断面可布置 1～3 个测点,测点间距 2～3 m,并根据相对位移法来推算拱顶的位移情况(分下沉和上移两种情况)。

(4)地表沉降观测主要是测定隧道经过地段的地表下沉区域及下沉量。主要测量工具为水准仪、塔尺,测点布置在隧道上方开挖可能引起的地表沉降区域,根据地表纵向坡度确定地表测量断面数,一般不少于 3 个,间距 5～10 m。

选测项目内容较多,常见选测项目有:地质超前预报(地质调查法),红外探水(采用红外探水仪),中夹岩弹性波测试(TGP 隧道超前地质预报系统),系统锚杆轴力测试(采用钢筋计、锚杆测力计),洞内围岩内部位移(采用多点位移计),围岩压力及层间支护间压力(采用压力盒),钢支撑内力(采用钢筋计、表面应力计等),支护衬砌内力、表面应力及裂缝(采用混凝土应变计、裂缝测宽仪等),渗压力及渗水量(采用渗压计)等。

隧道监测是隧道安全施工的保证,也是检验施工预设计、调整支护参数以使设计、施工更合理的依据。隧道监测人员需要有敏感的意识,综合必测和选测项目,为隧道安全建设保驾护航。

二、监测方法及频率

1. 地表沉降观测点布置

垂直隧道轴线在洞口浅埋段设置监测断面,隧道范围内从拱顶位置左右间隔 2～5 m 对称布设沉降观测点(视现场情况定),在一个观测断面应设 7～11 个测点,隧道中线附近测点应适当加密,隧道中线两侧量测范围不应小于 H_0+B,地表有控制性建(构)筑物时,监测范围应适当加宽,其测点布置如图 8-4 所示。

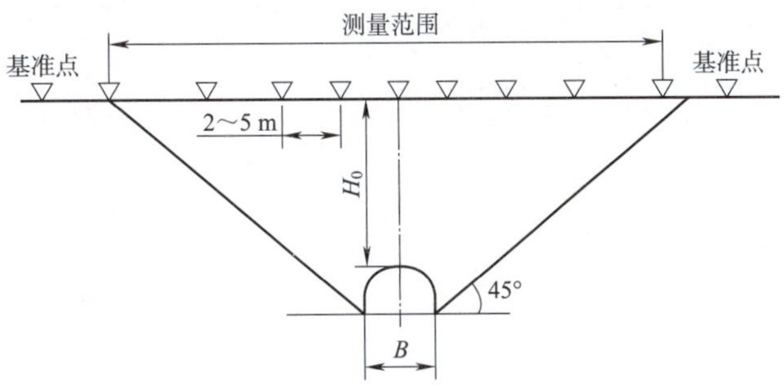

图 8-4　地表沉降横向测点布置示意

2. 洞内拱顶下沉、拱脚下沉和净空收敛测点布置及埋设要求

全断面、台阶法和CRD法开挖隧道内拱顶沉降和净空收敛测点布置如图8-5～图8-8及表8-1(拱脚邻近部位的收敛测点兼作拱脚下沉测点)。

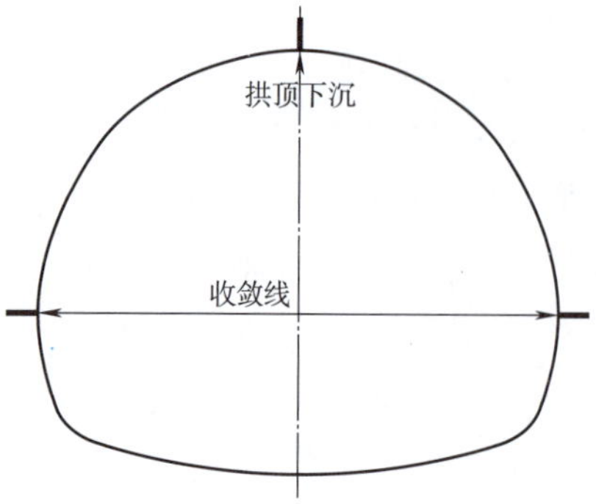

图8-5　全断面开挖隧道监测点布置示意

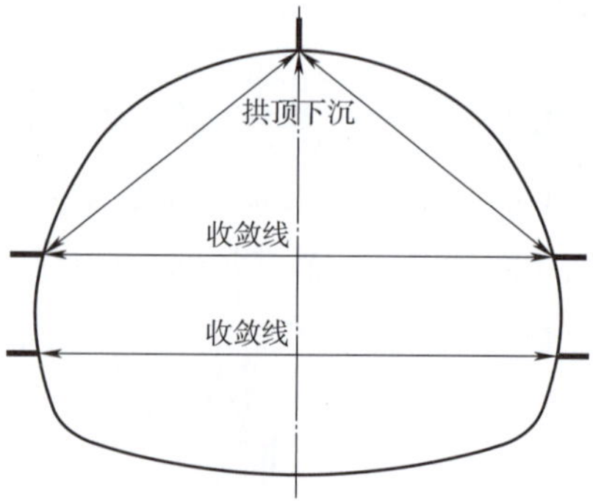

图8-6　台阶法开挖隧道监测点布置示意

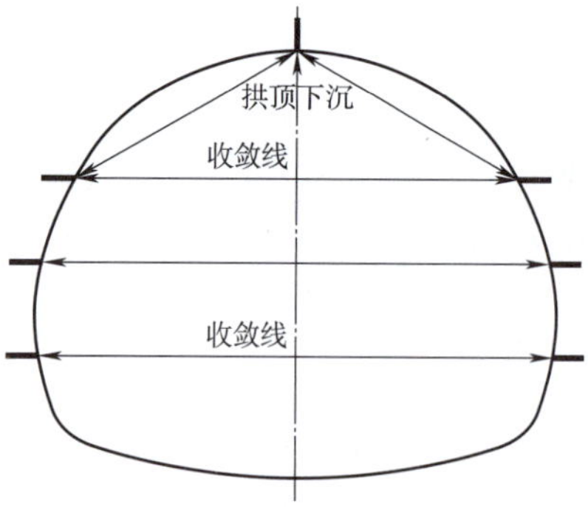

图8-7　三台阶法开挖隧道监测点布置示意

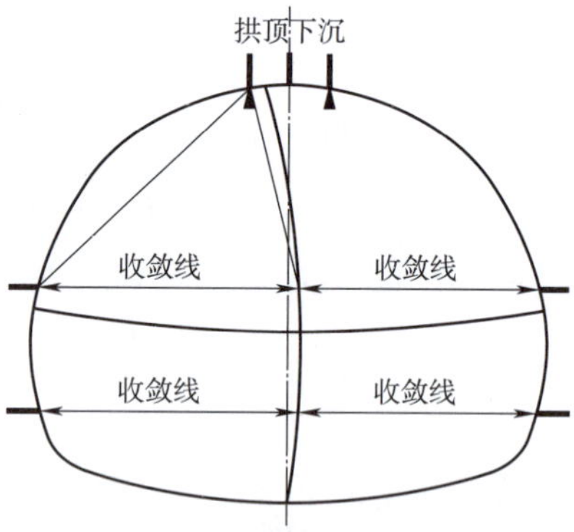

图8-8　CRD法开挖隧道监测点布置示意

表8-1　净空收敛量测测线布置

开挖方法	测线布置	
	一般地段	特殊地段
全断面法	一条水平测线	—
台阶法	每台阶一条水平测线	每台阶一条水平测线,两条斜测线
分部开挖法	每分部一条水平测线	CRD法上部、左右侧部的每分部一条水平测线、两条斜测线;其余分部一条水平测线

(1)埋设位置应严格按照隧道监控量测点布设要求埋设,不得随意加减监控量测点和随意更改里程,并且埋设在同一断面。

(2)观测标采用ϕ20钢筋头,斜面上贴反射片,钢筋长度根据喷射混凝土厚度+基岩上打眼深度(>0.2 m)确定;加工好的ϕ20钢筋观测标用锚固剂或砂浆进行锚固,钢筋头外露

(喷射混凝土完成后)小于 8 cm,反射片面向洞口方向,严禁将观测标直接焊接在拱架上。

(3)反射标采用 4 cm×4 cm 的徕卡专用反射贴。

(4)埋设完成后应挂有明显的标示牌,标示牌应填写完整、清晰和保持清洁,现场所有人员予以保护。量测牌如图 8-9 所示。

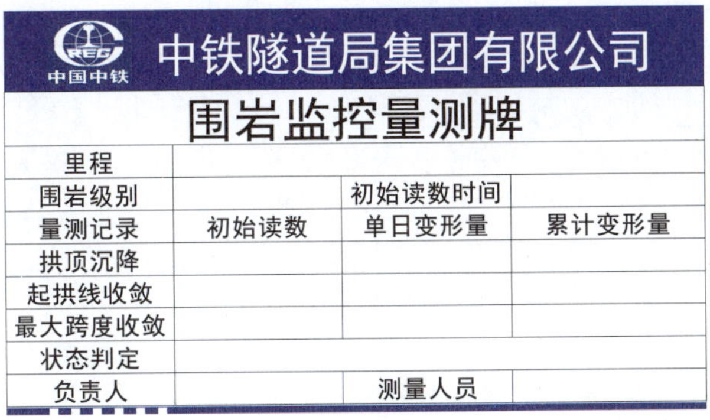

图 8-9　量测牌

注:尺寸为 400 mm×300 mm。

3. 地表沉降观测断面间距

地表沉降观测应根据隧道埋置深度、地质条件、地表有无构筑物、所采用的开挖方式等因素确定。地表沉降观测的测点应与水平净空相对变化和拱顶下沉量测的测点布置在同一横断面内,沿隧道中线,地表沉降测点纵向间距按表 8-2 确定。

表 8-2　地表沉降测点纵向间距

隧道埋深与开挖宽度	纵向测点间距/m
$2B<H_0\leqslant 2(B+H)$	15～30
$B<H_0\leqslant 2B$	10～15
$H_0\leqslant B$	5～10

注:H_0—隧道埋深;H—隧道开挖高度;B—隧道开挖宽度。

4. 洞内监控量测断面间距

隧道内拱顶沉降和净空收敛量测断面间距见表 8-3。

表 8-3　监控量测断面间距

围岩级别	断面间距/m
Ⅴ	5～10
Ⅳ	10～30
Ⅲ	30～50

5. 量测频率

按《铁路隧道监控量测技术规程》(Q/CR 9218—2024)规定,监测项目的量测频率应根据测点距开挖面的距离及位移速度分别按表 8-4 和表 8-5 确定。由位移速度决定的监控量测频率和由距离开挖面的距离决定的监控量测频率中,原则上采用较高的频率值。出现异常情况或不良地质时,应增大监控量测频率。

表 8-4　按距开挖面距离确定的监控量测频率

量测断面距开挖面距离/m	量测频率
(0～1)B	2 次/d
(1～2)B	1 次/d
(2～5)B	1 次/(2 d～3 d)
>5B	1 次/7 d

注:B 为隧道开挖宽度。

表 8-5　按位移速度确定的监控量测频率

变形速度/(mm/d)	量测频率
≥5	2 次/d
1～5	1 次/d
0.2～1	1 次/(2 d～3 d)
<0.2	1 次/7 d

当测点速率≥5 mm/d 时,监理工程师组织施工现场分析原因并采取处理措施;当测点速率连续两天大于 10 mm/d 时,监理单位组织施工单位进行原因分析和制定措施并上报建设单位批准;当测点速率>15 mm/d 时,建设单位组织设计、监理和施工单位进行原因分析和制定措施。

三、监测数据处理

使用计算机对量测资料进行整理分析,具体流程如图 8-10 所示。

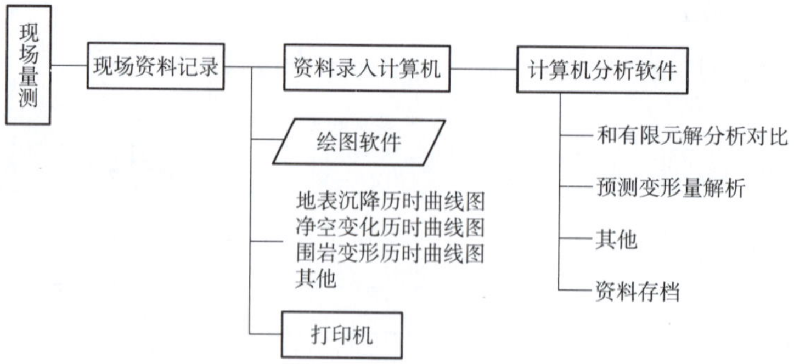

图 8-10　电子计算机量测处理流程

1. 围岩量测判释标准

(1)开挖阶段

开挖期间对初期支护结构进行观察，出现异常情况及时分析原因。

(2)支护阶段

①现场监控量测的各类数据均应及时绘制成时态曲线，当位移-时间关系曲线趋于平缓时，应进行数据处理和回归分析，以推算最终位移和掌握位移变化规律；当位移-时间关系曲线出现反弯点时，则表明围岩和支护已呈不稳定状态，此时应密切监控围岩动态，并加强支护，必要时立即暂停开挖，采取停工加固并进行支护处理。

位移-时间的正常曲线和反常曲线，如图 8-11 所示。其中反常曲线是指非工序变化所引起的位移急剧增长现象。

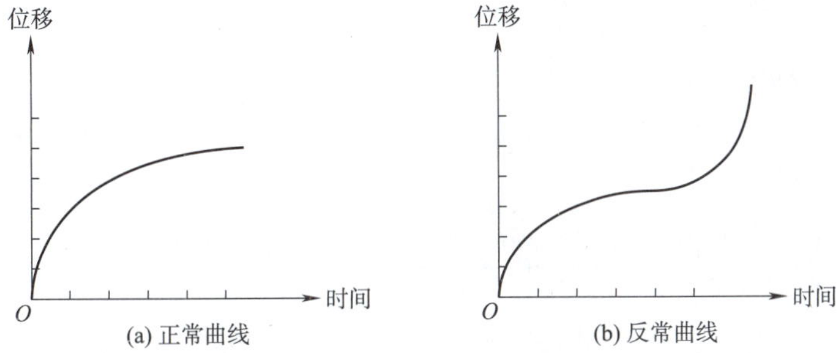

图 8-11　位移-时间特征曲线

图 8-11(a)表示绝对位移值逐渐减小，支护结构趋于稳定，可施作模筑混凝土衬砌。图 8-11(b)表示位移变化异常，出现反弯点表明初期支护出现严重变形，此时应及时通知施工管理人员，该段支护须采取加强措施，确保隧道不塌方；严重时施工人员须迅速撤离施工现场，保证施工人员安全。

②根据位移-时间曲线形态来判别围岩稳定性标准。岩体变形曲线可分为三个阶段：

a. 基本稳定阶段

主要标志是变形速率不断下降，即 $d^2u/dt^2<0$，称为一次蠕变区，表示围岩趋于稳定，其支护结构是安全的。

b. 过渡区段

变形速率较长时间保持不变，即 $d^2u/dt^2=0$，称为二次蠕变区，应发出警告，及时调整施工程序，加强支护系统的刚度和强度。

c. 破坏区段

变形速率逐渐增加，即 $d^2u/dt^2>0$，称为三次蠕变区，曲线出现反弯点，表示围岩已达到危险状态，必须立即停工加固。

围岩稳定性判别标准，是比较复杂的，它不仅同围岩类别及其他地质因素有关，而且同施工方法、支护手段等人为因素有关。因此，在评价围岩稳定程度时应根据隧道工程的具体情况，采用上述三种判别标准综合分析并反馈于设计与施工应用，比较符合实际。

③二次衬砌施作应在满足下列要求时进行：

a. 一般地段，隧道水平净空变化速度以及拱顶或底板垂直位移速度明显下降，且隧道位移相对值已达到总相对位移量的 90%以上。

b. 浅埋、软弱围岩等特殊地段，应视现场具体情况确定二次衬砌施作时间。

④隧道二次衬砌稳定判据：二次衬砌后位移速度趋近于零，支护结构的外力和内力的变化速度趋近于零。

2. 云平台、预警及应急响应

(1)隧道开挖后，测点埋设预埋件，将信息化系统建立的基础信息下载至手机，之后手机与全站仪进行连接，通过手机操作实现监测数据的采集，经确认无误后，上传至数据中心，如图 8-12 所示。

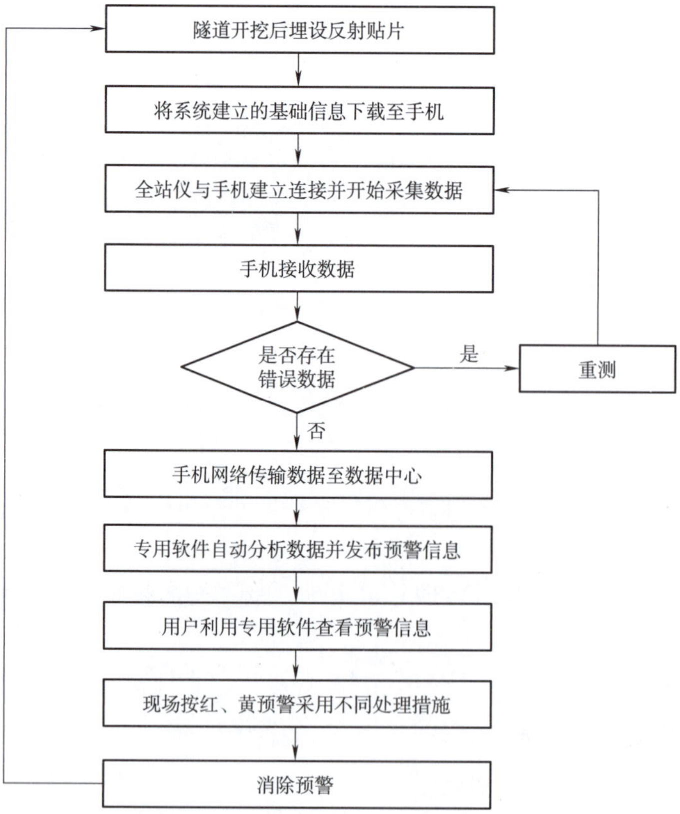

图 8-12　监控量测信息化系统工作流程

(2)通过专用软件分析与处理数据，自动生成时态曲线并进行回归分析，预测可能出现的最大值，并与位移管理等级进行比较。

①实时分析。每天根据监控量测数据及时进行分析，发现安全隐患时应分析原因并提交异常报告。

②阶段分析。按周、月进行阶段分析，总结监控量测数据的变化规律，对施工情况进行评价，提交阶段分析报告，指导后续施工。

(3)监控量测信息反馈应根据监控量测数据分析结果，对工程安全性进行评价。监控量测信息反馈程序如图 8-13 所示。根据安全等级提出的相应工程措施与建议见表 8-6。具体工程措施如下：

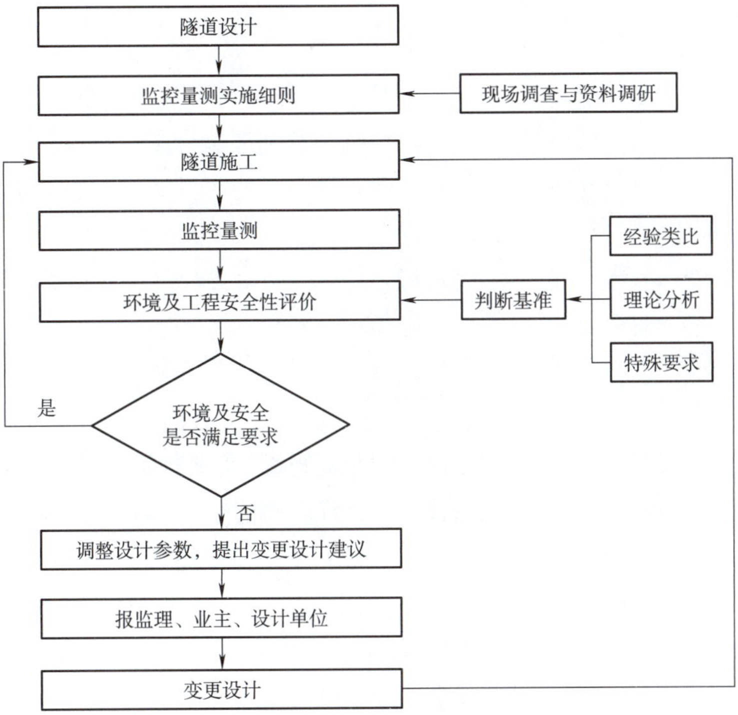

图 8-13　监控量测信息反馈程序

表 8-6　应对措施

安全等级	处理措施
正常(绿色)	正常施工
预警二级(黄色)	加强监测，必要时采取网喷混凝土等措施进行补强
预警一级(红色)	暂停施工，增设横竖支撑进行抢险；后续施工时应加强支护，调整施工工法

①一般措施：稳定开挖工作面措施；调整开挖方法；调整初期支护强度和刚度，并及时支护；降低爆破振动影响；围岩与支护结构间回填注浆。

②辅助施工措施：地层预处理，主要采用注浆加固的方法；超前支护，包括超前锚杆、管棚等。

第三节　沉降观测

为评估预测线下工程最终沉降量和工后沉降，合理确定无砟轨道铺设时间，确保铺设质量，铁路项目桥梁、路基（含过渡段）、隧道、涵洞等线下工程在建设和运用过程须进行沉降观测。线下工程沉降变形观测工作分为准备阶段、观测阶段、评估阶段。

一、沉降观测内容

线下工程沉降变形观测工作以桥梁、路基、隧道等建（构）筑物的垂直位移观测为主，路基（含过渡段）、桥涵工点水平位移监测为辅。沉降观测应综合考虑沿线路方向各种结构物间的沉降变形关系，以区段为单位实施。沉降观测方法应根据不同的工程类型、地质情况、工程措施确定，能够真实反映工后沉降状况。

沉降观测主要内容包括建立垂直位移监测网、沉降变形观测点观测及数量、数据处理和信息化平台应用等内容。

二、沉降观测方法及频率

明确基准点、工作基点与线下工程结构物相对位置；明确桥梁、路基、隧道、过渡段等结构物观测点的里程，观测断面及观测点位置与工程属性信息。

结构物的沉降观测应建立独立的沉降观测网，覆盖范围不宜小于 4 km，基准点选择应优先考虑利用已有的线路二等水准控制点。

沉降观测按《建筑沉降变形测量规程》（JGJ 8—2016）中三等精度标准执行，对于技术特别复杂工点，可根据需要按二等精度标准的规定执行。

1. 沉降观测建网

线下工程垂直位移监测一般按沉降变形等级三等的要求（相当于国家二等水准测量）施测。根据沉降变形测量精度要求高的特点以及标志的作用和要求不同，垂直位移监测网用分级布网、等精度观测、逐级控制的方法布设。具体为：在线路二等水准控制点（包括基岩水准点、深埋水准点、加密二等水准点）的基础之上，按国家二等水准测量的技术要求进一步加密设置沉降观测的工作基点直至满足工点垂直位移监测的需要。加密后的水准点（含工作基点）间距不宜大于 200 m。垂直位移监测过程中怀疑水准点（含工作基点）不稳定时，应立即进行全网或局部的复测直至能清楚地判明水准点（含工作基点）的沉降情况。

对于技术特别复杂、垂直位移监测测量等级要求二等及以上的重要桥隧工点，应独立建网，并按照国家一等水准测量的技术要求进行施测或进行特殊测量设计。

垂直位移监测网主要技术要求见表 8-7。

表 8-7　垂直位移监测网主要技术要求

变形测量等级	相邻基准点高差中误差/mm	每站高差中误差/mm	往返较差、附合或环线闭合差/mm	检测已测高差较差/mm	使用仪器、观测方法及要求
二等(国家一等)	0.5	0.15	$0.3\sqrt{n}$	$0.4\sqrt{n}$	DS_{05}型仪器，按《国家一、二等水准测量规范》(GB/T 12897)一等水准测量的技术要求施测
三等(国家二等)	1.0	0.3	$0.6\sqrt{n}$	$0.8\sqrt{n}$	DS_{05}或DS_1型仪器，按《国家一、二等水准测量规范》(GB/T 12897)二等水准测量的技术要求施测

沉降变形测量点分为基准点、工作基点和沉降变形观测点三类，其布设按下列要求：

基准点：要求建立在沉降变形区以外的稳定地区且易于保存，基准点使用全线的基岩点、深埋水准点和二等水准点，增设时按国家二等水准测量的相关要求执行。

工作基点：埋设在稳定区域，在观测期间稳定不变，测定沉降变形点时作为高程的传递点。工作基点除使用普通水准点外，按照国家二等水准测量的技术要求进一步加密水准基点或设置工作基点直至满足工点垂直位移监测需要。

沉降变形观测点：直接埋设在需要测定的沉降变形体上。点位应设立在能反映沉降变形体沉降变形的特征部位，不但要求设置牢固，便于观测，还要求形式美观，结构合理，且不破坏沉降变形体的外观和使用。沉降变形观测点按路基、桥涵、隧道等各专业布点要求进行。

2. 路基工程沉降观测

路基工程沉降变形观测以路基面沉降观测和地基沉降观测为主，应根据不同的结构部位、填方高度、地基条件、堆载预压等具体情况来设置沉降变形观测断面，同时应根据施工过程中掌握的地形、地质变化情况调整或增设观测断面。

基底沉降观测采用沉降板，路基面沉降观测采用沉降观测桩，如图 8-14 所示。路堑地段路基面沉降变形观测断面分别于路基中心及两侧路肩设置观测桩。路堑地段不做地基沉降观测，不设基底沉降观测断面。

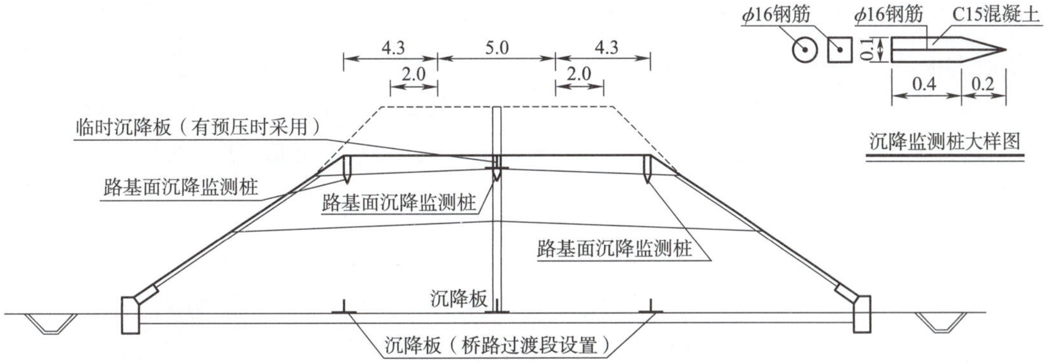

图 8-14　路基断面布置示意(单位：m)

路基沉降水准路线观测按二等水准测量精度进行，要求形成附合水准路线，沉降观测点位布设及水准路线观测示意如图 8-15 所示。

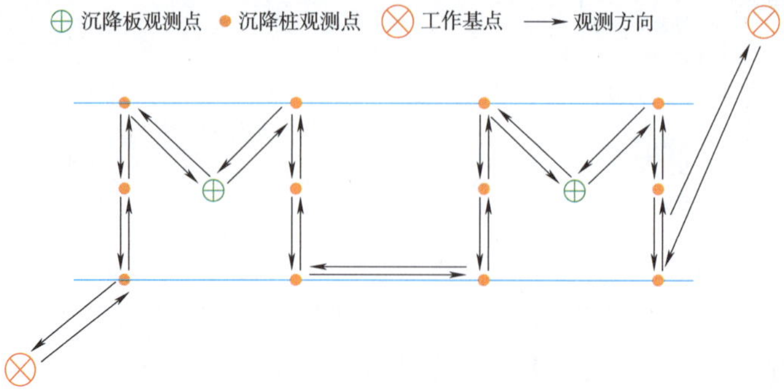

图 8-15　沉降观测点位布设及水准路线观测示意

路堤地段从路基填土开始进行沉降观测，路堑地段从级配碎石顶面施工完成开始观测。路基沉降观测频次满足表 8-8 的规定。

表 8-8　路基沉降观测频次

观测阶段	观测频次	
	观测期限	观测周期
填筑或堆载	一般	1 次/d
	沉降量突变	2～3 次/d
	两次填筑间隔时间较长	1 次/3 d
堆载预压或路基施工完毕	第 1～3 个月	1 次/周
	第 4～6 个月	1 次/2 周
	以后	1 次/月
轨道铺设后	第 1 个月	1 次/2 周
	第 2、3 个月	1 次/月
	第 3～12 个月	1 次/3 月

实际工作进行时，观测时间的间隔还须看地基的沉降值和沉降速率。当连续两次观测的沉降差值大于 4 mm 时，应加密观测频次；当出现沉降突变、地下水变化及降雨等外部环境变化时，应增加观测频次。路基施工各节点时间，包括路基堆载预压土前后、卸载预压土前后、运梁车架桥机通过前后、基床表层施工、轨道板底座施工、铺板、轨道板精调及铺轨等时间，应具有沉降观测数据。

3. 桥涵工程沉降观测

为了满足桥涵变形观测的需要，必须在梁部、桥台、桥墩及承台上设置观测标。承台和墩身观测标设置在承台或墩身两侧各 1 处；桥台观测标设置在台顶(台帽及背墙顶)，测点数量不少于 4 处，分别设在台帽两侧及背墙两侧(横桥向)；简支梁的一孔梁设置观测标 6 个，分别位于两侧支点及跨中，横向布置如图 8-16 所示。

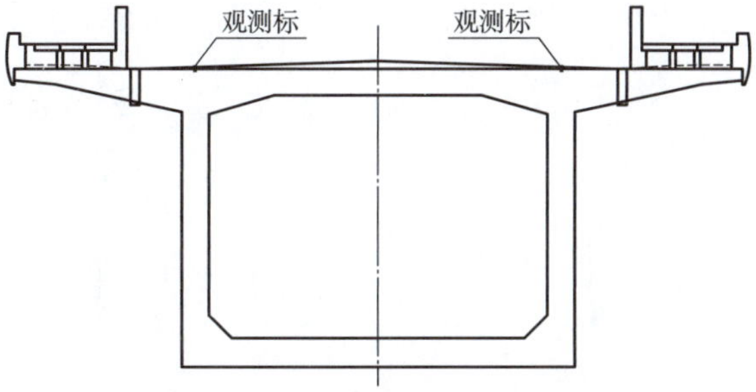

图 8-16　梁部观测点横向布置示意

连续梁上的观测标，根据不同跨度，分别在支点、中跨跨中及边跨 1/4 跨中附近设置。三跨以上连续梁中跨布置点相同，三孔一联设置 18～28 个观测标，四孔一联设置 32 个观测标，横向布置参照简支梁设置，纵向布置如图 8-17 所示。

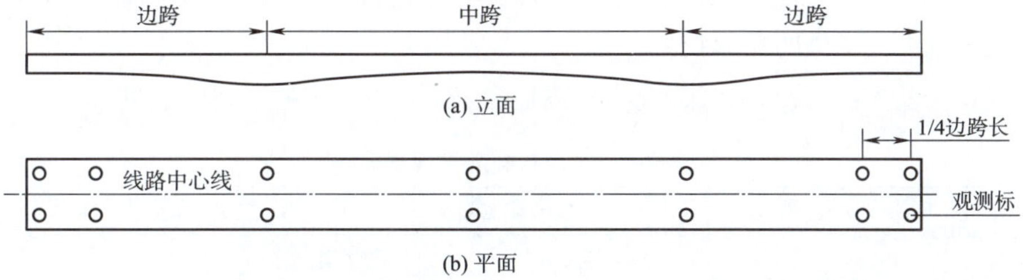

图 8-17　连续梁梁部观测点纵向布置示意

涵洞观测标原则上应设在涵洞两侧的边墙上，在涵洞进出口及涵洞中心分别设置，每座涵洞测点数量为 6 个。涵洞填土后观测点可从边墙位置移动到帽石上，涵洞进出口的帽石上各设置 2 个测点，位于帽石两侧位置。

桥梁梁部水准路线观测按二等水准测量精度要求施测，并形成闭合水准路线，沉降观测点位布设及观测水准路线示意如图 8-18 所示，其中测点 1～4 构成第一个闭合环，测点 3～6 构成第二个闭合环。

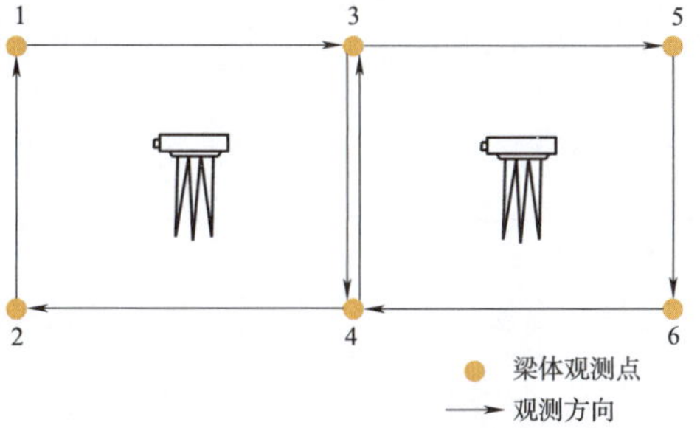

图 8-18　桥梁梁部观测点位布设及观测水准路线示意

桥梁墩台水准路线观测按二等水准测量精度进行，要求形成闭合水准路线，沉降观测点位布设于墩台两侧，观测水准路线示意如图 8-19 所示。

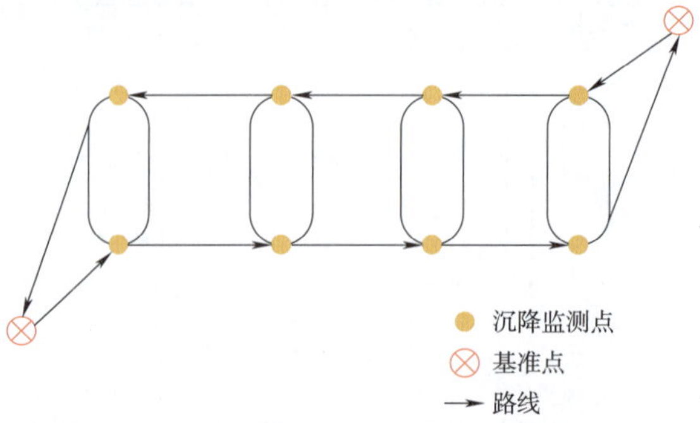

图 8-19　桥梁墩台沉降观测水准路线示意

观测技术要求：从承台施工完成后，就要开始进行沉降首次观测，承台观测标为临时观测标，当墩身观测标正常使用后，承台观测标随基坑回填将不再使用。随施工的逐步进行依次进行墩身、桥台、梁体的变形观测。

观测频次要求：墩台基础沉降观测一般根据表 8-9 中要求的时间间隔进行。

表 8-9　墩台基础沉降观测频次

<table>
<tr><th colspan="2" rowspan="2">观测阶段</th><th colspan="2">观测频次</th><th rowspan="2">备　注</th></tr>
<tr><th>观测期限</th><th>观测周期</th></tr>
<tr><td colspan="2">墩台基础施工完成</td><td>—</td><td>—</td><td>设置观测点</td></tr>
<tr><td colspan="2">墩台混凝土施工</td><td>全程</td><td>荷载变化前后各 1 次或 1 次/周</td><td>承台回填时，测点应移至墩身或墩顶</td></tr>
<tr><td rowspan="3">预制梁桥</td><td>架梁前</td><td>全程</td><td>1 次/周</td><td rowspan="3"></td></tr>
<tr><td>预制梁架设</td><td>全程</td><td>前后各 1 次</td></tr>
<tr><td>附属设施施工</td><td>全程</td><td>荷载变化前后各 1 次或 1 次/周</td></tr>
<tr><td rowspan="3">桥位施工桥梁</td><td>制梁前</td><td>全程</td><td>1 次/周</td><td></td></tr>
<tr><td>上部结构施工中</td><td>全程</td><td>荷载变化前后各 1 次或 1 次/周</td><td rowspan="2"></td></tr>
<tr><td>附属设施施工</td><td>全程</td><td>荷载变化前后各 1 次或 1 次/周</td></tr>
<tr><td colspan="2">架桥机(运梁车)通过</td><td>全程</td><td>前后各 1 次</td><td>至少进行两次通过前后的观测</td></tr>
<tr><td colspan="2">桥梁主体工程完工至无砟轨道铺设前</td><td>≥6 个月</td><td>1 次/周</td><td>岩石地基的桥梁，一般不宜少于 2 个月</td></tr>
<tr><td colspan="2">无砟轨道铺设期间</td><td>全程</td><td>1 次/d</td><td></td></tr>
</table>

续上表

观测阶段	观测频次			备　注
	观测期限		观测周期	
无砟轨道铺设完成后	24 个月	0～3 个月	1 次/月	工后沉降长期观测
		4～12 个月	1 次/3 个月	
		13～24 个月	1 次/6 个月	

注:1. 观测墩台沉降时,应同时记录结构荷载状态、环境温度及天气日照情况。
2. 架桥机(运梁车)通过时观测要求:第一次通过和第二次通过前后均需要观测;再 1 次/d,连续两次;然后 1 次/3 d,连续 3 次,以后 1 次/周。

梁体徐变观测依据表 8-10 要求的时间间隔进行。

表 8-10　梁体徐变观测频次

观测阶段	观测频次			备　注
	观测期限		观测周期	
梁体施工完成	—		—	设置观测点
预应力张拉期间	全程		张拉前后各一次	测试梁体弹性变形
桥梁附属设施安装	全程		安装前后各一次	测试梁体弹性变形
预应力张拉完成	≥60 d		1 次/d、1 次/3 d、1 次/5 d	
无砟轨道铺设前			后期 1 次/周	
无砟轨道铺设期间	全程		1 次/d	
无砟轨道铺设完成后	24 个月	0～3 个月	1 次/月	残余徐变变形
		4～12 个月	1 次/3 个月	长期观测
		13～24 个月	1 次/6 个月	

涵洞沉降观测依据表 8-11 要求的时间间隔进行,涵洞顶填土沉降的观测应与路基沉降观测同步进行。

表 8-11　涵洞沉降观测频次

观测阶段	观测频次		备　注
	观测期限	观测周期	
涵洞基础施工完成	—	—	设置观测点
涵洞主体施工完成	全程	荷载变化前后或 1 次/周	观测点移至边墙两侧
洞顶填土施工	全程	荷载变化前后或 1 次/周	
架桥机(运梁车)通过	全程	前后	至少进行两次通过前后的观测
涵洞完工至无砟轨道铺设前	≥6 个月	1 次/周	岩石地基的涵洞,一般不宜少于 2 个月
无砟轨道铺设期间	全程	1 次/d	

续上表

观测阶段	观测频次			备　　注
	观测期限		观测周期	
无砟轨道铺设完成后	24 个月	0～3 个月	1 次/月	工后沉降长期观测
		4～12 个月	1 次/3 个月	
		13～24 个月	1 次/6 个月	

注:架桥机(运梁车)通过时观测要求:1 次/d,连续两次;然后 1 次/3 d,连续 3 次,以后 1 次/1 周。

梁体徐变量计算:对于梁体的徐变变形观测,每孔梁支点之间的梁体徐变变形应以两支点的连线为基准线进行观测计算,由于下部结构沉降变形的影响,该基准线的位置会发生变化,梁体观测点至该基准线的垂直距离利用几何方法计算取得,垂直距离差值就是梁体徐变变形量。

4. 隧道工程沉降观测

隧道工程沉降观测是指隧道内线路基础的沉降观测,即隧道的仰拱部分。隧道内一般地段沉降观测断面的布设根据围岩级别和结构类型分别确定,不良地质和复杂地质区段适当加密布设。其他如洞顶地表沉降、拱顶下沉、断面收敛沉降变形等不列入本沉降观测的内容。

隧道洞口里程、隧线分界里程、明暗分界里程与衬砌类型变化处以及变形缝两侧均应布置观测断面。具体如下:隧道洞口至分界里程范围内应至少布设一个观测断面;路隧分界点处,路、隧两侧分别设置至少一个观测断面;明暗交界处、衬砌类型变化处及变形缝两侧应至少布设两个断面。

隧道沉降观测技术要求:隧道水准路线观测按二等水准测量精度要求进行,并形成附合水准路线,沉降观测点位布设于观测断面隧道内壁两侧,观测水准路线示意如图 8-20 所示。

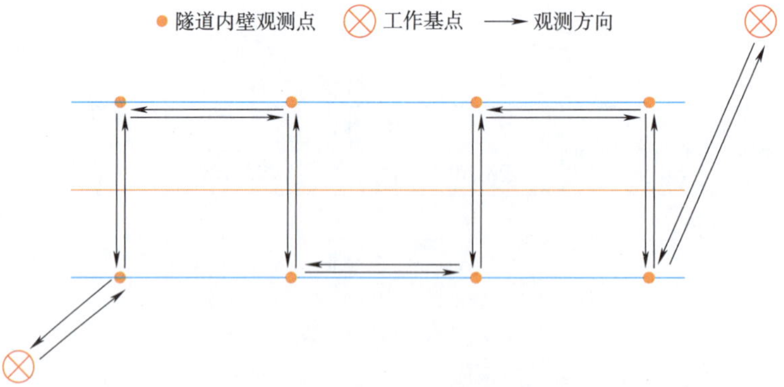

图 8-20　隧道沉降观测水准路线示意

隧道沉降变形观测根据表 8-12 中要求的时间间隔进行。每阶段的沉降观测在开始时一般每周观测一次,以后根据两次观测的沉降量调整沉降观测的频次,但两次的观测沉降量不宜大于 1 mm。

表 8-12　隧道沉降观测频次

观测阶段	观测频次		
	观测期限		观测周期
仰拱施工完成至无砟轨道铺设前	3 个月		1 次/周
无砟轨道铺设期间	全　程		1 次/d
无砟轨道铺设完成后	3 个月	0～1 个月	1 次/周
		1～3 个月	1 次/2 周

5. 过渡段工程沉降观测

不同结构物起点处和距起点 5～10 m、20～30 m 处分别设置观测断面。每个横向结构物每侧各设置一个观测断面，沿涵洞轴线设路基观测断面。每个观测断面观测点设置同路堤。

三、沉降观测评估

无砟轨道铺设前，应对线下工程沉降作系统评估，确认工后沉降和变形符合设计要求。评估除采用曲线拟合法进行线下工程的单个测点评估外，同时应进行区段线下工程综合评估。目前，国内外采用的沉降预测评估方法较多，而每种预测方法均有其一定的适用范围，需要结合线下工程不同结构物和不同地质条件下的沉降观测情况，总结沉降变形特点，选择合适的预测方法。

沉降评估控制指标见表 8-13。鉴于各指标对评估影响不同，在实际评估中应区别对待：对于核心指标，要求严格满足，任何一个指标不满足要求，不能通过评估；对于基本指标，要求整体满足，个别指标超限不大时，可以基本通过评估，同时提出完善意见；对于一般指标，要求基本满足。

表 8-13　沉降评估控制指标

指标类别	具体指标	说　明
核心指标	工后沉降	沉降变形评估首要核心指标，应严格满足，如不满足要求，决不能通过评估
	稳定性	后期沉降是否趋于稳定是反映路基沉降特征的重要指标，应严格满足，如不满足要求，决不能通过评估
	相关系数	相关系数 R 是判断曲线回归方程有效性的一个重要参数，相关系数≥0.92 时认为预测是可靠性的
基本指标	观测期	足够的观测期是线下结构完成其剩余沉降的必需条件，也是取得足够观测数据的必要条件
	可靠性	间隔不少于 3 个月的两次预测最终沉降的差值反映了两次预测的一致性，是沉降预测是否可靠的指标
	$S(t)/S(t=\infty)$	$S(t)/S(t=\infty)$提出了对沉降预测时间的基本要求

续上表

指标类别	具体指标	说　明
一般指标	观测频次	以足够高的观测频次进行观测，才能取得系统可靠的观测数据
	最终沉降量	主要用于考察是否满足 $S(t)/S(t=\infty)\geqslant 75\%$ 和地基处理的有效性
	观测数据的一致性	不同观测手段从某一侧面间接反映沉降变形的发展规律，观测数据的一致性主要用于考察不同观测手段所反映的线下工程沉降量
	设计总沉降量和预测总沉降量	对比设计总沉降量和预测总沉降量，可验证和调整设计参数与措施，使路基、桥涵、隧道等线下工程达到规定的变形控制要求

注：$S(t)$—预测时的沉降观测值；$S(t=\infty)$—预测的最终沉降值。

1. 路基工程沉降观测沉降评估

(1)判定标准

①根据路基填筑完成或堆载预压后不少于 6 个月的实际观测数据作多种曲线的回归分析，确定沉降变形的趋势。

②路基在无砟轨道铺设完成后的工后沉降，应满足扣件调整和线路竖曲线圆顺的要求。工后沉降一般不应超过扣件允许的沉降调高量 15 mm。有砟轨道路基工后沉降量不应大于 50 mm，年沉降速率应小于 20 mm/年。

③沉降预测的可靠性应经过验证，间隔不少于 3 个月的两次预测最终沉降的差值不应大于 8 mm。

④路基填筑完成或堆载预压后，最终的沉降预测时间应满足 $S(t)/S(t=\infty)\geqslant 75\%$。沉降时间以路基填筑完成或堆载预压后为起始点。

⑤设计预测总沉降量与通过实测资料预测的总沉降量之差值不宜大于 10 mm。

(2)评估方法

沉降评估采用常用的规范双曲线、修正双曲线、固结度对数配合法(三点法)、指数曲线法、遗传算法双曲线法、Verhulst 法、Asaoka 法、灰色系统 GM (1,1)算法等 8 种方法。

(3)工后沉降的计算

设计工后沉降量按 $S_{工后}=S_1+S_2$ 计算，其中 S_1 为路基铺轨后运营 100 年发生的沉降，采用曲线回归方法获得，S_2 为无砟轨道结构自重荷载发生的沉降，计算用压缩模量可根据观测资料反算获得。

(4)计算沉降和观测沉降的比较

由于影响沉降计算的因素较多，沉降计算的精度无法达到要求，因此必须通过对沉降观测数据进行系统的综合分析评估，来验证和调整设计参数与措施。

通过沉降观测和评估来确定路基的真实压缩模量，以确定无砟轨道结构自重产生的附加工后沉降。

2. 桥涵工程沉降观测沉降评估

(1)判定标准

①根据桥涵实际荷载情况及观测数据，应作多个阶段的回归分析及预测，综合确定沉降变形的趋势。首次回归分析时，观测期不应少于桥涵主体工程完工后 3 个月，对于岩石地基等良好地质的桥涵，观测不应少于 1 个月。

②墩台基础的沉降量应按恒载计算，其工后沉降量不应超过下列允许值：

a. 墩台均匀沉降量：有砟桥面桥梁，≤30 mm；无砟桥面桥梁，≤20 mm。

b. 静定结构相邻墩台沉降量之差要求：有砟桥面桥梁，≤15 mm；无砟桥面桥梁，≤5 mm。

c. 超静定结构相邻墩台沉降量之差除应满足上述规定外，尚应根据沉降差对结构产生的附加应力的影响确定。

d. 框构、旅客地道及涵洞在铺设有砟轨道时，工后沉降量不应大于 50 mm，铺设无砟轨道时，工后沉降量不应大于 15 mm。

e. 处于岩石地基等良好地质的桥梁，当墩台沉降值趋于稳定且设计及实测沉降总量不大于 5 mm 时，可判定沉降满足无砟轨道铺设条件。

③设计预测的总沉降量与通过实测资料预测的总沉降量之差不宜大于 10 mm。

④利用两次回归结果预测最终沉降的差值不应大于 8 mm。两次预测的时间间隔一般不少于 3 个月，对于岩石地基等良好地质的桥涵而言，不应少于 1 个月。

⑤预应力混凝土桥梁上部结构的变形应符合下列规定：

a. 轨道铺设后，有砟桥面梁的徐变上拱值不宜大于 20 mm，无砟桥面梁的徐变上拱值不宜大于 10 mm。

b. 终张拉完成时，梁体跨中弹性变形不宜大于设计值的 1.05 倍。

(2)评估方法

对于一座桥不仅要进行单个墩台的沉降分析，同时也要对全桥作综合评估，控制相邻桥墩的不均匀沉降。当桥很长时可根据地质情况和施工进度划分部分区段。

对于单一墩台的观测数据分架梁之前、架梁后至铺设二期恒载前、铺设二期恒载后至钢轨锁定前、钢轨锁定以后四个阶段进行归纳、分析。

综合评估时，对于预制梁桥，分桥墩台混凝土施工后、架梁前及架梁后三阶段进行；对于原位施工的桥梁及涵洞，基础沉降应根据实际施工状态及荷载变化情况，划分为基础施工完成至桥墩完成、架梁前后、架梁后至铺设钢轨之前、铺设钢轨至钢轨锁定之前、钢轨锁定之后至正式运营之前、正式运营之后等多个阶段。

桥涵沉降预测采用的曲线回归法参照路基执行。

3. 隧道工程沉降观测沉降评估

判定标准：隧道沉降观测从仰拱施工结束后立即进行，观测时间不得少于 3 个月；当地质条件较好、沉降趋于稳定且设计及实测沉降总量不大于 5 mm 时，可判定沉降满足无砟轨道铺设条件。预测的隧道基础工后沉降值不应大于 15 mm。

评估方法：隧道基础的沉降预测评估方法参照路基执行。

4. 过渡段沉降观测沉降评估

过渡段工后沉降的分析评估应沿线路方向综合考虑各观测断面和各种结构物之间的关系。对线路不同下部基础结构物之间以及不同地基条件或不同地基处理方法之间形成的各种过渡段，应重点分析评估其差异沉降。

判定标准：过渡段不同结构物间的预测差异沉降不应大于 5 mm，预测沉降引起沿线路方向的折角不应大于 1/1 000。

评估方法：过渡段工程的沉降预测评估方法参照路基执行。

5. 区段工程综合评估

按工期安排计划和施工单位管段进行区段划分，评估区段长度的划分应根据不同结构物的分布情况，结合架梁、铺轨等的具体情况综合确定。区段长度一般不宜少于 5 km，包括路基、桥涵、隧道、过渡段等不同结构物，并注意评估区段之间的衔接问题。

在对路基、桥梁、隧道和过渡段等不同结构物的基础沉降变形预测评估完成后，应绘制区段或全线的沉降预测变形曲线，进行综合评估，确认其满足铺设无砟轨道的要求。

四、沉降信息化管理平台

随着信息化管理平台的应用和推广，目前铁路工程项目均要求自动化、智能化的云数据传输、存储、处理、预警等合一的信息化平台，隶属于铁路工程管理平台下一个子系统。集权限管理、数据管理、外业采集、数据分析于一体的管理系统，以图形化的方式管理沉降测量进度、沉降数据质量等。每个区段建立独立的工点信息、测量线路、工作基点、测点信息，测量人员通过手机 App 连接电子水准仪进行外业测量，并上传至管理平台上，全程不经人工干预，保证数据质量可靠性、真实性。

1. 信息化平台管理

信息化平台数据管理包括工作基点管理、观测人员管理、仪器设备管理、工点权限管理。

(1)准备阶段

填写“观测网平面布置示意图”“观测断面与观测点工程属性信息表”，同时根据设计单位观测断面布设的位置，填写附表“沉降设计值表”中沉降设计值，以上信息同步传输云平台。

(2)测量阶段

按照时间要求同步上传云平台观测数据处理文件，包括电子水准仪原始观测数据、控制点文件、观测手簿文件、高差文件、平差文件、高差闭合差统计文件、平差计算文件、平差成果文件。

2. 数据录入与输出管理

观测点编号是观测点的标识，简洁明了地反映该观测点所在里程、观测点类型、观测点位置。为保证每个观测点的编号均为全线唯一，同时便于在电子水准仪中输入，测点编号采用格式为：里程＋测点类型编码＋测点位置编号。

(1)里程采用 7 位阿拉伯数字，前 4 位为公里标，后 3 位为百米标(取整)；测点类型编码采用 1 位英文字母；测点位置编号采用 1 位阿拉伯数字；测点编号共计九位。

(2)各种测点的测点类型编码及测点位置编号详见表 8-14。

表 8-14　测点类型编码及测点位置编号

测点类型	测点类型编码	测点位置及其对应的测点位置编号
沉降板	L	基底(1)、路基面(2)
观测桩	G	左(1)、右(2)、中(3)
承台观测标	C	观测标 1(1)、观测标 2(2)
墩身观测标	D	左(1)、右(2)
桥台观测标	T	观测标 1(1)、观测标 2(2)、观测标 3(3)、观测标 4(4)
梁体徐变观测标	X	左 1(1)、右 2(2)、左 3(3)、右 4(4)、左 5(5)、右 6(6)
涵洞观测标	H	左 1(1)、左 2(2)、中 3(3)、中 4(4)、右 5(5)、右 6(6)
隧道观测标	S	左(1)、右(2)

例如：DK40＋100.25 断面的路基面左侧观测桩的测点编号为 0040100G1，DK500＋315.23 的桥墩右侧观测标的测点编号为 0500315D2。

(3)工程类型有路基、桥梁、涵洞、隧道、过渡段。

(4)测点类型有沉降观测桩、沉降板、深层沉降仪、位移边桩、剖面管、承台观测标、墩(台)观测标、梁体观测标、涵洞观测标、隧道观测标。

3. 信息化平台使用

在平台初始化后，每个区段都有一个相应的标段应用管理员账户，由此账号授权测量人员所管理的工点，在授权之后测量人员根据各自工点类型建立相应的断面测点信息、水准路线信息等，然后使用手机 App 进行外业测量并上传服务器数据。使用手机 App 操作，能够有效地提高外业测量进度，保证数据质量。每条线路测量完成后，可以导出测量原始记录，测量人员可以自己进行数据解算平差，提交平差成果。

4. 信息化平台特殊情况处理及预警

信息化平台采用信息化、智能化管理，当出现异常情况时能够及时反馈信息，必要时需要重新测量或加密测量频次，甚至出现预警。预警信息包括黄色预警和红色预警，特殊情况下需要立即停工查明原因并及时采取施工措施。信息化平台会根据不同等级情况，自动发送相关工作提示给不同层级管理人员，以及时查明原因并采取措施。

异常情况主要包括：

(1)测量频次不足或初始值采集延迟，数据不能及时反映当前工况下构筑物沉降真实情况。出现以上情况需及时补测并延长观测周期，以真实反映构筑物沉降回归情况，并查明原因，必要时追究相关单位和个人责任。

(2)测量数据超限，工作基点扰动或破坏。受工程地质环境、施工因素等影响，实际工作中经常出现数据超限或工作基点扰动。如出现观测数据超限时，应及时补测并查明原因，如因工作基点扰动，需要及时联测相邻的工作基点，必要时联测至基准点，及时更新工作基点高程成果。

(3)当沉降观测点出现明显上浮或沉降速率超出限值时，应及时根据设计和现场施工情况，组织相关单位人员分析原因，及时采取措施，必要时须停工处理甚至返工。

五、基坑监测

(一)监测目的

在基坑施工阶段进行施工监测，监测数据能够真实呈现基坑情形，一目了然。监测数据能够真实地反映支护结构和四周土体的变形情况，对于三维空间的基坑工程而言，如果缺少真实数据，不能准确把握基坑周围变化的客观规律。另外，岩土性质的复杂多变和计算模型的局限性，使得理论计算结果和实际数据产生较大误差。鉴于此，设计阶段要想准确地预测土体变形情况几乎是不可能的。通过监测手段掌握基坑的动态变化和工作情况，在发现异常现象时，及时分析原因，采取措施，防止重大质量事故的发生。

(二)监测项目

基坑工程现场监测的对象包括基坑围护结构监测、基坑周边环境监测。基坑围护结构主要监测项目包括基坑内外观、墙(桩)顶沉降、墙(桩)顶水平位移、墙(桩)体深层水平位移、支撑轴力等。周边环境监测主要监测项目包括周边地表沉降、周边管线沉降、建(构)筑物沉降、倾斜、建(构)筑物裂缝、坑外水位、周边水库(湖泊)等。基坑工程的现场监测一般采用仪器监测与巡视检查相结合的方法进行。

(三)监测作业方法

1. 平面基准网的建立

(1)平面基准网基准点应埋设专门观测标石，标石的埋设形式及规格如图 8-21 所示。

(2)平面控制网工作基点采用强制归心的水泥观测墩，如图 8-22 所示。

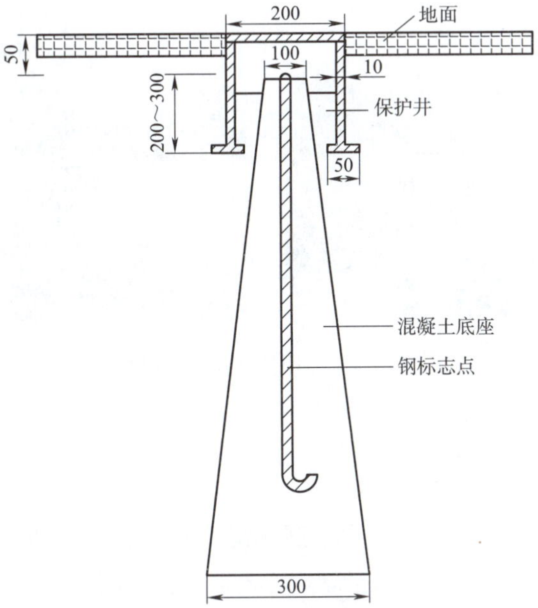

图 8-21　水平位移监测基准点观测标石埋设(单位:mm)

图 8-22　水平位移监测工作基点现场

2. 沉降基准网的建立

水准基点宜选在坚实的空旷区域进行布设;水准基点埋设土层如为稳定硬土层,按图 8-23 方法设置;如为软土层,则采用脚手钢管击入软土中不少于 1.5 m,出露地面约 5 cm,表面用混凝土加固,钢管顶端焊接球头。

图 8-23　水准基准点标石

3. 沉降基准网测量

沉降基准网测量采用几何水准测量方法,使用数字水准仪(仪器标称精度:0.3 mm/km)、因瓦条码尺进行观测,所使用仪器应经具有相应资质的仪器检定单位检定合格并在检定有效期内使用。使用仪器及现场观测如图 8-24 所示。

图 8-24　使用仪器及现场观测

4. 地表沉降监测

1)测点布置原则

在基坑边坡四周平行坑边布设不少于两排沉降监测点，每个监测断面的间距为 20 m，每个监测断面测点间距宜为 3～8 m，沿基坑方向第一排监测点距基坑边缘不大于 2 m。地面沉降监测点埋设如图 8-25 所示。

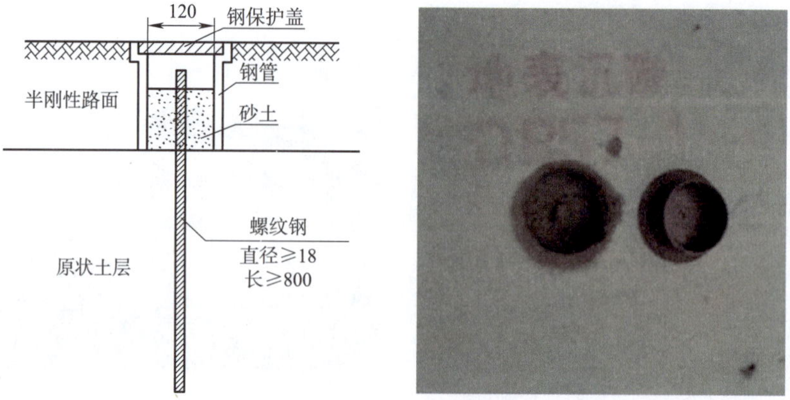

图 8-25　地面沉降监测点埋设(单位：mm)

2)监测方法及数据采集

(1)观测方法及仪器

水准网观测采用几何水准测量方法，一般使用数字水准仪进行观测并自动记录程序。现场观测如图 8-26 所示。

(2)变形数据分析

观测点稳定性分析可通过比较相邻两期的最大变形量与最大测量误差(取两倍中误差)进行。当变形量小于最大误差时，可认为该观测点在这两个周期内没有变动或变动不显著；对于多期变形观测成果而言，当相邻周期变形量小，但多期呈现出明显的变化趋势时，应视为有变动。

图 8-26 现场观测

5. 建(构)筑物变形监测

(1)测点布设原则

《城市轨道交通工程监测技术规范》(GB 50911—2013)对建(构)筑物沉降监测点布设有下列规定:

①监测点应布设在外墙或承重柱上,位于主要影响区时,监测点沿外墙间距宜为 10～15 m,或每隔 2 根承重柱布设 1 个监测点;位于次要影响区时,监测点沿外墙间距宜为 15～30 m,或每隔 2～3 根承重柱布设 1 个监测点;在外墙转角处应有监测点控制;

②在高低悬殊或新旧建(构)筑物连接、建(构)筑物变形缝、不同结构分界、不同基础形式和不同基础埋深等部位的两侧应布设监测点;

③对烟囱、水塔、高压电塔等高耸构筑物,应在其基础轴线上对称布设监测点,每栋构筑物监测点布设数量不应少于 3 个;

④风险等级较高的建(构)筑物应适当增加监测点数量。

(2)观测方法

建筑物沉降观测采用几何水准测量方法,使用电子水准仪进行观测。

(3)数据采集及分析

建(构)筑物沉降监测数据处理及分析同地表沉降监测。

6. 建(构)筑物倾斜监测

(1)差异沉降量推算法

利用建(构)筑物基础的差异沉降量来推算建(构)筑物的倾斜,如图 8-27 所示,先用几何水准测量的方法测定基础两端点的差异沉降量 Δh,再按宽度 b 和高度 h,推算建(构)筑物的倾斜值。设顶部倾斜位移量为 Δ,斜度为 i,则 $i=\frac{\Delta}{h}$,$\Delta=\frac{\Delta h}{b}h$。

(2)直接测定建筑物的倾斜

直接测定建筑物的倾斜主要采用全站仪投点法,作业方法说明如下:

全站仪投点法采用测角精度 1″全站仪,在两个基本垂直的方向上进行投点作业,分别测出两个方向上的偏移量,然后用矢量相加的方法即可得到整个建筑物的偏移值。

如图 8-28 所示,$ABCD$ 为一建筑物底部,$A'B'C'D'$ 为其顶部。为了观测 AA' 的倾斜,在 A' 处设置明显标志,并测定其高度 h,分别在 BA、DA 的延长线上距 A 点 $1.5h \sim 2h$ 的地方设置测站 M、N,同时在测站 M、N 安置全站仪,用正倒镜取中法将 A' 投影到地面得 A'',量取倾斜量 K,并在两个互为垂直的方向上分别量取 Δx、Δy,则倾斜方向为

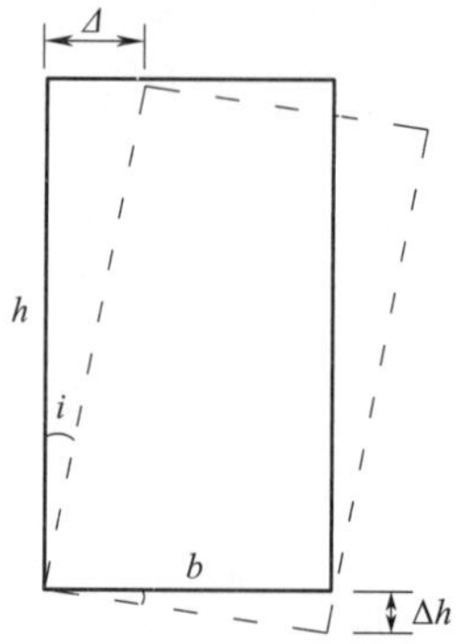

图 8-27 差异沉降量推算法示意

$$\alpha = \arctan \frac{\Delta y}{\Delta x} \tag{8-10}$$

$$i = \frac{K}{h} \tag{8-11}$$

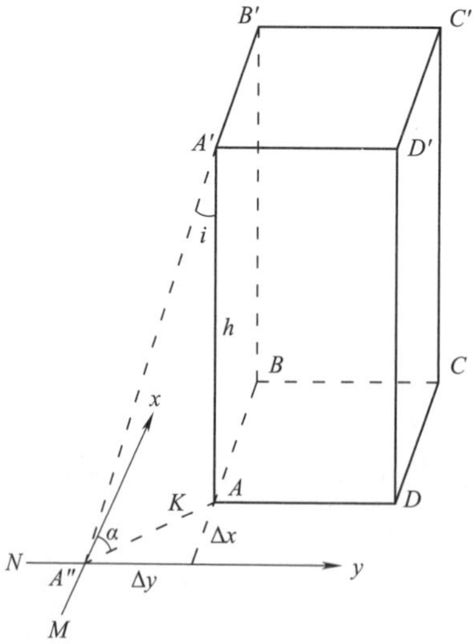

图 8-28 投点法示意

投影前应检校仪器,尤其是检验与校正照准部水准管。投影时全站仪要在固定的测站上仔细对中,并严格整平,对中整平之后,应检查竖轴的垂直情况。方法是:旋转照准部,使长水准管与任意两个脚螺旋的连线平行,此时水准气泡应精确居中,然后将照准部旋转 180°,此时的水准气泡偏移量不得大于 0.5 格。

当建筑物高度较大,全站仪观测角度不能满足正常观测条件时,采用拐弯目镜进行观测。

7. 建(构)筑物裂缝监测

(1)测点埋设

用两块白铁皮,一片取 150 mm×150 mm 的正方形,固定在裂缝的一侧,并使其一边和裂缝的边缘对齐。另一片为 50 mm×200 mm 的矩形,固定在裂缝的另一侧,并使其中一部分紧贴相邻的正方形白铁皮。当两块白铁皮固定好以后,在其表面均涂上红色油漆。

(2)监测方法

①首先了解设计、施工、使用情况及沉降观测资料,以及工程施工对建(构)筑物可能造成的影响;记录建(构)筑物已有裂缝的分布位置和数量,测定其走向、长度、宽度及深度;分析裂缝的形成原因,判别裂缝的发展趋势,选择主要裂缝作为观测对象。

②当裂缝继续发展,两白铁片将逐渐拉开,露出正方形白铁片上原被覆盖没有涂油漆的部分,其宽度即为裂缝加大的宽度,可用尺子量出。

③定时进行观测,观测频率按两次观测间裂缝发展不宜大于 0.1～0.5 mm 及裂缝所处位置而定。

8. 地下管线沉降监测

1)测点布置原则

测点按照施工设计图要求在受施工影响的管线上布设,0.7 倍开挖深度范围内点间距为 5～15 m,0.7～2 倍开挖深度范围内点间距为 15～25 m,管线接头等重点部位应加密布设。

2)测点埋设及技术要求

(1)测点埋设方法

有检查井的管线应打开井盖直接将监测点布设到管线上或管线承载体上;无检查井但有开挖条件的管线应开挖暴露管线,将观测点直接布到管线上;无检查井也无开挖条件的管线可在对应的地表埋设间接观测点;在管线上布设监测点时,封闭的管线可采用抱箍式埋点,开放式的管线可在管线或管线支墩上做监测点支架。管线沉降测点标志形式如图 8-29 所示,管线沉降测点埋设如图 8-30 和图 8-31 所示。

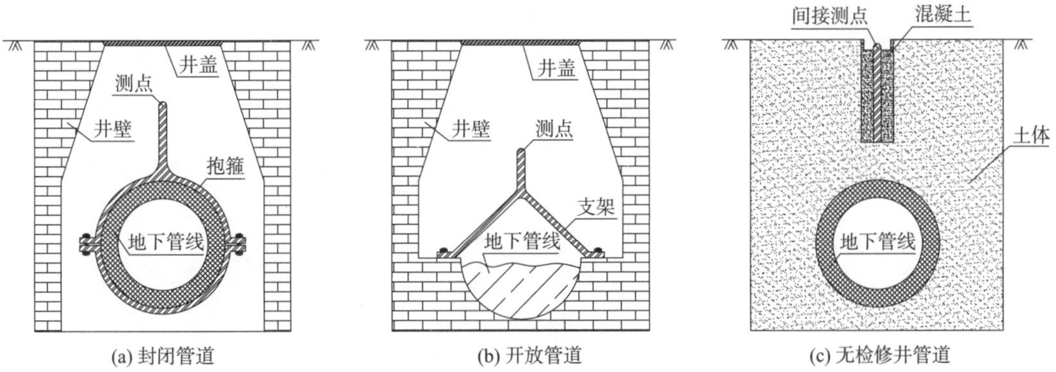

图 8-29　管线沉降测点标志形式

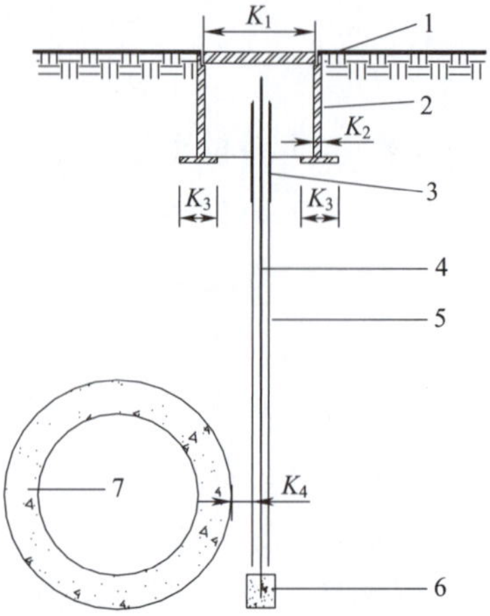

1—地面；2—保护井；3—套管；4—测杆；5—保护管；6—混凝土块；7—管线；
K_1—保护井盖直径；K_2—保护井井壁厚度；K_3—井垫圈宽；K_4—保护管与管线距离。

图 8-30　地下管线管侧土体监测点示意

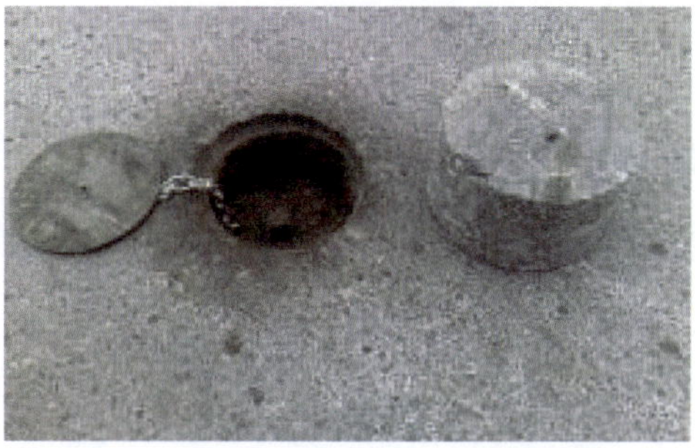

图 8-31　管线沉降测点埋设

(2)埋设技术要求

管线沉降监测点埋设时应注意准确调查核实管线位置，确保测点能够准确反映管线变形；测点采用钻孔埋设方式埋设前应探明有无其他管线，确保埋设安全。

3)观测方法

(1)观测方法及仪器

管线沉降监测采用几何水准测量方法，使用电子水准仪进行观测。

(2)数据观测技术要求

管线沉降监测数据处理及分析同地表沉降监测。

9. 围护墙顶水平位移

1)测点布置原则

监测点在基坑围护结构墙顶上设置，主测断面应有墙顶水平位移测点，布点间距为 20～

40 m。每侧布点不少于 1 个，转角处宜增设 1 个监测点。

2)监测方法及数据采集

围护结构墙顶水平位移监测采用后方交会法、使用全站仪进行观测。首先在任意点上设站，对至少两个已知控制点观测距离和角度，从而计算出设站点坐标以完成定向；定向完成后，测定监测点与设站点之间的角度、距离，通过全站仪内置解算软件自动计算出各监测点坐标。

3)数据处理及分析

(1)数据传输及平差计算

观测记录采用全站仪测量记录程序进行，观测时可完成各项限差指标控制，观测完成后形成电子原始观测文件，通过数据传输处理软件传输至计算机，使用控制网平差软件进行严密平差，得出各点坐标。

平差前对控制点稳定性进行检验，对各期相邻控制点间的夹角、距离进行比较，确保起算数据可靠；使用测量控制网平差软件按严密平差的方法进行计算；平差后数据取位应精确到 0.1 mm。

通过各期变形观测点二维平面坐标值，计算投影至垂直于基坑方向的矢量位移，并计算各期阶段变形量、阶段变形速率、累计变形量等数据。

(2)变形数据分析

观测点的稳定性分析以稳定的基准点作为起算点进行平差计算成果。相邻两期观测点的变动分析通过比较相邻两期的最大变形量与最大测量误差(取两倍中误差)进行。当变形量小于最大误差时，可认为该观测点在这两个周期内没有变动或变动不显著；对于多期变形观测成果而言，当相邻周期变形量小，但多期呈现出明显的变化趋势时，应视为有变动。

10. 围护墙顶沉降监测

测点布置原则：围护墙顶沉降监测布点原则同墙顶水平位移监测点。

测点埋设及观测方法：围护墙顶沉降监测点与围护墙顶水平位移监测点共用，其观测方法同地下管线沉降监测相关要求一致。

数据处理及分析：墙顶沉降监测数据处理及分析同地表沉降监测。

11. 围护墙体深层水平位移

1)测点布置原则

测点沿基坑周边布设，布设间距宜为 20～40 m，各边中间部位、阳角部位须设测点，与墙顶位移监测点宜处于同一断面。

2)测点埋设及技术要求

墙体水平位移监测点采用测斜管的形式埋设，如图 8-32 所示。测斜管内径宜为 59 mm，外径宜为 71 mm，埋置深度应至墙底部，测斜管管口部位宜采用钢套管保护，管底应进行封堵。测斜管宜在钢筋笼吊装前采用分段连接绑扎形式，并宜每 1 m 绑扎一次。埋设时应保证测斜管的一对导槽垂直于基坑边线。

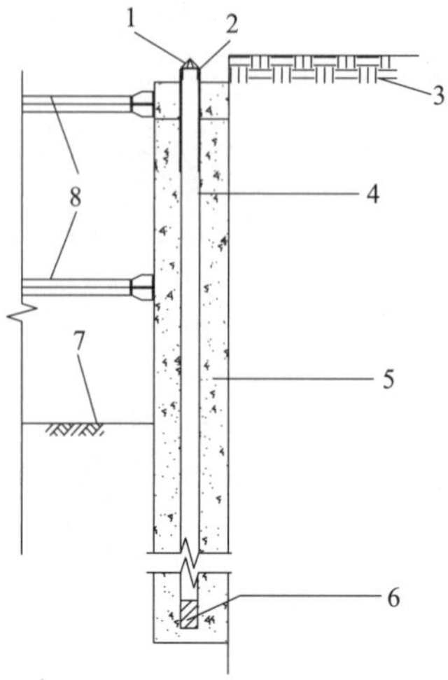

1—测斜管保护盖；2—钢套管；3—地面；4—测斜管；
5—支护墙体；6—测斜管底封堵端；7—基坑底部；8—支撑。

图 8-32 支护墙体水平位移监测点

3)观测方法及数据采集

(1)观测仪器及方法

采用测斜仪及配套 PVC 测斜管进行观测。观测方法如下：

①用模拟测头检查测斜管导槽。

②使测斜仪测读器处于工作状态，将测头导轮插入测斜管导槽内，缓慢地下放至管底，然后由管底自下而上沿导槽全长每隔 0.5 m 读一次数据，记录测点深度和读数。测读完毕后，将测头旋转 180°插入同一对导槽内，以上述方法再测一次，深点深度同第一次相同。

③每一深度的正反两读数的绝对值宜相同，当读数有异常时应及时补测。

(2)数据采集技术要求

①初始值测定

测斜管应在测试前 5 d 装设完毕，在 3～5 d 内用测斜仪对同一测斜管做 3 次重复测量，判明处于稳定状态后，以 3 次测量的算术平均值作为侧向位移计算的基准值。

②观测技术要求

测斜探头放入测斜管底应等候 5 min，以便探头适应管内水温，观测时应注意仪器探头和电缆线的密封性，以防探头数据传输部分进水。测斜观测时每 0.5 m 标记一定要卡在相同位置，每次一定要等候电压值稳定才能读数，确保读数准确性。

12. 支撑轴力

1)测点布置原则

监测点在基坑中间部位、阳角部位、深度变化部位、支护结构受力复杂部位以及在支撑系统中起控制作用的支撑处布设；每层支撑的测点不少于支撑总数的 10%且不少于 3 处，各层支撑的监测点位置在竖向宜保持一致；监测点与围护结构变形监测点处于同一断面。轴力计布置断面如图 8-33 所示。

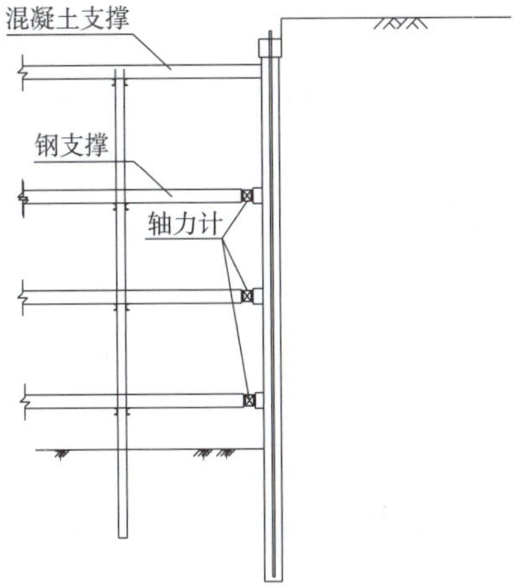

图 8-33　轴力计布置断面示意

2)测点埋设方法及技术要求

(1)钢支撑轴力计埋设方法

①采用专用的轴力架安装架固定轴力计(斜撑采用表面应变计)，安装架圆形钢筒上没有开槽的一端面与钢支撑固定端的钢板焊接牢固，电焊时必须使钢支撑中心轴线与安装中心点对齐，如图 8-34 所示。

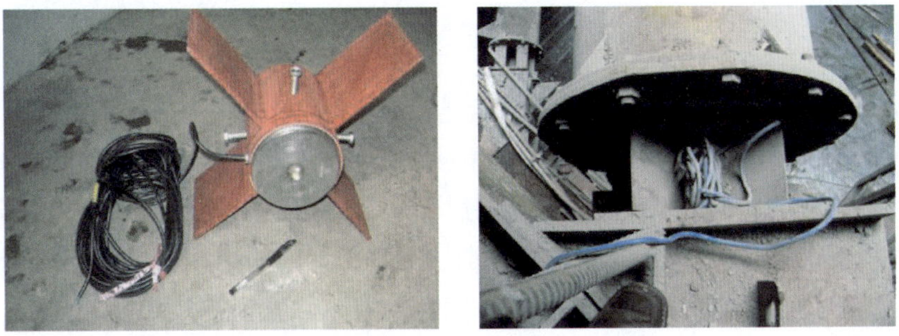

图 8-34　支撑轴力埋设

②待焊接冷却后，将轴力计推入安装架圆形钢筒内，并用螺丝(M10)把轴力计固定在安装架上。

③钢支撑吊装到位后，安装架的另一端与围护墙体上的钢板对上，中间加一块 250 mm×250 mm×25 mm 的加强钢垫板，以扩大轴力计受力面积，防止轴力计受力后陷入钢板影响监测结果。

④将读数电缆接到基坑顶上的观测站；电缆统一编号，用白色胶布绑在电缆线上作出标识，电缆每隔 2 m 进行固定，外露部分做好保护措施。

(2)混凝土支撑内力监测点埋设方法

截断主筋。主筋截断后将钢筋计卡扣焊接在需要测试的支撑钢筋上，截断主筋长度以刚好容纳钢筋计全长为宜。

焊接钢筋计。准备与主筋直径相同的钢筋若干，长度一般为 25～35 cm，用两根 25～35 cm 的钢筋等距离夹在连接杆与主筋接头处两旁，单面满焊即可。如用单根 25～35 cm 的钢筋应双面满焊，然后连接钢筋计后再制钢筋笼；绑焊接时为了避免温度过高而损坏仪器，焊接时仪器要包上湿棉纱并不断地浇冷水，直到焊接完毕后钢筋冷却到一定温度为止；一般直径小于 25 mm 的仪器才能适用对焊机对焊，直径大于 25 mm 的仪器不宜采用对焊焊接。

安装位置尽量在距支撑端部的 1/3 处或中部且应避开节点位置，每个断面安装 4 个钢筋计。混凝土支撑钢筋计安装示意如图 8-35 所示。

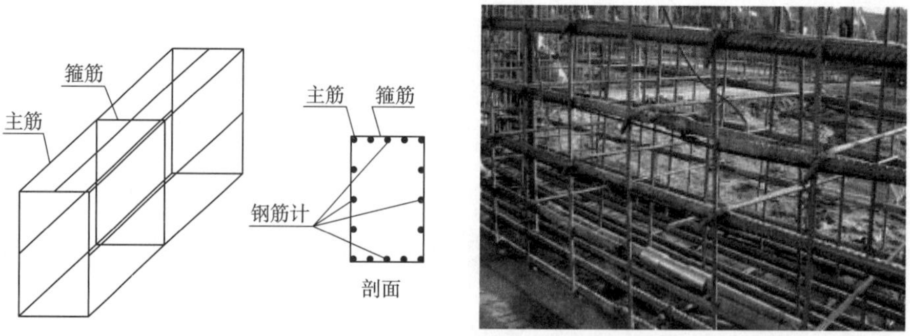

图 8-35　混凝土支撑测点安装示意

3)观测方法及数据采集

(1)轴力计

轴力计可采用 609A 型频率读数仪等进行读数，监测精度达到 0.25%FS，并记录温度。

①轴力计安装后，在施加钢支撑预应力前进行轴力计的初始频率测量，在施加钢支撑预应力时，应测量其频率，计算出其受力，同时要根据千斤顶的读数对轴力计的结果进行校核，进一步修正计算公式。

②基坑开挖前应测试 3 次稳定值，取平均值作为计算应力变化的初始值。

③支撑轴力量测时，同一批支撑尽量在相同的时间或温度下量测，每次读数均应记录温度测量结果。

(2)混凝土钢筋计

通过埋设传感器,用读数仪测读的方法进行监测。钢弦式传感器测试方法可分为手动和自动两类。目前,工程中常用的为手动测试,即用手持式数显频率读数仪现场测试传感器频率。具体操作方法为:接通频率读数仪电源,将频率读数仪两根测试导线分别接在传感器的导线上,按频率读数仪测试按钮,频率读数仪数显窗口会出现数据(传感器频率),反复测试几次,观测数据是否稳定,如果几次测试的数据变化量在 1 Hz 以内,可认为测试数据稳定,取平均值作为测试值。由于频率仪在测试时会发出很高的脉冲电流,所以在测试时操作者必须使测试接头保持干燥,并使接头处的两根导线相互分开,不要有任何接触,不然会影响测试结果。

现场原始记录必须采用专用格式的记录纸,除记录传感器编号和对应测试频率外,原始记录纸上还要充分反映环境和施工信息。

4)数据处理

(1)轴力计

轴力计的工作原理是:当轴力计受轴向力时,引起弹性钢弦的张力变化,改变了钢弦的振动频率,通过频率仪测得钢弦的频率变化,即可测出所受作用力的大小。一般计算公式为

$$P=K\Delta F+b\Delta T+B \tag{8-12}$$

式中　P——支撑轴力,kN;

K——轴力计的标定系数,kN/F;

ΔF——轴力计输出频率模数实时测量值相对于基准值的变化量,F;

b——轴力计的温度修正系数,kN/℃;

ΔT——轴力计的温度实时测量值相对于基准值的变化量,℃;

B——轴力计的计算修正值,kN。

(2)钢筋计

基坑开挖后,采用频率仪测得钢筋计的频率,从而换算出混凝土支撑内力,计算公式为

$$N_q=\sigma_s\left(\frac{E_c}{E_s}A_c+A_s\right)=\bar{\sigma}_{js}\left(\frac{E_c}{E_s}A_c+A_s\right) \tag{8-13}$$

$$\bar{\sigma}_{js}=\frac{1}{n}\sum_{j=1}^{n}\left[k_j(f_{ji}^2-f_{j0}^2)/A_{js}\right] \tag{8-14}$$

式中　N_q——混凝土支撑内力,kN;

σ_s——钢筋应力,kN/mm^2;

$\bar{\sigma}_{js}$——钢筋计监测平均应力,kN/mm^2;

k_j——第 j 个钢筋计标定系数,kN/Hz^2;

f_{ji}——第 j 个钢筋计监测频率,Hz;

f_{j0}——第 j 个钢筋计安装后的初始频率,Hz;

A_{js}——第 j 个钢筋计截面面积，mm^2；

E_c——混凝土弹性模量，kN/mm^2；

E_s——钢筋弹性模量，kN/mm^2；

A_c——混凝土截面面积，mm^2；

A_s——钢筋总截面面积，mm^2。

13. 地下水位

1)测点布置原则

地下水位观测孔应根据水文地质条件的复杂程度、降水影响范围和周边环境保护要求，在降水区域及影响范围内分别布设地下水位观测孔和承压水位观测孔，观测孔的数量应满足掌握降水区域和影响范围内的地下水位动态变化的要求。

2)测点埋设及技术要求

在要监测的位置，利用地质钻机成孔，孔深要求打穿潜水含水层，但不得穿透下部隔水层。在孔内埋入滤水塑料套管，管径约 90 mm。套管与孔壁间用干净细砂填实，然后用清水冲洗孔底，以防泥浆堵塞测孔，保证水路畅通。测管高出地面约 20 cm，上面加盖，不让雨水进入。在管的四周用砖砌起，以防损坏。地下水位监测点如图 8-36 所示。

图 8-36　地下水位监测点

地下水位监测可采用钢尺水位计。钢尺水位计的工作原理是：在已埋设好的水管中缓慢向下放入水位计测头，当测头接触到水面时，启动讯响器，此时读取测量钢尺在管顶位置的读数，每次读取管顶读数对应的管顶位置应一致，并固定读数人员。根据管顶高程、管顶与地面的高差，即可计算地下水位的高程和埋深。

14. 现场巡查作业方法

1)明挖法基坑现场安全巡查

(1)首次巡查

在基坑开挖前或降水施工前，对基坑周边道路、地面做首次巡查。首次巡查的重点是调查地面有无裂缝、地面隆陷、周边堆载、地表积水、地下水位等。有裂缝的地方做好标识，记录裂缝的位置、形态，用游标卡尺或裂缝读数显微镜测量并记录裂缝的宽度。用水位计测量地下水位，记录水位高程，并采用拍照的方式对既有裂缝、地面隆陷、地表积水等情况进行影像资料存档。

(2)日常巡查

①施工工况：开挖面岩土体的类型、特征、自稳性，渗漏水量大小及发展情况；开挖长度、

分层高度及坡度，开挖面暴露时间；降水或回灌等地下水控制效果及设施运转情况；基坑侧及周边地表堆载，排水措施及效果，坑边或基底有无积水；支护墙后土体有无裂缝、明显沉陷，基坑侧壁或基底有无涌土、流砂、管涌；基坑周边有无超载。

②支护结构：支护墙有无裂缝、侵限情况；冠梁、围檩的连续性，围檩与墙之间的密贴性，围檩与支撑的防坠落措施；冠梁、围檩、支撑有无过大变形或裂缝；支撑是否及时架设。

巡查过程中须注意人身安全，听从现场施工安全管理人员的指挥。发现基坑围护结构支撑周围土体大范围塌落、抽水持续出砂、周边地表明显沉陷、支撑明显扭曲变形等异常情况及时通报，并拍照存档。巡查过程中，填写现场安全巡查表。

(3)巡查频率

在基坑施工期间，巡查频率与监测频率一致。异常情况下应增大巡查频率，特别是雨季须加强巡查力度。

2)建(构)筑物巡查

(1)首次巡查

在施工前对所要巡查的建(构)筑物做首次巡查。首次巡查的重点是调查建(构)筑物现状，巡查该建(构)筑物有无裂缝、剥落状况，有地下室的建(构)筑物须进入地下室查看有无渗水的情况。地下室出现渗水的地方做好标识，记录渗水的位置、渗水量大小。

巡查中若发现裂缝，应做好裂缝监测工作。裂缝宽度监测应根据裂缝的分布位置、走向、长度、宽度、错台等参数，分析裂缝的性质、产生的原因及发展趋势，选取应力或应力变化较大部位的裂缝或宽度较大的裂缝进行监测；裂缝宽度监测宜在裂缝的最宽处及裂缝首、末端按组布设，每组应布设两个监测点，并应分别布设在裂缝两侧，且其连线应垂直于裂缝。必要时应监测裂缝深度。

裂缝监测宜采用下列方法：裂缝宽度监测宜采用裂缝观测仪进行测读，也可在裂缝两侧贴、埋标志，采用千分尺或游标卡尺等直接量测，或采用裂缝计、粘贴安装千分表及摄影测量等方法监测裂缝宽度变化；裂缝长度监测宜采用直接量测法；裂缝深度监测宜采用超声波法、凿除法等。

工程施工前应记录监测对象已有裂缝的分布位置和数量，并对监测裂缝进行统一编号，记录各裂缝的位置、走向、长度、宽度、深度以及初测日期等。裂缝监测标志应便于量测，长期观测可采用镶嵌或埋入墙面的金属标志、金属杆标志或楔形板标志；需要测出裂缝纵横向变化值时，可采用坐标方格网板标志。裂缝宽度量测精度不宜低于 0.1 mm，裂缝长度和深度量测精度不宜低于 1.0 mm。

对在施工影响前已经出现的裂缝、地下室渗水等异常情况，采用拍照的方式进行影像资料存档。

(2)日常巡查

建筑物巡查的内容包括建(构)筑物裂缝、剥落，地下室渗水等。对在首次巡查中发现的既有裂缝，测量其宽度并与初始宽度进行现场比较。发现建（构）筑物墙体、柱或梁新增裂缝或裂缝发展速率超过预警标准，地下室出现渗水、涌水等异常情况及时通报，并拍照存档。巡查过程中，填写现场安全巡查表。

3）地下管线巡查

（1）首次巡查

巡查的重点放在本工程基坑施工影响范围内的重、压力管线（污水管、雨水管、给水管、天然气管等）。

在施工前对所要巡查的地下管线做首次巡查。首次巡查的重点是调查地下管线现状，巡查该管线周围有无地面裂缝、渗水及塌陷，检查井等附属设施的开裂以及井内有无积水或积水深度等情况。有裂缝的地方做好标识，记录裂缝的位置、形态，用游标卡尺或裂缝读数显微镜测量并记录裂缝的宽度；井内有积水的要记录积水深度及积水来源。对在施工影响前已经出现的地面裂缝、井内积水等异常情况，采用拍照的方式进行影像资料存档。

（2）日常巡查

巡查内容包括：管体或接口破损、渗漏，包括位置、管线材质、尺寸、类型、破损程度、渗漏情况、发展趋势；检查井等附属设施的开裂及进水，包括裂缝宽度、深度、数量、走向、发展趋势及井内水量等。对在首次巡查中发现的既有裂缝，测量其宽度并与初始宽度进行现场比较。发现地下管线持续漏水（气）、检查井内出现开裂或进水等异常情况及时通报，并拍照存档。巡视过程中，填写现场安全巡视表。

4）道路地表巡查

（1）首次巡查

在施工影响前对所要巡查的道路、地表做首次巡查。首次巡查的重点是调查地面有无裂缝、地面隆陷情况。有裂缝的地方做好标识，记录裂缝的位置、形态，用游标卡尺或裂缝读数显微镜测量并记录裂缝的宽度，并采用拍照的方式对既有裂缝、地面隆陷等情况进行影像资料存档。

（2）日常巡查

巡查内容包括地面裂缝，地面沉陷、隆起，地面冒浆等。对在首次巡查中发现的既有裂缝，测量其宽度并与初始宽度进行现场比较，发现新增地面裂缝或裂缝发展速率超过预警标准、地面隆陷、地面冒浆等异常情况及时通报，并拍照存档。巡查过程中，填写现场安全巡查表。

15. 监测成果分析方法

1）收集数据

有目的地收集数据，是确保数据处理分析过程有效的基础。项目开工前对收集数据的类别、方法进行筹划，策划时应考虑：

①将识别需求转化为具体要求，如评价工程安全性时，需收集的数据应主要包括道路地表沉降、地下管线沉降测值等相关数据。

②根据合同文件要求和合同文件承诺进行日常数据采集。

③将采集数据分门别类，并做好成果记录表，记录表应便于使用。

2)数据分析

采取有效手段，对日常采集的数据，采用三级审核制度，确保数据的完整、有效、及时、连续性，杜绝虚假数据的干扰。

(1)典型的数据处理分析一般包含下列三个步骤：

①探索性数据分析。当数据刚取得时，可能杂乱无章，看不出规律，通过作图、造表、用各种形式的方程拟合，计算某些特征量等手段探索规律性的可能形式，即往什么方向和用何种方式去寻找和揭示隐含在数据中的规律性。

②模型选定分析。在探索性分析的基础上提出一类或几类可能的模型，然后通过进一步的分析从中挑选一定的模型。

③推断分析。通常使用数理统计方法对所定模型或估计的可靠程度和精确程度作出推断。

(2)数据处理分析的具体方法如下：

①列表法

将监测数据按一定规律用列表方式表达出来是记录和处理监测数据最常用的方法。表格的设计要求对应关系清楚、简单明了、有利于发现相关量之间的物理关系；根据需要还可以列出除原始数据以外的计算栏目和统计栏目等。最后还要求写明表格名称，主要测量仪器的型号、量程和准确度等级，有关环境条件参数(如温度、湿度)等。

②作图法

作图法可以最醒目地表达物理量间的变化关系、测点变形趋势、施工影响范围(监测沉降槽)。从图线上还可以简便求出监测需要的某些结果(如一个时间段内的阶段变形、相邻测点的差异沉降、斜率等)，读出具体某个测点的累计变形量等。

③变形建模与预报

根据各期变形数据，结合施工情况，建立反映变形量与变形因子关系的数学模型，进行变形的建模与预报。一般采用经验比对法和数学模型法等方法进行。经验比对法，即对比与监测对象情况相似的监测数据，进行比对分析；数学模型法，即对变形规律建立数学模型进行分析，如采用有限、差分、有限元法进行分析。

六、自动化变形监测

(一)自动化变形监测系统

1. 自动化变形监测技术体系概述

自动化变形监测技术体系构建在测绘技术和 IT 技术之上，随着支撑技术的发展而发展，主要的支撑技术包括现代传感器技术、物联网技术、多系统融合技术和大数据云计算技术等，如图 8-37 所示。

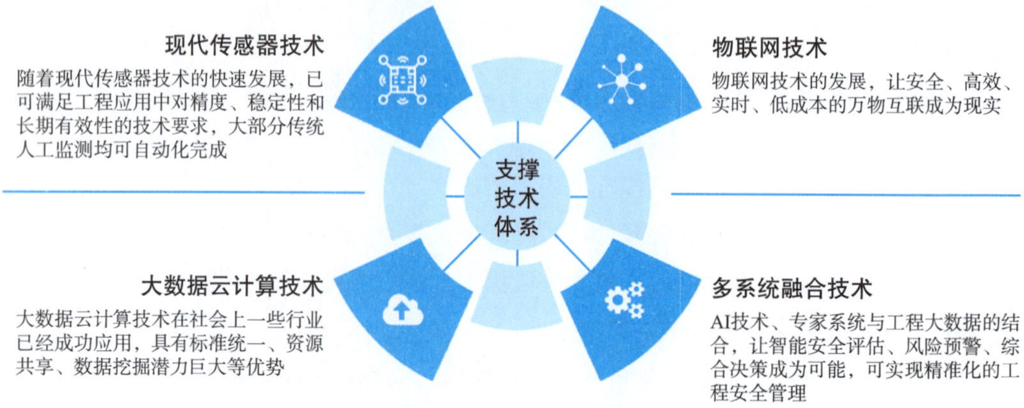

图 8-37　自动化变形监测系统的支撑技术体系

在隧道工程自动化变形监测预警系统中，将采用现代测绘技术、无线智能传感技术、物联网技术、边缘计算技术、云计算技术、LPWAN(低功率广域网络)/4G/5G 通信技术和多媒体信息技术等，与隧道工程安全监测应用紧密结合，对隧道工程各个关键部位进行实时感知与数据传输、数据分析与存储管理、安全预警与成果输出。

通过自动化变形监测系统可进行水平位移监测、竖向位移监测、深层水平位移监测、支撑轴力监测、地下水位监测、倾斜监测、裂缝监测、孔隙水压力监测、土体分层竖向位移监测、爆破振动监测、土压力监测、收敛监测、远程视频监控等，对隧道工程可能出现的变形、失稳、结构力变化、周边环境因变量进行实时状态获取，从而预测和预报未来结构变形的发展趋势，对灾害发生前的整体稳定性作出判断，快速作出灾害发生前的预警预报。

2. 自动化监测系统组成与体系架构

自动化监测系统一般由监测硬件系统和监测软件系统构成，属于监测物联网应用技术范畴。监测硬件系统包括传感设备、采集器、控制器与预处理系统、数据传输与供电子系统、安装结构等；监测软件系统包括数据网关、数据库、监测数据运算系统、数据存储与数据分析平台、监测预警平台等。

3. 自动化监测系统的优势

相比人工测量，自动化监测系统有下列优点：

(1)符合去人力化的社会发展趋势。传统监测需要技术人员定期去项目现场采集数据，再人工处理后上报。自动化监测只需要第一次安装测试到现场，此后很长一段时间都是设备自动采集，然后通过无线信号传输数据到平台，还可根据不同需求设置采集频率，实现不间断在线自动化监测，无需人员多次进入现场，大大节省了人力。

(2)不受复杂气象环境和项目现场偏僻及交通限制的影响。人工监测受现场能见度以及雨雾天气的影响较大，同时受偏远地区交通条件制约，此外隧道、铁路、地铁等，因空间有限，很多时候人工监测需要阻断交通；自动化监测则不受上述条件制约。

(3)有效降低了人为干预因素影响。人工监测很多时候靠眼睛去采集数据，数据误差取决于技术人员的经验，即便采用仪器测量数据，也受人为记录或者测量误差的影响。自动化监测采集的数据所采即所现，完全不受人为因素影响，可有效提高数据一致性、可靠性。

(4)数据连续且更全面。人工监测的数据是由一些点组成的，靠点去模拟线，从而推断病害发展趋势，不能掌握点与点之间的结构物状态；但自动化监测的数据则有实时性、全生命周期的特点，每个时间节点的数据都会采集到，所采集的数据是一条线，不会漏掉每个时间点的数据，发生异常时第一时间发出预警，时间周期可以贯穿结构物整个建设和运营过程，从而可以为建设单位和管养单位提供安全数据，为设计和养护单位提供理论支撑。

(5)便于整个区域的一体化管理。诸多结构物的数据可以同时在一个数据平台展现，方便业主对整条道路的结构物或者某个区域的结构物进行统一管理。

(6)数据处理分析一体化。云端接收到前端监测数据后，可自动对监测数据进行实时数据分析、处理、描绘变形曲线图，可生成监测数据报表。

(7)即时预警。系统可设置多级预警机制，并可根据事先设定的预警值进行报警，报警可通过平台、短信、现场声光报警器等方式，让负责人第一时间知晓现场有异常情况。

(8)节省费用。人工监测需要多次去现场，交通费用及设备费用虽然单次少于自动化监测，但当时间段拉长后，自动化监测的费用要明显低于人工监测的费用。

(二)隧道工程变形监测项及技术要求

监测实施时，应根据具体项目的特点、要求和现场作业条件等因素选择合适的自动化监测技术与方法。监测技术与方法的选择应符合先进性、适用性、可靠性、经济性的原则。

各自动化监测项的初始值应在相关施工工序之前测定，在稳定条件下多次采集计算初始值，并与人工监测采集的初始值进行对比。

监测系统的功能和参数应符合监测需求和相关规范，监测数据的处理应由监测软件系统自动进行。

1. 水平位移监测

测定特定方向上的水平位移时，可采用激光测距法、激光准直法等；测定任意方向的水平位移时，可视监测点分布情况，采用极坐标法、交会法、自由设站法等。水平位移监测网宜一次性布网，采用工程坐标系统。

1)水平位移监测基准点、工作基点的布设和测量应符合下列要求：

(1)水平位移基准点的数量不应少于3个，应布设于变形影响之外的区域，并与工作基点保持通视。基准点标志宜采用三角钢架或反射圆棱镜，埋设应牢固可靠。

(2)工作基点应设置为具有强制对中装置的观测墩；当采用精密光学对中装置时，对中误差不宜大于 0.5 mm。

(3)水平位移基准点的测量宜采用全站仪边角测量,水平位移工作基点的测量可采用全站仪边角测量、边角后方交会等方法。

(4)每次水平位移观测前,应对相邻基准点进行稳定性检查,并以稳定点作为起算点。

2)水平位移监测精度应满足水平位移控制值和监测点坐标中误差的要求,应符合表 8-15 的规定。

表 8-15　水平位移监测精度要求

项　目		工程监测等级		
		一级	二级	三级
水平位移控制值	累计值 D/mm	$D<30$	$30\leqslant D<40$	$D\geqslant 40$
	变化速率 v_D/(mm/d)	$v_D<3$	$3\leqslant v_D<4$	$v_D\geqslant 4$
监测点坐标中误差/mm		≤1.5	≤2.0	≤3.0

注:1. 监测点坐标中误差,是指监测点相对测站点(如工作基点等)的坐标中误差。
2. 当根据累计变化量和变化速率选择的精度要求不一致时,优先按变化速率的要求确定。

3)采用全站仪进行水平位移自动化监测时,应符合下列要求:

(1)应采用具有马达驱动、自动跟踪照准功能的智能型全站仪,宜配置自动整平基座。

(2)实施前应编制详细的自动化监测实施方案,包括控制网设计、监测点布设、监测方法与精度估算、供电与防雷设计等内容。

(3)监测点的测回数应根据精度要求、全站仪标称精度、测站至监测点的距离等因素综合确定。

(4)监测点宜设置强制对中的观测棱镜标志,采用杆件与固定螺栓牢固连接到监测对象上。

(5)自动化监测系统宜包含超限自动重测等功能。

(6)测站至监测点的距离不宜大于 300 m。

(7)全站仪组网观测时,应进行基准传递和观测两个以上的重叠监测点。

2. 竖向位移监测

1)竖向位移自动化监测可采用静力水准测量、全站仪测量等方法。竖向位移监测网布设应符合下列要求:

(1)竖向位移监测网可采用通用高程系统,也可采用独立高程系统。

(2)静力水准监测网应布设成闭合环或附合路线,宜一次布设,基点高程应采用几何水准方法定期复核。工作基点宜与监测点设在同一高程面上,偏差不应超过 10 mm。当不能满足这一要求时,应在不同高程面上设置上下位置垂直对应的辅助点传递高程。

(3)全站仪竖向位移监测网,宜与水平位移监测网相一致。

2)采用静力水准进行竖向位移监测时,应符合下列要求:

(1)应根据竖向位移控制值要求及观测精度选取相应精度和量程的静力水准传感器,考虑隧道工程安装的便捷性,宜采用压差式静力水准。

(2)静力水准观测的精度要求应符合表 8-16 的规定。

表 8-16　静力水准观测精度要求

项　　目		工程监测等级		
		一级	二级	三级
竖向位移控制值	累计值 D/mm	$D<25$	$25 \leqslant D<40$	$D \geqslant 40$
	变化速率 v_D/(mm/d)	$v_D<3$	$3 \leqslant v_D<4$	$v_D \geqslant 4$
传感器标称精度/mm		$\leqslant 0.1$	$\leqslant 0.3$	$\leqslant 1.0$

3)采用全站仪进行竖向位移监测时,应符合下列要求:

(1)应与水平位移进行同步观测。

(2)全站仪竖向位移监测精度一般较静力水准低,应用时应确保满足工程对竖向位移监测精度的要求。

3. 深层水平位移监测

深层水平位移自动化监测宜采用固定测斜仪或柔性测斜仪实施。选型与安装部署时应符合下列要求:

(1)固定测斜仪传感器量程不宜大于 15°,分辨率不宜低于 0.001°,量测精度不宜低于 0.01°,耐水压不宜低于 2 MPa,传感器宜采用双轴模式;柔性测斜仪传感器分辨率不宜低于 0.005°,量测精度不宜低于 0.01°,耐水压不宜低于 2 MPa,传感器可观测 X、Y、Z 三个维度。

(2)固定测斜仪及柔性测斜仪埋设前应进行传感器静态特性的检验测试,确保传感器状态正常。

(3)用于围护结构及土体深层水平位移的固定测斜仪与柔性测斜仪应安装于测斜管内;测斜管宜采用 PVC、ABS 工程塑料或铝合金材料制成,直径不宜小于 45 mm,管内应有两组相互垂直的纵向导槽。

(4)原状土及加固土体中的测斜管应在工程施工前至少一周埋设,并采集初始值。

(5)深层水平位移自动化监测点旁宜增设人工监测孔,定期采用人工监测成果检核自动化监测成果的准确性与可靠性,当两者累计变形差异超过报警值 1/10 时,应结合施工工艺、工况及地质条件综合分析两者测值偏离原因,必要时应更换传感器。

采用人工读数及自动化监测系统比测方法进行测量准确度评价时,应取相同时间、相同测次的数据采集装置测值序列和读数仪测值序列计算各自标准差 σ_m、σ_r,进一步计算综合标准差 σ,再取某一时刻的数据采集装置测值和读数仪测值计算比测差值 δ。

综合标准差计算式为

$$\sigma=\sqrt{\sigma_m^2+\sigma_r^2} \tag{8-15}$$

式中　σ——综合标准差;

σ_m——数据采集装置测量标准差；

σ_r——读数仪测量标准差。

比测差值计算式为

$$\delta=|X_m-X_r| \tag{8-16}$$

式中 δ——比测差值；

X_m——数据采集装置测值；

X_r——读数仪测值。

测量准确度评价标准应符合：比测差值 $\delta\leqslant 2\sigma$，评价为合格；比测差值 $\delta>2\sigma$，评价为不合格。

(6)深层水平位移自动化监测系统运行过程中，单节传感器损坏或发生故障时应及时更换，更换后应重新设定初值，深层水平位移累计量应包含传感器更换前的累计变形量。

(7)自动化监测系统应具备管口位移量修正功能。测斜管应以管口为管形起算点，深层水平位移量计算时应考虑管口位移量，可通过全站仪量测管口位移；原状土或加固体中测斜管管底宜进入稳定土层，可采用管底为管形起算点。

(8)采用固定测斜仪实现自动化监测时，传感器间距不宜大于 3 m，安装传感器时宜采用安全钢缆连接底部滑轮，测斜管管口应安装固定组件，确保传感器与测斜管间相对稳定。

(9)采用柔性测斜仪实现自动化监测时，传感器间距不宜大于 1 m，应采用下压方式固定传感器，确保传感器与测斜管间相对稳定。阵列式位移计在顶部和底部应配备导向滑轮和面向开挖方向的标线，确保监测方向的正确性。采用分节可拼接式阵列式位移计进行自动化监测时，应对拼接接头进行有效的防水处理。

(三)收敛监测

收敛监测可采用固定测线法、全断面扫描法、激光扫描法，具体根据监测需求而定。当测量特定位置的净空对向相对变形时，可采用固定测线法；当测量净空断面的综合变形时，可采用全断面扫描法；当测量连续范围的净空收敛变形时，可采用激光扫描法。

收敛监测应以测线长度测量中误差作为精度衡量指标。对一等和二等精度观测，应采用固定测线法；对三等和四等精度观测，可采用固定测线法、全断面扫描法或激光扫描法。各级观测精度应符合表 8-17 的规定。

表 8-17 收敛监测精度等级

项目	等级			
	一等	二等	三等	四等
测量中误差/mm	≤1.0	≤2.0	≤6.0	≤10.0

1)采用自动收敛计监测，选型与安装部署时应符合下列要求：

(1)应在收敛测线两端安装监测点，监测点与隧道侧壁应固定牢固；监测点安装后应进行监测点与收敛尺接触点的符合性检查，并应进行 3 次独立观测，且 3 次独立观测较差应小于标称精度的两倍。

(2)观测时应施加收敛尺标定时的拉力，观测结果应取 3 次独立观测读数的平均值。

(3)工作现场温度变化较大时，监测数据应进行自动温度修正。

2)采用自动红外激光测距仪监测，选型与安装部署时应符合下列要求：

(1)测距仪的标称精度应优于±1.5 mm。

(2)施工作业对应的投影区段测距仪宜按 5 环间距布设，投影范围外可以适当放宽，应在对应位置设置人工固定测线，并同步完成初始测量。

(3)应在收敛测线两端设置对中与瞄准标志，隧道侧壁粗糙时，瞄准标志宜采用反射片；对中与瞄准标志设置后，应进行实测精度符合性检查，并应进行 3 次独立观测，且 3 次独立观测较差应小于测距标称精度的两倍。

(4)观测结果应为 3 次独立观测读数的平均值。

3)采用全站仪进行固定测线收敛监测，选型与安装部署时应符合下列要求：

(1)应固定仪器设站位置，并在收敛测线两端固定小棱镜或设置反射片，设站点与测线两端点水平投影应呈一直线。

(2)应按盘左、盘右两个盘位观测至少一测回，并计算测线两端点的水平距离。

(3)一等观测的全站仪标称精度不应低于 1″和“1 mm+$1\times10^{-6}d$”；二等及以下观测，当采用基于无合作目标激光测距功能的全站仪观测时，标称精度不应低于 2″和“2 mm+$2\times10^{-6}d$”，观测前应测定无合作目标测距加常数，并应对观测边长进行加常数改正。

4)采用全站仪进行隧道全断面扫描收敛监测，安装部署时应符合下列要求：

(1)每个断面应设置仪器对中点、定向点和检查点，3 点水平投影应呈一直线，所设断面须与隧道中心线垂直。

(2)应结合断面的剖面结构采集断面数据，断面上的测点宜按 0.2～0.3 m 步长等密度采集，采集点应包含起点、终点、拼装缝等特征点，断面上每段线形(直线或圆弧)内的有效数据不应少于 5 个点。

(3)采用具有免棱镜激光测距功能、自动驱动型全站仪，全站仪标称精度不应低于 1″，宜采用机载程序实现自动数据采集。

(4)收敛变形数据宜与标准断面进行比较，并以标准断面为基准输出全断面各点向外(拉张)或向内(压缩)变形情况。

5)采用三维激光扫描仪进行隧道全断面扫描收敛监测，选型与安装部署时应符合下列要求：

(1)扫描仪单点测距精度不低于±1 mm。

(2)数据解算宜以小于等于 10 cm 截取断面，拟合结果应以隧道中心轴线作为参考。

(3)进行采集三维点云数据的同时，需要采集里程、加速度及倾角等参数。

(四)自动化变形监测常用技术设备

1. 全站仪

测量机器人是在全站仪的基础上集成驱动系统、CCD影像传感器系统等,并配置了智能化的应用件及控制系统发展而成的,具有自动目标寻找、智能识别及精确照准能力,能够在短时间内对多个测量目标点进行持续、重复的自动观测。

根据相关规范的技术要求,布设变形监测基准点,建立变形监测工作网,以测量机器人为基础,可采用机载软件或外部RTU、PC软件对其进行测量控制,依据监测需求开展多测点自动化监测作业。三维变形自动化监测系统如图8-38所示。

图8-38 三维变形自动化监测系统

根据项目现场的实际情况,将测量机器人固定安装在稳定不变形的位置,利用极坐标法或全圆法进行监测点的水平位移监测和竖向位移监测。每次监测前通过基准点对测站坐标进行修正,通过温度补偿修正测距精度;监测时采用双盘位削弱轴系误差,采用多测回观测方法削弱偶然误差影响。每次监测结束后,某监测点本次测量值减前次测量值的差值为本次偏差值,本次测量值减初始测量值为累计偏差值。

纵观目前工程领域广泛使用的测量机器人,在精度和可靠性等方面,瑞士徕卡公司推出的TS型自动全站仪表现优良,应用案例较多。其他厂家也已研制出新一代的测量机器人,如美国天宝公司S系列自动全站仪、索佳NET型自动全站仪,国内的南方测绘推出的NS10(0.5″级/1″级)国产高精度测量机器人。相信未来测量机器人将会引入更多技术,进一步提高自动测量效率和精度。

测量机器人是整个自动化监测系统的核心部件,目前隧道工程中广泛使用的是瑞士徕卡公司出品的TM型和TS型测量机器人,详见表8-18。这两款全站仪性能稳定、可靠性强,适合作为自动化监测的主选设备。

表 8-18　瑞士徕卡公司智能型测量机器人性能

仪器型号	TS15/16	TS30	TS50/60	TM50/60
测角精度	1″	0.5″	0.5″	0.5″
测距精度	1 mm+1.5×10^{-6}d	0.6 mm+1×10^{-6}d	0.6 mm+1×10^{-6}d	0.6 mm+1×10^{-6}d
ATR 测程	1 000 m	1 000 m	1 000 m	3 000 m
外观照片			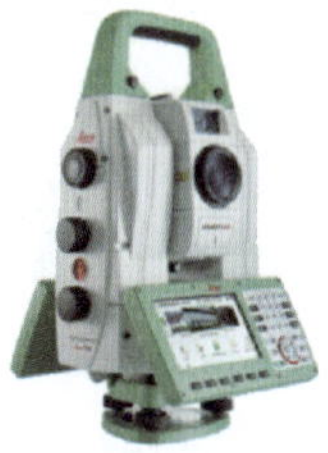	

测量机器人的型号应依据监测目标和监测构筑物的特点(如监测精度和变形限值)选择,避免因盲目追求精度而增加不必要的成本。例如,对普速铁路构筑物的监测采用 1″级测量机器人即可,对高速铁路构筑物的监测则必须采用 0.5″级测量机器人。

2. 静力水准仪

静力水准自动化监测系统可选用高灵敏度、高精度、高稳定性的静力水准仪,其内置智能检测电路,直接输出数字测值,可远距离传输,适应长时间观测和自动化监测,具有采样时间短,数据同步性佳,测量结果不受人为干扰等优点。压差式静力水准仪如图 8-39 所示。

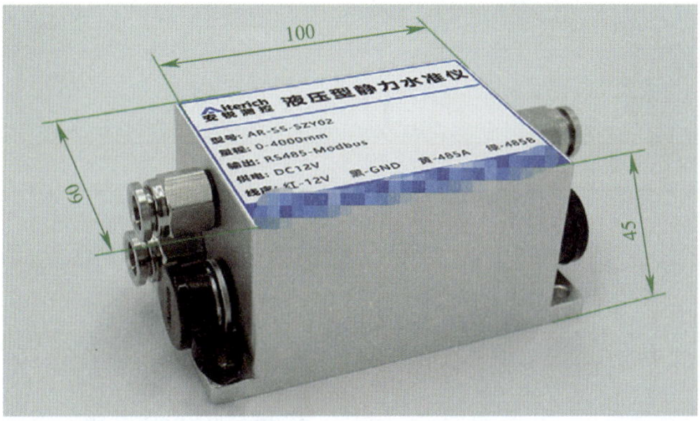

图 8-39　压差式静力水准仪(单位:mm)

静力水准仪采用了液体连通器原理,以大地重力水平面为参考,测量沉降或高差。传感器通过测量内部液面高差,实现竖向位移变形监测。实际应用时,相关测点的传感器通过液体管道彼此相连,一个或部分传感器用作基准点,获取其他传感器相对于基准点的竖向位移变化量,如图 8-40 所示。静力水准仪在竖向位移监测方面精度较高,但受安装工艺和环境温度影响较大,部署时应注意。静力水准仪主要技术参数见表 8-19。

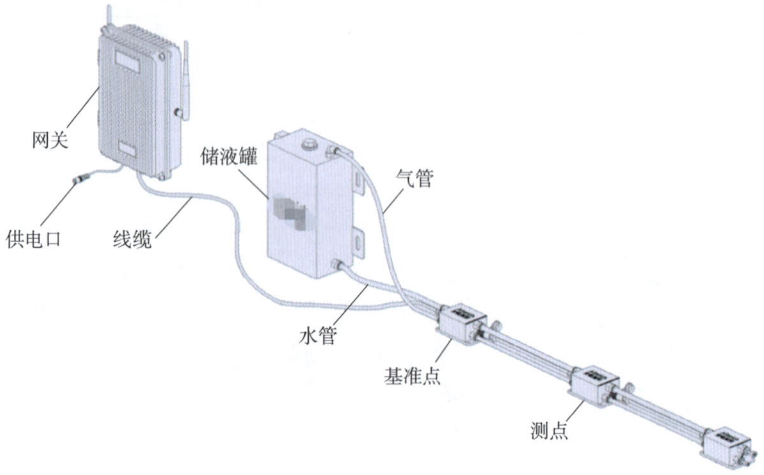

图 8-40　系统组成

表 8-19　静力水准仪主要技术参数

类　型	参　数
量程	50～1 000 mm
精度	±0.5 mm
温度补偿	内置温度传感器
通信接口	RS485-MODBUS
线缆接口	4 芯航空插头
工作电压	DC 12～24 V
工作时电流	10 mA
工作温度	−40～+85 ℃
防护等级	IP68

3. 激光测距仪

激光测距仪是一款利用激光相位法测量传感器与被测物之间距离的传感器，如图 8-41 所示。相位式激光测距仪是利用无线电波段的频率，对激光束进行幅度调制并测定调制光往返一次所产生的相位差，再根据调制光的波长，换算出相位延迟对应的实际距离，即用间接方法测定出光往返所需时间。激光测距仪具有测量速度快、精度高、产品体积小、易操作、稳定性好、使用方便等特点，可应用于隧道

图 8-41　激光测距仪

拱顶沉降及周边收敛监测、桥墩沉降监测。常用激光测距仪主要技术参数见表 8-20。

表 8-20　常用激光测距仪主要技术参数

类　型	参　数
测量范围	0.5～40 m
测量精度	±1 mm
工作电压	DC 9～24 V
最大输出频率	10 Hz
工作温度	−8～+40 ℃
数据接口	RS-485、RS-232
外形尺寸	188 mm×88 mm×55 mm

激光测距仪应用时，在各监测断面上，沿隧道内弧面设置若干激光测距传感器测点，尽量布设在隧道内弧面顶端或水平中轴线的一端，以确保可以直接测得隧道竖径或横径变化，其他各测点测距射线方向以该测点为基准向两侧等角度散射。

将单次传感器采集的数据，通过曲线拟合算法处理为圆曲线，并与初始隧道断面曲线进行叠加对比，以图形和数据形式，直观显示隧道断面的变形情况，以达到用户实时掌握隧道断面收敛变形状态的目的。

4. 测缝计

测缝计是一种感受位移变形并将其转换为与变形成线性关系的数字信号输出的装置，一般有拉线式位移计和振弦式位移计两种。工程应用中一般采用振弦式位移计，如图 8-42 所示。振弦式位移计主要参数见表 8-21。振弦式位移计可长期布设在构筑物或其他混凝土建筑物内部或表面，用于测量结构物伸缩缝或周边缝的开合度（变形），并可同步测量埋设点的温度。加装配套附件可组成基岩变位计、表面裂缝计、多点变位计等测量变形（位移）的仪器。

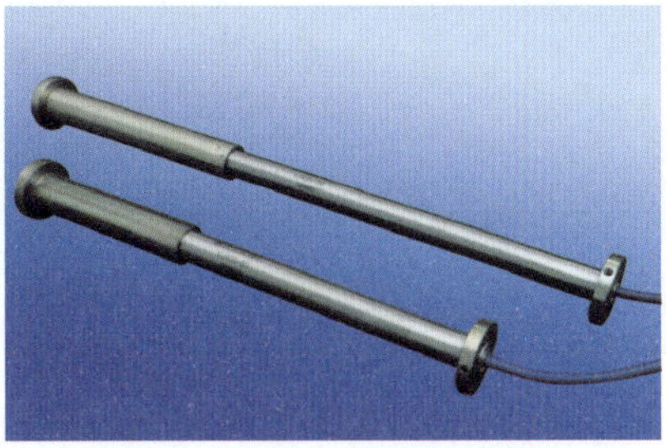

图 8-42　振弦式位移计

表 8-21　振弦式位移计主要参数

类　型	参　数
测量范围	0～200 mm（可选）
测量精度	0.1%FS
灵敏度	0.025%FS
温度测量范围	−25～+60 ℃
温度测量精度	±0.5 ℃
工作环境温度	−20～+60 ℃

5. 三维激光扫描仪

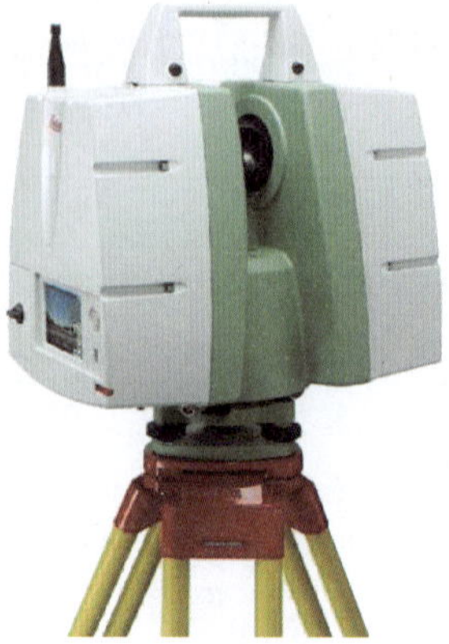

图 8-43　三维激光扫描仪

三维激光扫描是利用激光测距的原理，通过记录被测物体表面大量密集点的三维坐标、反射率和纹理等信息，可快速复建出被测目标的三维模型及线、面、体等各种图件数据的技术。三维激光扫描仪是一种基于三维激光扫描原理的测绘仪器，可连续、自动、快速地收集目标物表面海量高精度三维点云数据，主动性强，能全天候工作，见图 8-43 和表 8-22。其工作过程实际上就是不断地数据采集和处理的过程，通过具有一定分辨率的空间点所组成的点云图来表达系统对目标物表面的采集结果。采用激光扫描仪开展隧道变形应用是自动点云扫描配合人工数据处理的半自动模式。

表 8-22　三维激光扫描仪主要技术参数

类　型	参　数
水平扫描范围	0～360°
垂直扫描范围	0～360°
测距精度	±2 mm
测角精度	±8″
测程范围	0.6～120 m
有效扫描速度	50 万～100 万点/s
工作温度	－20～＋40 ℃
激光等级	1 级人眼安全激光

隧道工程应用中，沿隧道轴线方向逐站扫描作业，获取各扫描测站隧道结构点云数据，利用各测站间 4 个及以上公共点进行点云拼接，获取隧道完整点云数据，并进行精简去噪等处理，提取所需要的隧道点云，进而获取隧道各断面收敛数据，如图 8-44～图 8-46 所示。

图 8-44　三维激光扫描仪铁路隧道作业

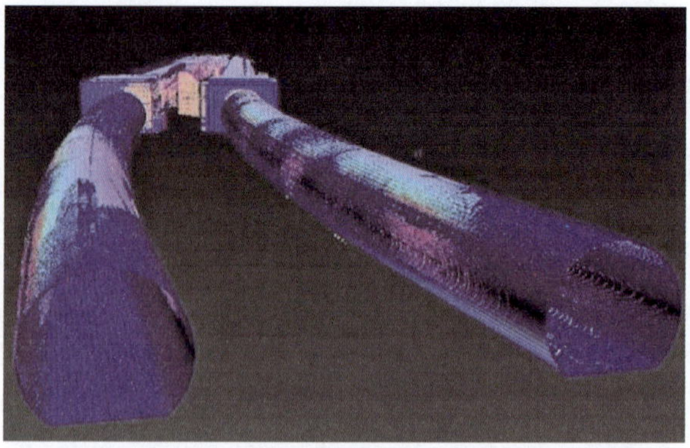

图 8-45　隧道扫描点云展示

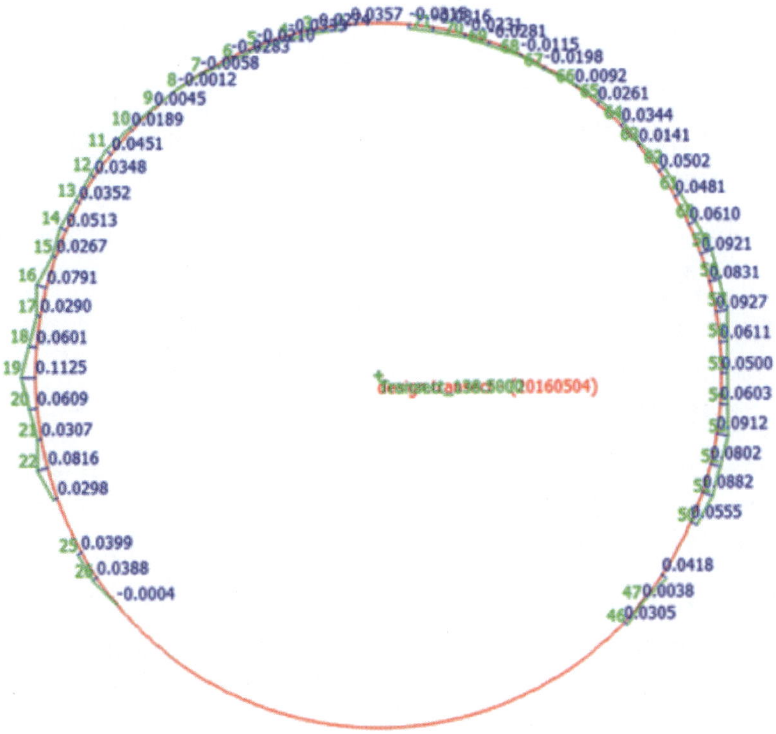

图 8-46　隧道断面变形示意

(五)自动化变形监测系统

1. 自动化监测硬件系统的安装与保护

自动化监测硬件系统应具备一定工程环境适应性,适合在各种气候条件下进行实时监测的能力,数据精度和安装防护应满足工程需求。

(1)硬件系统功能

①可实现监测数据自动化采集、上传和存储。

②具备数据备份、故障上报、监测频率配置功能。

③具备自报式数据上传功能,按设定的时间间隔自动进行测量及数据上报。

④宜具备应答式数据上传功能,通过远程指令控制设备进行数据采集与上报。

⑤宜具备数据补发、异常自动恢复、远程固件升级、阈值自动加密数据采集等功能。

⑥宜具备一定的自我健康诊断、远程运维交互与管理能力。

⑦具有一定外部防护装置,宜配备备用电源。

⑧硬件系统的监测频率应具备可配置能力。

⑨宜具备数据预处理和联合解算能力。

⑩硬件设备支持有线通信和无线通信模式,根据通信条件,尽可能采用无线通信手段。

⑪自动化监测系统测控单元宜采用 220 V 交流电供电；现场无法提供交流电源时可采用太阳能电板供电，太阳能电板供电能力应能满足正常监测及加密监测需求。

(2)硬件系统的安装要求

①对有相对位置和方向要求的监测设备安装，在现场放样时，应严格控制坐标位置，监测设备的安装支架应埋设牢靠，水平度和垂直度应满足设计要求。

②在线监测系统安装过程中，应对系统设备进行参数标定和相应的参数配置，并做好详细记录。

③监测设施更新改造工程，在安装自动监测传感器时，尽量不破坏原有可用的监测设施。

④自动化监测系统调试时，可与人工监测数据进行同步比测。

(3)硬件系统的保护要求

①系统宜采用专用电源供电，系统电源应有稳压及过电压保护措施，以避免受当地电源波动过大的影响。

②对于暴露在工程环境中的硬件系统应加以防护，并具备一定的 IP 防护等级，防止外部破坏及因为环境因素引起的设备损坏。

③系统应有可靠的防雷电感应措施，系统的接地应可靠，接地电阻应满足电气设备接地要求。

④电缆应加以保护，特别是室外电缆应布设在电缆沟或电缆保护管内。电缆沟宜封闭，并应采取排水措施。

⑤受周围环境影响的传感器应加以保护，同时应考虑日照、温度、风沙等气象因素对监测设备的影响，必要时应采取特殊防护措施。

(4)硬件系统的维护要求

①设置在现场的所有监测设备、设施，都应在适当位置明显标出编号，并应经常或定期进行检查、维护。

②应建立仪器、仪表档案。

③应对在线监测系统每年至少进行一次系统检查，做好正式记录，存档备查。

④应定期检查监测设备接线是否坚固、电触点是否灵敏、是否有断线和漏电现象，防雷设施是否正常，接地电阻是否合格，电缆是否有浸水、老化、损坏；并及时修复改善，必要时更换新件，对传输电缆应作特殊保护。

2. 自动化监测软件系统要求

自动化监测软件系统应包含服务器资源、数据传输网络和软件系统，并具备在各种条件下进行系统登录与数据查询的能力。自动化监测软件系统应采用面向服务的架构设计，提供数据交换共享接口，宜预留与其他同级业务平台进行数据共享的接口。自动化监测软件系统应符合国家安全与保密相关规定。

1)软件系统功能

(1)数据展示与查询功能

①系统应具备各监测数据展示功能,监测点、监测分组管理功能。

②监测数据应用符合相关规范要求的曲线图表形式进行显示,并具备导出功能。

③系统应具备通过日期进行历史数据查询的功能。

(2)报表功能

①系统应具备至少满足隧道工程监测技术标准要求的监测日报表格式。

②自动化监测日报表中各数据宜选择同一时间区间段数据进行填写。

③系统应具备报表存储功能,并可对报表进行增、删、查操作。

(3)报警功能

①系统应具备数据报警功能,报警机制应基于阈值进行超限报警。

②应包含多级报警阈值管理功能。

③系统宜具备报警审批功能。

(4)项目管理功能

①系统应具备多项目、多工程管理功能。

②项目管理宜以 GIS 地图、BIM、图片等一种或多种方式进行项目位置、监测点位置的呈现,并具备交互功能。

③项目管理应与实际工程相结合,具备工程、项目相关文档的上传、存储功能,并可记录项目、工程信息。

(5)其他功能

①系统应具有用户权限分级管理功能,可根据用户权限进行功能限定。

②系统宜具备人工数据录入功能。

③系统宜具备人工数据与自动化数据比对功能。

④系统宜具备日志记录功能,对用户登录、操作进行记录。

⑤系统宜具备云上容灾保护与本地恢复功能,确保数据安全性、连续性。

2)软件系统性能

(1)通用性能要求

①系统应支持多用户并发访问要求。

②系统应提供数据备份及恢复方案。

③数据空间可弹性扩展,应根据业务需求情况具备多年的数据存储能力。

④数据查询响应时间应满足业务需求,宜具备海量数据查询能力。

(2)数据库与数据结构建设要求

①数据库应选择关系型数据库。数据库应具备海量空间数据管理能力、数据备份和恢复功能、数据索引功能。

②数据库的建库过程应包括数据结构设计、数据处理、数据检查、数据入库等。

③数据库的设计和建立应至少满足隧道工程监测数据展示与数据报警的建设要求。

④不同系统间的数据交换可采用扩展性良好的物联网协议，如消息队列遥测传输(MQTT)协议。

3)软件系统管理与维护要求

(1)服务器配置要求

系统根据数据库与平台建设需求，结合各地实际情况，可采用私有云、公有云或混合云的方式开展。

(2)系统安全建设

①应实现用户身份标识和鉴别。

②应实现用户访问控制并具备日志记录功能。

③应实现用户数据完整性保护。

④应实现应用软件和数据库备份与故障恢复。

⑤符合信息系统相应安全等级保护基本要求。

⑥监测数据宜进行加密处理。

(六)监测成果及信息反馈

1)自动化监测成果一般要求

监测成果资料应完整、清晰，签字齐全。监测成果应包括现场监测资料、计算分析资料、图表、曲线、文字报告等。监测成果资料宜由自动化监测管理系统自动生成，并包含完善的信息。监测成果资料应定期整理、备份和备查。自动化监测成果应包括日报、阶段性报告和总结报告。监测成果提供的内容应真实、准确、完整，并宜用文字阐述与图表或图形相结合的形式表达。监测报表格式应符合现有规范要求。

(1)日报应包括下列内容：

①当日的天气情况和施工现场的工况。

②仪器监测项目各监测点的本次测试值、单次变化值、变化速率及累计值等，必要时绘制有关曲线图。

③巡视检查记录。

④对监测项目应有正常或异常的判断性结论。

⑤对达到或超过监测报警值的监测点应有报警标示，并有分析和建议。

⑥对巡视检查发现的异常情况应有详细描述，危险情况应有报警标示，并有分析和建议。

(2)阶段性报告应包括下列内容：

①该监测阶段相应的工程、气象及周边环境概况。

②该监测阶段的自动化监测项目及测点的布置图。

③各项监测数据的整理、统计及监测成果的过程曲线。

④各监测项目监测值的变化分析、评价及发展预测。

⑤人工对比监测方法及对比结果。

⑥相关的设计和施工建议。

(3)总结报告的内容应包括下列内容：

①工程概况。

②自动化监测依据。

③自动化监测项目。

④监测点布置。

⑤自动化监测设备和监测方法。

⑥监测频率。

⑦监测结果及报警情况。

⑧人工对比监测方法及对比结果。

⑨各监测项目全过程的发展变化分析及整体评述。

⑩自动化监测工作结论与建议。

2)自动化信息反馈一般要求

①监测过程中的成果资料提交、监测报告传递、监测预警及相关情况通知等宜采用信息化方式进行反馈。

②自动化监测系统中应具有针对不同层级、权限的相关人员进行梯次预警的功能。当出现下列情况之一时，必须立即进行预警，并应通知有关各方采取应急措施：

a. 监测点变形监测累计值或变形速率达到监测预警值。

b. 基坑、隧道支护结构出现明显变形、较大裂缝、断裂、较严重渗漏水、隧道仰拱或垫层隆起，支撑出现明显变位或脱落，锚杆出现松弛或拔出等。

c. 基坑、隧道周围岩土体出现涌砂、涌土、管涌、较严重渗漏水、突水、滑移、坍塌及基底较大隆起等。

d. 周边地表出现突然明显沉降或较严重的突发裂缝、坍塌或地面冒浆、泡沫等。

e. 周边地下管线变形突然明显增大或出现裂缝、泄漏等。

f. 根据当地工程经验判断，出现其他必须进行预警的情况。

③预警信息报送单位、预警处置和响应、消警等相关内容和流程应符合现有规范要求。

第九章　轨道控制网(CPⅢ)

第一节　轨道控制网(CPⅢ)概述

轨道控制网(CPⅢ)是沿线路布设的三维控制网，平面起闭于基础平面控制网 CPⅠ或线路控制网 CPⅡ，高程起闭于线路水准基点，是轨道施工和运营的基准。轨道控制网(CPⅢ)一般采用自由测站边角交会测量方式进行数据采集，在 CPⅢ控制点对网形居中的任一位置架设全站仪，仅整平不对中，对布设在线路两侧的控制点进行距离、水平角度和竖直角度观测，构成边角交会网形。

轨道控制网(CPⅢ)是为了适应高速铁路轨道稳定性和平顺性而建立的一套完整的精密测量体系。轨道控制网(CPⅢ)一般在线下工程施工完成、线下工程沉降和变形满足要求且无砟轨道铺设条件评估通过后进行施测。CPⅢ建网前要对精测网进行全面复测一次，以提前处理施工放样引起的误差超限，为线上轨道施工奠定良好基础。轨道控制网(CPⅢ)从作业内容上可分为无砟轨道网(CPⅢ)、有砟轨道网(CPⅢ)、地铁隧道网(CPⅢ)。

第二节　无砟道床 CPⅢ测量

一、CPⅢ控制点布设

1. CPⅢ控制点元器件

由于无砟轨道网 CPⅢ网点间的相对精度高达±1 mm，而且服务期限长，从轨道板施工开始，到线路竣工时的全线轨道线形竣工测量，以及竣工后线路运营期间的轨道维护，因此 CPⅢ测量标志必须具有强制对中、能够长期保存、不变形、体积小、结构简单、安装方便、价格适中、重复安置精度高等特点。CPⅢ控制点同一套测量标志在同一点重复安装的空间位置偏差应满足表 9-1 要求。

表 9-1　CPⅢ标志棱镜组件安装精度要求

CPⅢ标志	重复性安装误差/mm	互换性安装误差/mm
X	0.4	0.4
Y	0.4	0.4
H	0.2	0.2

2. CPⅢ控制点埋设

CPⅢ控制网布设的技术要求见表 9-2。

表 9-2　CPⅢ控制网布网要求

控制网级别	测量方法	纵向网点间距	备　注
CPⅢ	自由测站边角交会	50～70 m一对	横向点间距 10～20 m

隧道里 CPⅢ控制点一般布置在电缆槽上方 30～50 cm 的隧道边墙上(埋设横插基座)或外侧排水沟顶端(埋设立式基座),如图 9-1 所示。

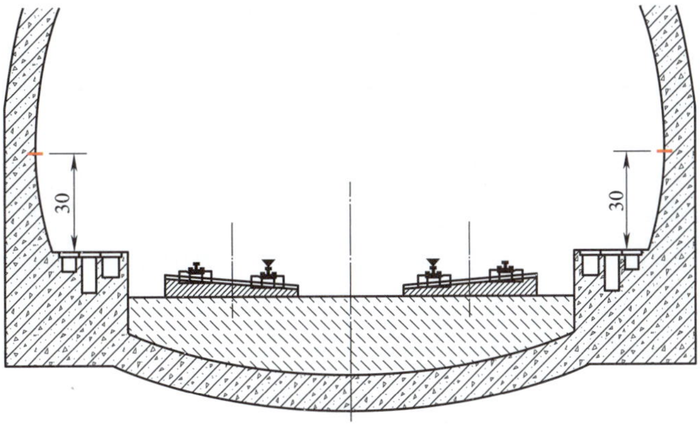

图 9-1　隧道段 CPⅢ控制点埋设示意(单位:cm)

CPⅢ测量标志埋设采用钻孔埋标法,埋设之前要逐个检查平面(高程)测量连接杆和预埋件之间的间隙,平面(高程)测量连接杆全部插入预埋件后,预埋件沿口应和平面(高程)测量连接杆突出横截面密接,有异常情况的预埋件不能使用。相邻两对 CPⅢ控制点在里程上相距约 60 m,进行观测时,插入连接杆,并拧紧配合螺母,保证横插基座基本呈水平状即可,观测完后或者不用时需要拧上轴套保护盖。CPⅢ测量标志埋设方法如下:

①隧道地段在高出电缆槽顶面 30 cm、高于外轨顶面 60 cm 的地方横向钻孔,横向钻孔时孔径由内向外略向上倾斜。

②用塑料盖封闭预埋件插口端管口,防止异物进入预埋件。

③将钻孔内碎石渣清理干净,宜用水冲洗,湿润洞孔,将植筋胶、速凝水泥或快干砂浆等塞入洞孔。

④植入预埋件，必须使得预埋件牢固、长期使用不松动，预埋件插口表面略高于构筑物表面 3～5 mm。

CPⅢ控制点埋设完毕后需要提供点位的详细描述，主要描述内容包括位于线路里程（里程要准确，精确至米）、外移距离、桩类型、具体设置位置和其他需要说明的情况等，点位描述附在成果表里。

CPⅢ控制点应设置在稳固、可靠、不易被破坏和便于测量的地方。CPⅢ控制点编号应清晰、明显地标在隧道边墙上，CPⅢ控制点编号在隧道地段喷绘于标志正上方 20 cm。同一隧道标志高度应统一。点号标志字号采用统一规格字模，并用白色油漆抹底，红色油漆喷写编号，注明 CPⅢ编号及“测量标志，严禁破坏”字样，如图 9-2 所示。

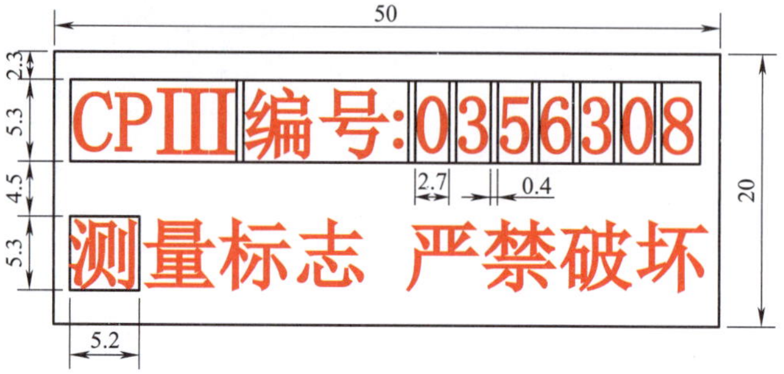

图 9-2　无砟轨道地段 CPⅢ控制点铭牌方案（单位：cm）

注：1. 外边框为白色抹底，尺度大小为 55 cm×20 cm。

2. 汉字和字符字体为宋体加粗，字体高 5.3 cm，宽为 5.2 cm；冒号和阿拉伯数字为宋体加粗，字体高 5.3 cm，宽为 2.7 cm，数字之间的间距为 4 mm。

3. 外边框上下边缘与字体间距各为 2.3 cm，两行字体之间的间距为 4.5 cm。

3. CPⅢ控制点编号

CPⅢ控制点编号定义如下：

无砟轨道地段 CPⅢ控制点采用 7 位数编号方式，前 4 位采用四位 DK 里程的公里数，第 5 位正线部分为“3”，第 6、7 位为流水号。由小里程向大里程方向顺次编号，所有处于线路里程增大方向轨道左侧的标记点，编号为奇数，处于线路里程增大方向轨道右侧的标记点，编号为偶数，在有长短链地段应注意编号不能重复，见表 9-3。对于单线隧道地段而言，单线隧道左线仍采用上述 7 位编号形式，右线需要在 7 位编号的末尾追加一个“y”，以示区分。例如，单线隧道左线 CPⅢ控制点编号为“0536301、0536302”，则右线 CPⅢ控制点编号为“0536301y、0536302y”。

CPⅢ测量过程中的自由设站点编号根据连续里程和测站号等相关信息来进行编制，初测、补测、复测和竣工测量应予区别。例如，163C101，前 3 位为里程，第 4 位“C”代表初次建网测量，“B”代表补测，“F”代表复测，“J”代表竣工测量，第 5 位“1”代表第一次测量，第 6 位和第 7 位代表 测站编号(标段连接处相邻标段应进行协调,保证 CPⅢ 测站编号不重复),01～99 号数循环。

表 9-3 CPⅢ控制点编号

点编号	含 义	数字代码	在里程内点的位置
0136301	表示线路连续里程 DK0136 范围内线路前进方向左侧的 CPⅢ第 1 号点,“3”代表“CPⅢ”	0136301	(轨道左侧)奇数 1、3、5、7、9、11 等
0136302	表示线路连续里程 DK0136 范围内线路前进方向右侧的 CPⅢ第 1 号点,“3”代表“CPⅢ”	0136302	(轨道右侧)偶数 2、4、6、8、10、12 等

4. CPⅢ棱镜组件使用

(1)平面测量

①和已安装的预埋件配套一致,选择棱镜测量杆 12 根。

②把棱镜测量杆插入预先安置好的预埋件中,使棱镜测量杆的突出横截面和预埋件管口严密连接。禁用扳手、锤子等工具强力安装棱镜测量杆。

③将棱镜安装在棱镜测量杆上。

④旋转棱镜头正对准全站仪。

⑤测量完将塑料套筒盖盖上。

由于 CPⅢ平面测量点位随棱镜不同而变化,因此采用的仪器和棱镜必须配套,而且复测、精调也必须采用和测量时同样的仪器、棱镜。

(2)高程测量

①和已安装的预埋件配套一致,选择 4 根水准测量杆。

②把水准测量杆插入预先安置好的预埋件中,使水准测量杆的突出横截面和预埋件管口严密连接。禁用扳手、锤子等工具强力安装水准测量杆。

③将因瓦尺立在水准测量杆顶部球面顶端。

④测量完将塑料套筒盖盖上。

(3)CPⅢ标志日常管理和养护

①搬运、运输过程中应用纸包裹棱镜(水准)测量杆,防止相互碰撞、磨损。

②安装完成后,每次测量完应及时将塞子盖上。

③每三个月检查一次套筒和塞子是否损坏,用小毛刷刷除套筒内灰尘。竖立的套管如果灰尘积太厚,则用水冲洗。

(4)检验方法

采用内径和外径千分尺检测,达到加工尺寸范围为合格。

二、CPⅢ平面控制网观测及数据处理

1. 平面定位精度要求

CPⅢ平面控制网测量控制点的定位精度要求见表 9-4。

表 9-4 控制点的定位精度要求 单位:mm

控制点	测量方法	可重复性测量精度	相对点位精度
CPⅢ	自由测站边角交会测量	3	1

2. 测量方法

CPⅢ平面控制网在观测中观测环境要达到下列要求:气象稳定、避免阳光直射、避免雨雾天气、避免其他工序的施工干扰,以保证 CPⅢ建网的观测精度。

CPⅢ平面控制网采用自由设站交会网的方法施测,附合到 CPⅠ、CPⅡ控制点上,每 600 m 左右(400~800 m)联测一个 CPⅠ或 CPⅡ控制点,自由测站至 CPⅠ或 CPⅡ控制点的观测边长不大于 300 m。CPⅢ平面控制网采用自由测站的测量方法,观测时自由测站间距一般为 120 m,将以 2×6 个 CPⅢ控制点为测量目标,每次测量应保证每个点测量 3 次,CPⅢ平面网构网形成如图 9-3 所示。

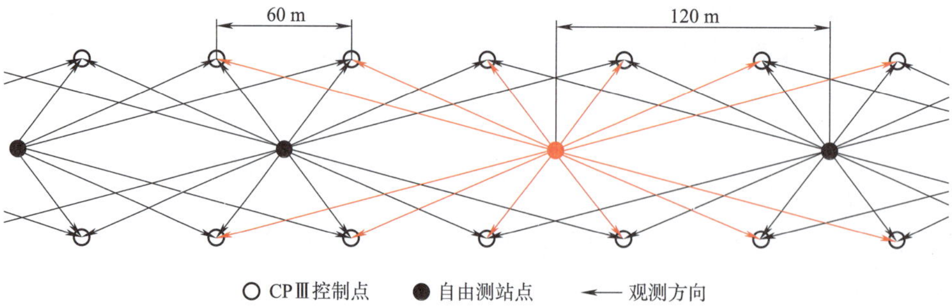

图 9-3 测站间距为 120 m 的 CPⅢ平面网构网形式

因遇施工干扰或观测条件稍差时,CPⅢ平面控制网可采用图 9-4 所示网形,平面观测测站间距为 60 m 左右,以 2×4 个 CPⅢ控制点为测量目标,每个 CPⅢ控制点应被观测 4 次。

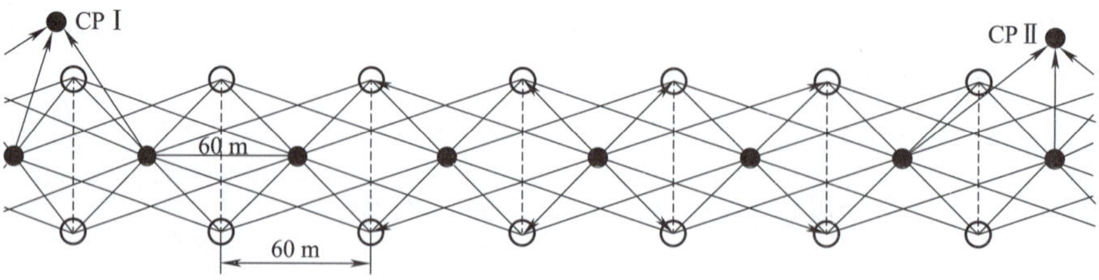

图 9-4 测站间距为 60 m 的 CPⅢ平面网构网形式

3. 数据处理

在自由设站 CPⅢ测量中，应采用能使全站仪自动照准、观测、记录的数据采集专用软件。外业数据存储之前，必须对观测数据的质量进行检核，应包括下列内容：

(1)仪器高、棱镜高。

(2)观测者、记录者、复核者签名。

(3)观测日期、天气等气象要素记录。

检核方法可以采用手工或程序检核。观测数据经检核不满足要求时，及时进行重测，经检核无误并满足要求时，进行数据存储、提交，进而进行数据计算、平差处理。

在现场测量时必须记录各测站的实际情况，它是测量中的重要数据，在进行外业测量时，应用自由测站表填写。

4. CPⅢ平面网的主要技术指标

CPⅢ平面网的主要技术指标、水平方向观测技术要求分别见表 9-5 和表 9-6。

表 9-5　CPⅢ平面网的主要技术指标

控制网名称	测量方法	方向观测中误差	距离观测中误差	相邻点的相对点位中误差	同精度复测坐标较差
CPⅢ平面网	自由测站边角交会	±1.8″	±1.0 mm	±1 mm	±3 mm

表 9-6　CPⅢ平面网水平方向观测技术要求

仪器等级	测回数	半测回归零差	2C 误差	一测回内 2C 值互差	同一方向值各测回互差	竖盘指标差互差	测回间竖直角较差
DJ_{05}	2	6″	≤±20″	9″	6″	12″	6″
DJ_1	3	6″	≤±20″	9″	6″	12″	6″

注：1. 距离测量一测回是全站仪盘左、盘右各测量一次的过程。

2. 当观测方向的垂直角超过±3°的范围时，该方向 2C 互差按相邻测回同方向进行比较，其值应满足表中“一测回内 2C 互差”的限值。

CPⅢ平面网半测回间和测回间距离较差均应小于 1 mm，见表 9-7。

表 9-7　CPⅢ平面网距离观测技术要求

控制网名称	半测回间距离较差	测回间距离较差
CPⅢ平面网	±1 mm	±1 mm

注：1. 距离测量一测回是全站仪盘左、盘右各测量一次的过程。

2. 当 CPⅢ平面网外业观测的水平方向、距离的观测误差不满足以上技术要求时，相应测站外业观测值应全部重测。

CPⅢ平面网观测相邻测站间与任意一对 CPⅢ控制点组成的闭合环的闭合差，应满足表 9-8 规定。

表 9-8 CPⅢ平面网环的闭合差限差

控制网名称	闭合差
CPⅢ平面网	1/4 000

CPⅢ平面网无约束平差精度，应满足表 9-9 的规定。

表 9-9 CPⅢ平面网无约束平差主要精度指标

控制网名称	方向改正数	距离改正数
CPⅢ平面网	≤±3″	≤±2 mm

CPⅢ平面网约束平差后的精度，应满足表 9-10 的规定。

表 9-10 CPⅢ平面网约束平差后的主要精度指标

控制网名称	与 CPⅠ、CPⅡ联测		与 CPⅢ联测		点位中误差
	方向改正数	距离改正数	方向改正数	距离改正数	
CPⅢ平面网	≤±4.0″	≤±4.0 mm	≤±3.0″	≤±2.0 mm	2 mm

5. 区段接边处理

(1)区段之间衔接时，前后区段独立平差重叠点坐标差值应满足小于等于±3 mm。满足该条件后，后一区段 CPⅢ网平差，应采用本区段联测的 CPⅠ、CPⅡ控制点及重叠段前一区段任意 3 对 CPⅢ控制点进行固定约束平差。平差后其余未约束平差的重叠 CPⅢ控制点前后区段的坐标较差如小于等于±1.0 mm，则采用上一区段成果，未满足小于等于±1.0 mm 条件的 CPⅢ控制点应对其稳定性进行分析，确认点位变化后，坐标采用本次测量成果，并注明“坐标更新”。

每一区段 CPⅢ控制网完成搭接前，区段两端的各 6 对 CPⅢ控制点成果不得使用；搭接处的 6 对 CPⅢ控制点成果需待完成区段搭接后方可使用。

测量区段之间衔接时，前后区段独立平差重叠点坐标差值不满足小于等于±3 mm 时，应认真分析原因，需再进行一次复测进行确认。

(2)坐标换带处 CPⅢ平面网计算时，应分别采用相邻两个投影带的 CPⅠ、CPⅡ坐标进行约束平差，并分别提交相邻投影带两套 CPⅢ平面网的坐标成果。两套坐标成果都应满足 CPⅢ相应精度要求，提供两套坐标的 CPⅢ区段长度不应小于 800 m。分带投影区段之间衔接时，前后区段独立平差重叠点，通过坐标转换成相同坐标系的坐标差值应满足小于等于±3.0 mm。满足该条件后，后一区段 CPⅢ网平差，应采用本区段联测的 CPⅠ、CPⅡ控制点及前区段所有 CPⅢ控制点转换坐标成果进行固定约束平差。

三、CPⅢ高程控制网观测及数据处理

CPⅢ高程控制点与平面控制点共桩，在进行棱镜中心高程测量时，只需直接将水准测量轴插入套筒内即可测量，通过减去水准轴球形半径差值即可方便地获得球形棱镜中心所

代表的测量点精确高程。

1. 高程控制网精度要求

(1)精密水准测量精度要求见表 9-11。

表 9-11 精密水准测量精度要求 单位:mm

水准测量等级	每千米测量偶然中误差 M_Δ	每千米测量全中误差 M_W	限差			
			相邻 CPⅢ控制点对环闭合差	往返测不符值	附合路线闭合差	左右路线高差不符值
精密水准	≤±2.0	≤±4.0	±1	$\pm 8\sqrt{L}$	$\pm 8\sqrt{L}$	$\pm 6\sqrt{L}$

注:表中 L 为往返测段、附合或环线的水准路线长度,单位 km。

(2)精密水准测量的主要技术标准要求见表 9-12。

表 9-12 精密水准测量的主要技术标准要求

等　级	路线长度/km	水准仪等级	水准尺	观测次数		往返或闭合较差/mm
				与已知点联测	附合或环线	
精密水准	≤2	DS_1	因瓦	往返	往返	$\pm 8\sqrt{L}$

注:结点之间或结点与高级点之间路线的长度不应大于表中规定的 0.7 倍。L 为往返测段、附合或环线的水准路线长度,单位 km。

(3)精密水准观测主要技术要求见表 9-13。

表 9-13 精密水准观测主要技术要求 单位:m

等　级	水准尺类型	水准仪等级	视距	前后视距差	测段的前后视距积累差	视线高度
精密水准	因瓦	DS_1	≤60	≤2.0	≤6.0	≥0.45

注:L 为往返测段、附合或环线的水准路线长度,单位 km。

(4)测站观测主要技术要求见表 9-14。

表 9-14 测站观测主要技术要求 单位:mm

等　级	精　密	两次读数所测高差之差
精密	0.5	0.7

2. 仪器设备要求

CPⅢ高程测量一般采用每千米水准测量高差中误差优于±0.3 mm/km 的电子水准仪+配套因瓦尺进行。所使用的仪器应在检定有效期内且每年对测量仪器精确度进行一次校准。水准观测第一周每天作业前应采用仪器自带的软件进行检验和校准,若检验指标满足要求并稳定,后续作业前可不进行该项检验,但应每月进行仪器指标检验。

水准测量所使用的仪器及水准尺,应符合下列规定:

(1)水准仪视准轴与水准管轴的夹角:DS_1 级不应超过 15″;

(2)水准尺上的米间隔平均长与名义长之差:因瓦尺,不应超过 0.15 mm;

(3)观测读数和记录的数字取位：使用 DS_{05} 或 DS_1 级仪器应读记至 0.05 mm 或 0.1 mm，使用数字水准仪应读记至 0.01 mm。

3. 精密水准观测

CPⅢ高程测量起闭于线路水准基点，每一测段应至少与 3 个线路基准水准点进行联测，以形成检核。CPⅢ控制点与 CPⅢ控制点之间的水准路线，宜采用闭合回路水准路线形式，以保证每相邻的四个 CPⅢ控制点之间都构成一个闭合环，如图 9-5 所示。

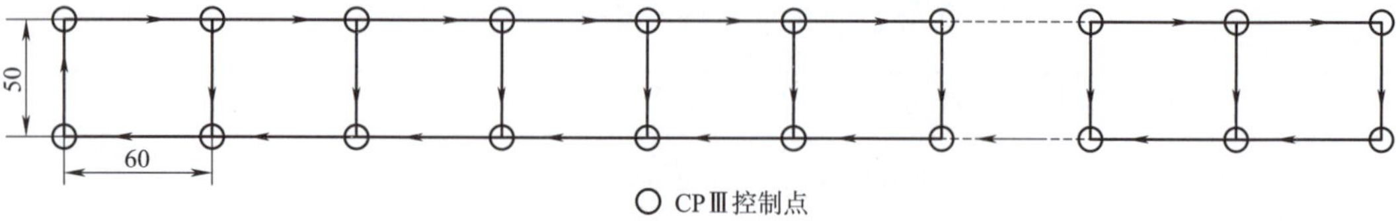

图 9-5　CPⅢ精密水准观测示意(单位：m)

每个水准环四个高差应进行独立观测，即每观测一个高差应重新变换仪器位置或高度。

4. 数据处理

在数据存储之前，要对观测数据作各项限差检验。当检验合格时，进行必要顺序整理，计算与检核者签名后进行存储。当检验不合格时，对不合格测段整体重测，直至合格为止。

水准测量作业结束后，每条水准路线应按测段往返高差不符值计算偶然中误差 M_Δ；当水准网的环数超过 20 个时，还应按环线闭合差计算 M_W。M_Δ 和 M_W 应符合现行《高速铁路工程测量规范》(TB 10601)中精密水准测量精度的要求，否则应对较大闭合差的路线进行重测。M_Δ 和 M_W 的计算公式分别见式(4-1)和式(4-2)。

CPⅢ控制点高程测量应严密平差，平差计算取位按照表 9-15 中的规定执行。

表 9-15　精密水准测量计算取位

等　级	往(返)测距离总和/km	往(返)测距离中数/km	各测站高差/mm	往(返)测高差总和/mm	往(返)测高差中数/mm	高程/mm
精密水准	0.01	0.1	0.01	0.01	0.1	0.1

5. 区段接边处理

区段之间衔接时，前后区段独立平差重叠点高程差值应小于等于±3 mm。满足该条件后，后一区段 CPⅢ网平差，应采用本区段联测的线路水准基点及重叠前一区段任意 2 对 CPⅢ控制点进行约束平差计算。平差后其余未约束平差的重叠 CPⅢ控制点前后区段的坐标较差如小于等于±1 mm，则采用上一区段成果，未满足小于等于±1 mm 条件的 CPⅢ控制点应对其稳定性进行分析，确认点位变化后，坐标采用本次测量成果，并注明“高程更新”。

每一区段 CPⅢ控制网完成搭接前，区段两端的各 6 对 CPⅢ控制点成果不得使用；搭接处的 6 对 CPⅢ控制点成果需待完成区段搭接后方可使用。

第三节　有砟道床 CPⅢ测量

一、CPⅢ测量标志及编号方式

1. 测量标志

CPⅢ测量标志上部采用直径 20 mm、长度 20～30 mm 的不锈钢材料，下部采用普通倒 T 形钢筋焊接而成，其顶部刻 0.5 mm 深的十字丝，标心清晰，对中误差小于 ±1 mm，如图 9-6 所示。

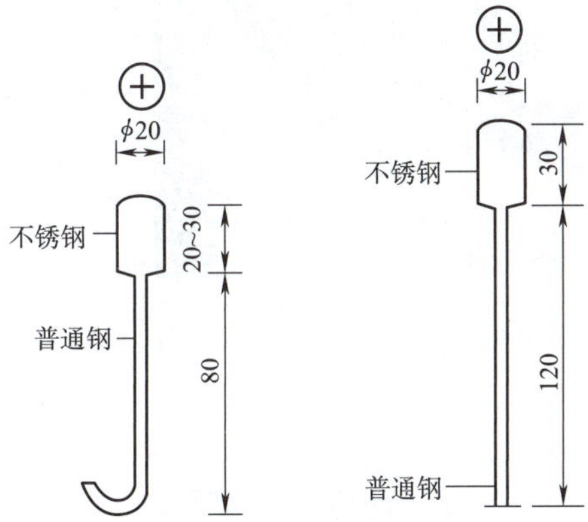

图 9-6　控制桩标志(单位:mm)

隧道地段 CPⅢ测量桩统一采用强制对中标志，强制对中标志由预埋件和基座连接盘两部分组成。预埋件由不锈钢材料精加工而成，埋设于沟槽顶面。

2. 编号方式

有砟轨道地段 CPⅢ控制点采用 8 位数编号方式，前 3 位采用三位 DK 里程的公里数，第 4～6 位正线部分为“CPⅢ”，第 7、8 位为流水号，由小里程向大里程方向顺次编号，在有长短链地段应注意编号不能重复。对于单线隧道地段，隧道左线仍采用上述 8 位编号形式，右线需要在 8 位编号的末尾追加一个“y”，以示区分。例如，单线隧道左线 CPⅢ控制点编号为“123CPⅢ01”，则右线 CPⅢ控制点编号为“123CPⅢ01y”。

二、CPⅢ控制点的布设与埋桩

1. 点位布设

有砟轨道地段 CPⅢ控制点布设应兼顾施工及运营维护要求，左右侧点位各距线路左右中心线 2.5～3.5 m，沿线路每隔 150～200 m 布设，相邻点间须相互通视，相邻点可在线路同侧，也可按左右交替布设。CPⅢ控制点设置在稳固、可靠、不易被破坏和便于测量的地方，并应防沉降和抗移动。控制点标识要清晰、齐全、便于准确识别。

在隧道地段，CPⅢ控制点布设于排水沟与电缆槽隔挡顶面安全稳固、不受干扰、方便保存、便于测量的地方。隧道地段CPⅢ控制点位测量完成后，还需对电缆槽和排水沟盖板底部刻槽，将CPⅢ测量标志全部外露，然后再将盖板盖上，避免盖板直接盖上对CPⅢ控制点造成一定的影响甚至破坏，如图9-7所示。

图9-7　CPⅢ控制点隧道内布设示意

2. 桩埋设

CPⅢ预埋件采用钻孔埋设法，隧道地段竖直埋设于电缆槽与排水沟隔挡顶部，埋设时尽量保证竖直，埋设要求绝对牢固，埋设完成后预埋件孔口需高出构筑物顶面3～5 mm。埋桩步骤如下：

（1）在隧道电缆槽与排水沟隔挡顶部设标，采用电钻在隧道地段竖向钻直径2 cm的孔，孔深应略深于预埋件长度，然后扩大孔径口，扩大部分直径2～3 cm。

（2）用塑料胶带封闭预埋件顶面，防止黏合剂涂抹于预埋件表面的管口或十字丝。

（3）拿打气筒将钻孔内碎石渣清理干净，浇水湿润洞孔，将足够的黏合剂塞入洞孔，黏合剂需均匀充满整个洞孔。

（4）将预埋件植入洞内，这时黏合剂需完全溢出到挡砟墙以及电缆槽与排水沟隔挡顶面，将溢出的黏合剂用抹灰铲抹平，撕去塑料胶带，并用抹布将残余的黏合剂擦拭干净，埋设完毕。

（5）埋设完毕后检查埋设是否合格，埋设完成后预埋件孔口需高出防撞墙顶面3～5 mm。

（6）埋设完成后应及时喷绘点号，点号喷绘应清晰、美观，便于准确识别。埋设的CPⅢ控制点需提供埋设位置、里程、线路左右侧、与线路中线的距离等位置说明。

3. 点号喷绘

CPⅢ控制点编号应清晰、明显地标绘在线路内侧，隧道地段宜标绘于标志正上方20 cm的隧道侧壁上。点号标志采用白色油漆抹底,红色油漆喷写点号。点号标牌规格为 55 cm×20 cm,注明CPⅢ编号及"测量标志,严禁破坏"字样,喷写时使用统一规格的字模、字高。铭牌方案如图 9-8 所示。

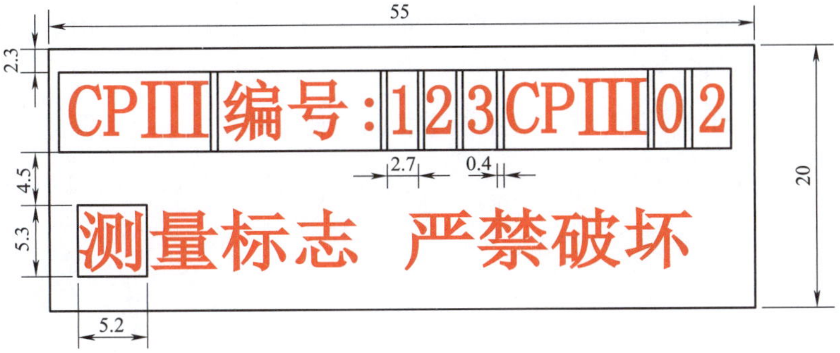

图 9-8　有砟轨道地段 CPⅢ控制点铭牌方案(单位:cm)

注:1. 外边框为白色抹底,尺度大小为 55 cm×20 cm。

2. 汉字和字符字体为宋体加粗,字体高 5.3 cm,宽为 5.2 cm;冒号和阿拉伯数字为宋体加粗,字体高 5.3 cm,宽为 2.7 cm,数字之间的间距为 0.4 cm。

3. 外边框上下边缘与字体间距各为 2.3 cm,两行字体之间的间距为 4.5 cm。

三、CPⅢ测量仪器设备及软件

1. 平面观测仪器设备

(1)CPⅢ测量采用的全站仪需满足下列要求:全站仪具有马达驱动、自动目标搜索、自动照准、自动观测、自动记录功能,其标称精度应满足"方向测量中误差不大于 2″,测距中误差不大于 $2\ mm+2\times10^{-6}d$",并配置稳定、结实的专用木质三脚架。观测前须对全站仪及其棱镜进行检校,作业期间仪器须在有效检定期内。

(2)边长观测应进行温度、气压等气象元素改正,温度读数精确至 0.5 ℃,气压读数精确至 1 hPa。温度计建议采用干湿球温度计,气压计建议采用高原型空盒气压计。温度计、气压计均应经过专业检定机构的检定认证。

(3)CPⅢ棱镜全线统一采用高精度、相位中心稳定的棱镜,棱镜出厂应具有相应的合格证书,且棱镜常数必须经过专业检定机构的检定认证。在进行 CPⅢ测量时还应注意正确输入对应棱镜的棱镜常数。

2. 高程观测仪器设备

(1)水准仪要求采用不低于 DS_1 级的电子水准仪,一般使用天宝 DiNi03 和徕卡 DNA03 系列电子水准仪及其配套因瓦尺,并配置稳定、结实的专用木质三脚架。观测前须对水准仪及其配套因瓦条码尺进行检校,作业期间仪器须在有效检定期内。

(2)尺垫质量应不小于 5 kg。

(3)水准测量扶尺必须使用配套的专用尺撑或撑杆。

3. CPⅢ数据采集及处理软件

为便于 CPⅢ数据统一管理及相邻区段之间的平顺搭接，均采用统一软件进行 CPⅢ数据处理。为保证不同投影带间 CPⅢ平面成果换带计算的正确可靠，CPⅢ坐标投影换带软件采用与设计单位 CPⅠ、CPⅡ坐标投影换带相同的计算软件或采用相同的计算模型和参数，且换带成果的计算精度需精确到 0.000 1 m。

四、CPⅢ平面网测量与数据处理

1. 一般规定

(1)CPⅢ平面网测量采用的软硬件设备、施测方法、测量网形、测量精度、数据处理方法均应符合《铁路工程测量规范》(TB 10101)和《高速铁路工程测量规范》(TB 10601)相应等级的规定，所采用的软硬件设备均经过检定并在有效检定期内。

(2)CPⅢ平面网采用附合导线法施测，施测精度等级为一级导线，通过 400～800 m 联测一次 CPⅠ或 CPⅡ高级控制点，每 4 km 左右进行一次方向闭合附合到线路统一的平面控制基准上。

(3)CPⅢ平面网需分段测量，段落尽可能拉长，分段测量及平差的区段长度不宜小于 8 km，区段间重复观测不少于 3 个 CPⅢ控制点。

(4)CPⅢ平面网测量应起闭于 CPⅠ、CPⅡ或 CPⅡ加密控制点，采用固定数据起算进行平差。

(5)在不同投影带分界处必须分段进行测量与平差。

(6)CPⅢ平面网平差计算后，其精度指标应满足表 9-16 中的要求。

表 9-16　CPⅢ控制网平面测量技术要求

控制网级别	附合长度/km	边长/m	测距中误差/mm	测角中误差/(″)	相邻点位坐标中误差/mm	导线全长相对闭合差限差	方位角闭合差限差/(″)	对应导线等级	测回数	
									1″仪器	2″仪器
CPⅢ	$L\leqslant 4$	150～200	3	4	5	1/20 000	$\pm 8\sqrt{n}$	一级	2	4

导线环(段)的测角中误差 m 应按式(9-1)进行计算。

$$m=\sqrt{\frac{1}{N}\left[\frac{f_\beta^2}{n}\right]} \tag{9-1}$$

式中　f_β——导线环(段)的角度闭合差,(″)；

n——导线环(段)的测角个数；

N——导线环(段)的个数，导线环边数以 4～6 条为宜。

测距边的精度评定应按式(9-2)进行计算。

$$\mu=\sqrt{\frac{[Pdd]}{2n}} \tag{9-2}$$

式中　μ——单位权中误差,mm;

d——各边往返测距离的较差,mm;

n——测距的边数;

P——各边距离测量的先验权。

一边的实际测距中误差应按式(9-3)进行计算。

$$m_{D_i}=\mu\sqrt{\frac{1}{P_i}} \tag{9-3}$$

式中　m_{D_i}——第 i 边的实际测距中误差,mm;

P_i——第 i 边距离测量的先验权。

2. 外业观测

(1)水平角观测采用方向观测法,并满足表 9-17 的要求。

表 9-17　有砟段 CPⅢ网测量技术指标

控制网等级	仪器等级	测回数	半测回归零差/(″)	2C 较差/(″)	同一方向各测回间水平角较差/(″)	竖盘指标差/(″)	同一方向各测回间竖直角较差/(″)
CPⅢ	1″级	2	8	13	9	20	9
	2″级	4	12	18	12	20	12

注:当观测方向的垂直角超过±3°的范围时,该方向 2C 互差可按相邻测回同方向进行比较,其值应满足表中一测回 2C 互差的限值。

(2)边长测量技术要求须符合表 9-18 的要求。

表 9-18　CPⅢ边长测量限差

等　级	仪器精度等级	每边测回数		一测回读数较差限值/mm	测回间较差限值/mm	往返测平距较差限值/mm
		往测	返测			
一级	Ⅰ	2	2	2	3	$2m_D$
	Ⅱ	4	4	5	7	

注:1. 测距仪精度等级划分:Ⅰ级 $m_D\leqslant 2$ mm;Ⅱ级 2 mm$<m_D\leqslant 5$ mm。
2. m_D 为每千米测距标准偏差,即按测距仪出厂标称精度的绝对值,归算到 1 km 的测距标准偏差。

(3)测距边的斜距边长观测进行温度、气压、湿度等气象元素改正以及仪器常数和棱镜常数修正,测距边长还需进行两化改正。

(4)为规范观测作业,测量过程中应严格按下列作业要求执行:

①CPⅢ外业观测时应无震动,无施工干扰,避免尘雾;隧道内观测时还应注意避免强光照射。

②作业人员需对测量仪器与自动化采集软件各部件的性能、作用及操作程序、方法、技术要求等全面了解后,方能开始进行作业观测。

③测量前,预先将仪器、气压表、温度计打开使与外界相适应,放置 20 min 后再观测。

读取气象元素时，气压表置平，防止指针搁滞，温度计悬挂在离地面约 1.5 m 或与仪器近似同高、通风良好的地方。每一测站对测量的距离进行气象改正。温度读至 0.5 ℃，气压读至 100 Pa。

④进行导线观测前首先要配置全站仪，对全站仪进行自动检校，开启自动照准功能、标准测距模式、补偿器，正确设置棱镜常数和气象参数；按照规范要求设置观测限差；进行测站设置后开始目标点寻标，寻标测量过程中应正确输入各 CPⅢ控制点号，量取测站仪器高和目标高并输入采集软件中；学习完毕后进行自动化数据采集。测量过程中严格控制数据采集质量，对不合格的观测值重新测量直至合格为止。若长时间测量不合格，需检查温度、气压是否发生变化，若已发生变化，输入当前的气象参数，并将整个测站返工重测。

⑤置于各控制点上的精密棱镜严格整平对中，并确保棱镜安装到位后正对全站仪。观测人员待棱镜正确安置后方可进行测量，测量过程中正确输入对应棱镜的棱镜常数。

⑥测量开始后，在现场认真填写测站的外业测量记录，不允许事后补填。外业记录内容包括天气状况、温度、湿度、气压、点号与观测顺序、示意图上的各导线点的相互关系与其他异常情况。

⑦观测时尽量避免其他干扰。棱镜内不能有任何遮挡，务必保证所有目标点都能通视，并且附近没有反光马甲或其他类似的反光表面。

⑧定时对仪器的工作状况进行检查，避免观测出现系统误差。

3. 数据处理

(1)CPⅢ独立区段数据处理方法

CPⅢ外业测量观测工作结束后，及时整理和检查外业电子记录数据。首先对 CPⅢ观测数据进行测站质量检查，对于误差较大的测站数据返工补测。然后计算导线测量中测站方向和边长观测值的各项限差、测角中误差、测距中误差、对向观测边较差，然后以 CPⅠ、CPⅡ及 CPⅡ加密点为起算数据，计算导线全长相对闭合差、方位角闭合差、导线环闭合差和坐标闭合差。确认上述指标全部符合规定后，采用严密平差方法计算。另外，考虑到 CPⅢ距离观测值与 CPⅠ、CPⅡ坐标系统存在尺度不一致的问题，计算过程中还需对测距边长进行两化改正。

平差需进行点位坐标计算，并提供验后单位权中误差、方向和边长改正数及其中误差、点位中误差、边长相对中误差、点位误差椭圆和相对点位误差椭圆等精度评定数据，上述指标必须满足相应的精度要求。

(2)CPⅢ平面网相邻区段之间衔接过渡数据处理方法

CPⅢ网区段与区段之间重复观测应不少于 3 个 CPⅢ控制点；这些点在各自区段中的观测和平差计算，必须满足 CPⅢ网的精度要求。除此之外，还要满足两次测量公共 CPⅢ控制点间的连接角较差小于±8″,边长较差小于±8 mm 的要求;满足该条件后,后一区段 CPⅢ网平差,采用本区段联测的 CPⅠ、CPⅡ高级控制点及重叠的前一区段 1～2 个 CPⅢ控制点作为约束点进行平差计算。

测量区段之间衔接时,不满足上述要求时认真分析原因,需再进行一次复测确认,确认无误时未约束的重叠点坐标应采用后一区段 CPⅢ网的平差结果,并在新提交成果备注栏注明为"更新成果"。

(3)相邻投影带之间 CPⅢ平面网衔接过渡数据处理方法

相邻投影带衔接处 CPⅢ平面网计算时,分别采用换带处的高级控制点的两个投影带的坐标进行约束平差,平差完成后分别提交相邻投影带两套 CPⅢ平面网的坐标成果,两套坐标成果均须满足轨道控制网的技术要求,提供两套坐标的 CPⅢ平面网区段长度不小于 800 m。

五、CPⅢ高程网测量与数据处理

1. 一般规定

(1)CPⅢ高程网采用四等水准等级进行测量。测量采用的软硬件设备、施测方法、网形、测量精度、数据处理方法均应符合现行《铁路工程测量规范》(TB 10101)和《高速铁路工程测量规范》(TB 10601)中相应等级的规定,所采用的软硬件设备均经过检定并在有效检定期内。

(2)CPⅢ高程网测量应起闭于稳定的线路水准基点或线路水准加密点,采用固定数据平差。

(3)CPⅢ高程网测量分段应与平面网相一致,长度最短不宜少于 8 km,且每一区段分段平差时应至少联测 3 个线路水准基点。

(4)CPⅢ高程网测量结束后,其精度指标满足表 9-19 和表 9-20 的要求。

表 9-19　精密水准测量的主要技术标准

水准测量等级	每千米水准测量偶然中误差 M_Δ/mm	每千米水准测量全中误差 M_W/mm	附合路线或环线周长的长度/km	
			附合路线长	环线周长
四等水准	≤5	≤10	≤3	—

表 9-20　四等水准测量限差要求　　单位:mm

水准测量等级	测段、路线往返测高差不符值	测段、路线的左右路线高差不符值	附合路线或环线闭合差	检测已测段高差之差
四等水准	$\pm 20\sqrt{K}$	$\pm 14\sqrt{K}$	$\pm 20\sqrt{L}$	$\pm 30\sqrt{R_i}$

注:K 为测段水准路线长度,单位 km;L 为水准路线长度,单位 km;R_i 为检测测段长度,单位 km。

2. 外业观测

(1)四等水准观测按往返测的形式进行,观测方法和精度必须满足表 9-21 和表 9-22 的规定。

表 9-21 四等水准测量观测方法

等级	观测方式		观测顺序
	已知点联测	附合	
四等水准	往返	往返	后—前—前—后

表 9-22 四等水准观测主要技术要求

等级	水准仪最低型号	水准尺类型	视距/m	前后视距差/m	测段的前后视距累积差/m	视线高度/m	数字水准仪重复测量次数
			数字	数字	数字	数字	
四等	DS_1	因瓦	≤100	≤5.0	≤10.0	≤2.8 且≥0.35	≥1 次

(2)在观测数据存储之前,必须对观测数据作各项限差检验。检验不合格时,对不合格测段整体重测,直至合格为止。

(3)CPⅢ高程测量附合于线路水准基点或线路水准加密点,统一按往返路线形式进行观测,水准路线附合长度不得大于 3 km。CPⅢ高程网与线路水准基点按水准测量方式进行联测时,按四等水准测量技术要求进行往返观测。

3. 数据处理

CPⅢ四等水准数据处理的方法、精度必须满足现行《铁路工程测量规范》(TB 10101)和《高速铁路工程测量规范》(TB 10601)中相应的技术指标和精度要求。

(1)CPⅢ精密水准网独立区段数据处理方法

水准测量外业工作结束后,首先进行观测数据质量检核。检核的内容主要包括:测站数据检核、水准路线数据检核、往返测高差较差及附合路线闭合差。M_Δ 和 M_W 的计算方法和限差应符合规范的精度指标规定,否则应对存在较大闭合差的路线进行重测。外业观测数据全部合格后,将联测的稳定线路水准基点或线路水准加密点的高程作为固定数据进行严密平差计算,并提供各点的高程和高差中误差、测段高差改正数等精度指标。

(2)CPⅢ精密水准网相邻区段之间衔接过渡数据处理方法

CPⅢ网区段与区段之间重复观测应不少于 3 个 CPⅢ控制点,这些点在各自区段中的观测和平差计算,必须满足 CPⅢ网的精度要求。除此之外,还要满足两次公共 CPⅢ控制点间的高差较差小于±8 mm 的要求;满足该条件后,后一区段 CPⅢ网平差,采用本区段联测的线路水准点及重叠的前一区段 1~2 个 CPⅢ控制点作为约束点进行平差计算。

测量区段之间衔接时,不满足上述要求时认真分析原因,需再进行一次复测确认,确认无误时未约束的重叠点坐标应采用后一区段 CPⅢ网的平差结果，并在新提交成果中备注栏注明为“更新成果”。

第四节　地铁 CPⅢ测量

一、地铁轨道基础控制网布设

地铁轨道基础控制网沿线路成对布设，纵向间距一般为 30～60 m，高于轨面 1.5 m 左右，点位布设高度严格按照设计值进行，轨道基础控制点成对埋设于隧道侧墙、中隔墙或站台廊檐上，同一点对布设在同一管片上。轨道 CPⅢ控制点纵向间距见表 9-23。

表 9-23　轨道 CPⅢ控制点纵向间距

编　号	曲线半径 R/m	轨道 CPⅢ控制点间距/m
1	$R \geqslant 3\ 000$	60
2	$2\ 000 \leqslant R < 3\ 000$	50
3	$1\ 200 \leqslant R < 2\ 000$	45
4	$700 \leqslant R < 1\ 200$	35
5	$R < 700$	30

轨道基础控制网点埋设较高，轨道基础控制网高程测量采用自由测站三角高程进行，每 500 m 左右处在轨道基础控制点下方高于轨面 20 cm 加设一个点用于水准联测。

1. 圆形隧道区间段铺轨轨道 CPⅢ控制点布设

CPⅢ控制点一般布设位置如图 9-9 所示，在高于轨面 1.50 m 的盾构管片上成对布设，标识设在 1.50 m 处。

2. 站内隧道段控制点布设

车站站台一侧控制点埋设在站台廊檐侧面，距轨面约 1.10 m 的位置，标识设在 0.75 m 处，点位埋设位置距离站台顶面不宜小于 10 cm，另一侧轨道控制点应对应埋设在隧道侧墙距轨面 1.50 m 的位置上，标识设在 1.80 m 处，须低于广告牌的位置，如图 9-10 所示。

3. 出入场线敞开段控制点布设

在出入场线敞开段，铺轨轨道 CPⅢ控制点应成对布设在侧墙且高于轨道基础 1.80 m 的位置，U 形槽挡墙低于距轨面 1.90 m 时，自挡墙顶面下返 10 cm 的地方为 CPⅢ控制点位的高度，具体如图 9-11 所示。

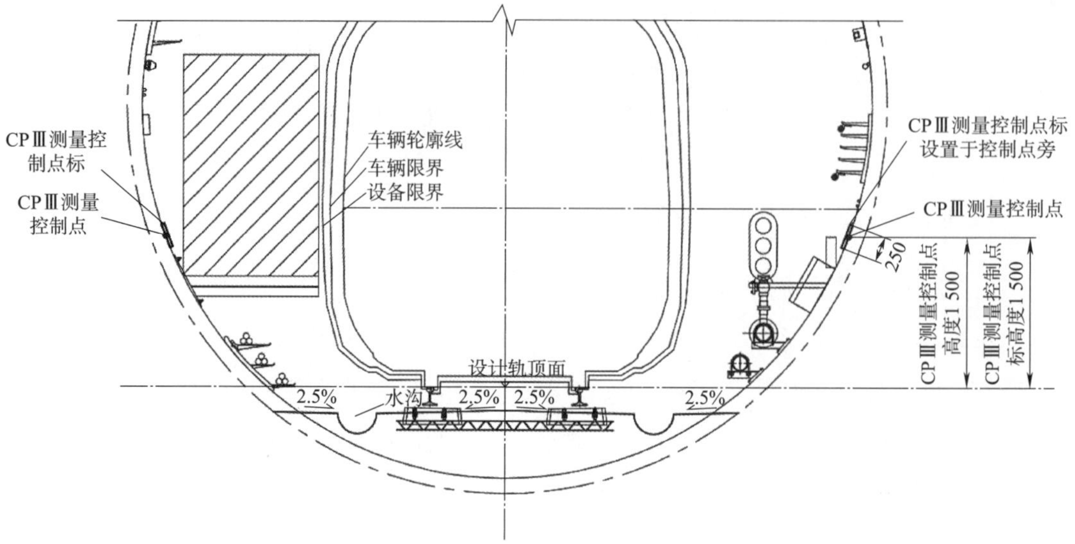

图 9-9　圆形隧道区间段铺轨轨道 CPⅢ控制点布设示意(单位:mm)

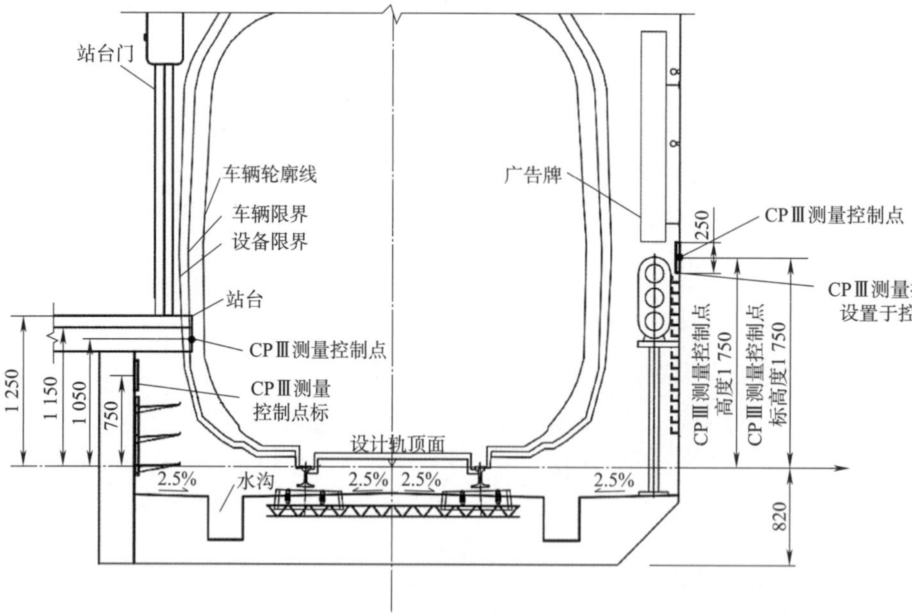

图 9-10　出入场线单圆隧道段铺轨轨道 CPⅢ控制点布设示意(单位:mm)

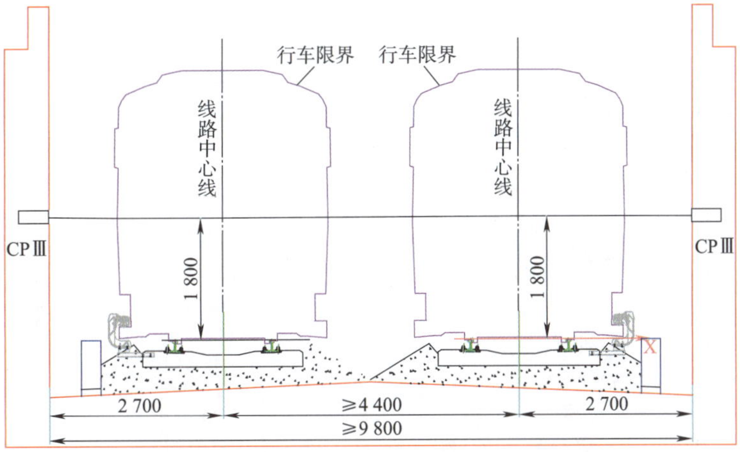

图 9-11　出入场线敞开段铺轨轨道 CPⅢ控制点布设示意(单位:mm)

二、预埋件埋设

根据圆形隧道、明挖地段结构不同,依据调线调坡图纸计算出预埋件位置处的轨顶面设计高程,再使用测量仪器放样出预埋件的高度,然后选定埋设点,尽量将点位设置在稳固、可靠、不易被破坏、便于测量,以及防沉降、防震动和抗移动的地方。

采用 ϕ25 mm 的钻头钻深约 100 mm,利用毛笔刷及打气筒清理孔内粉末,保证孔内清理干净。采用锚固剂或植筋胶填充孔位,然后水平安放预埋件,使锚固剂或植筋胶沿预埋件外壁四周被挤出,待锚固剂凝固后检查预埋件是否稳固,并确保预埋件内无任何异物后,再安装好保护盖。CPⅢ预埋杆件如图 9-12 所示。

图 9-12　CPⅢ预埋杆件

CPⅢ控制标按照公里数递增进行编号,其编号反映里程数,位于线路里程增大方向左侧的控制点编号为奇数,位于里程增大方向右侧的控制点编号为偶数(在有长短链地段应注意编号不能重复)。标识一般为六位数,具体规则为:×(左右线标识 Z 或 Y)+××(里程整公里数)+G(表示轨道基础控制点)+××(该公里段序号)。例如 Z26G01,其中“Z”代表左线,“26”代表里程数,“G”代表轨道基础控制点,“01”代表该里程范围内第一号点。轨道 CPⅢ控制标如图 9-13 所示。

以圆形隧道 CPⅢ控制标设置为例,控制标为平面型,安装于隧道壁上,控制标中心距离钢轨顶面 1 500 mm±500 mm。圆形隧道壁上的控制标用 M12 螺栓,通过螺母固定在隧道壁外挂槽道支架上,螺母朝外设置。未设外挂槽道隧道壁(如矩形隧道)上的控制标采用

M12 膨胀螺栓，通过螺母固定在隧道壁上。

图 9-13　轨道 CPⅢ控制标(单位:mm)

三、地铁 CPⅢ组件的要求

1. 测量组件

地铁 CPⅢ控制点测量组件由预埋件、平面测量杆、棱镜、高程测量杆四部分组成。控制点测量组件采用精加工元器件(采用数控机床)，由 SUS304 不锈钢材料制作。该组件重复安置精度和互换安装精度 X、Y、Z 三方向分别小于 0.4 mm、0.4 mm、0.2 mm。

(1)预埋件

预埋件在轨道基础控制网测量前进行埋设，用于连接平面测量杆或高程测量杆，进行后续平面或高程测量工作，如图 9-14 所示。

(2)平面测量杆

平面测量杆安装在预埋件中。在轨道基础控制网平面测量时，采用平面测量杆用于连接专用平面测量棱镜，如图 9-15 所示。

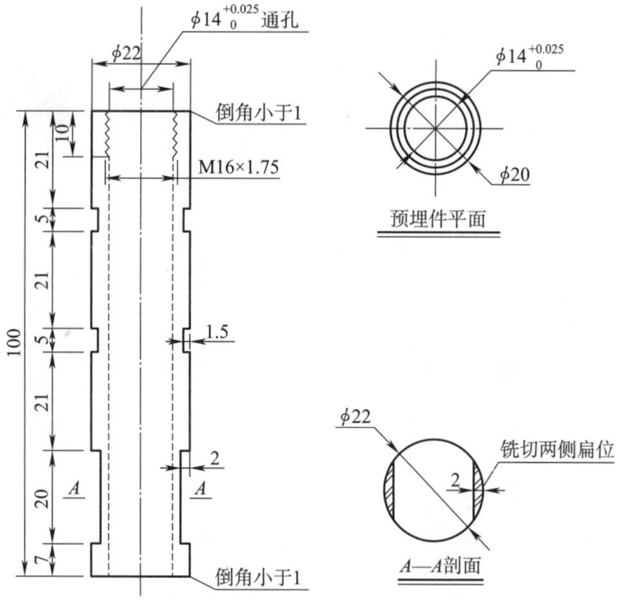

图 9-14　CPⅢ预埋件示意(单位:mm)

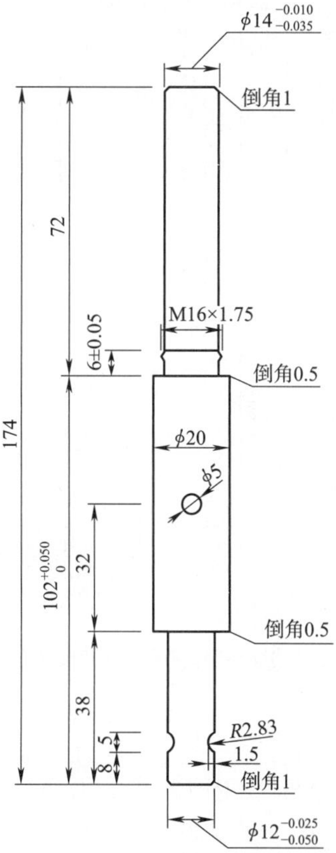

图 9-15　CPⅢ平面测量杆示意(单位:mm)

(3)专用平面测量棱镜

轨道基础控制网平面测量采用反射面大、精度高的徕卡GPR121原装精密棱镜，该棱镜与平面测量杆配套使用，如图9-16所示。

图 9-16　平面测量棱镜示意

(4)高程测量杆

高程测量杆如图9-17所示，使用时安装在预埋件中，水准测量时使用。

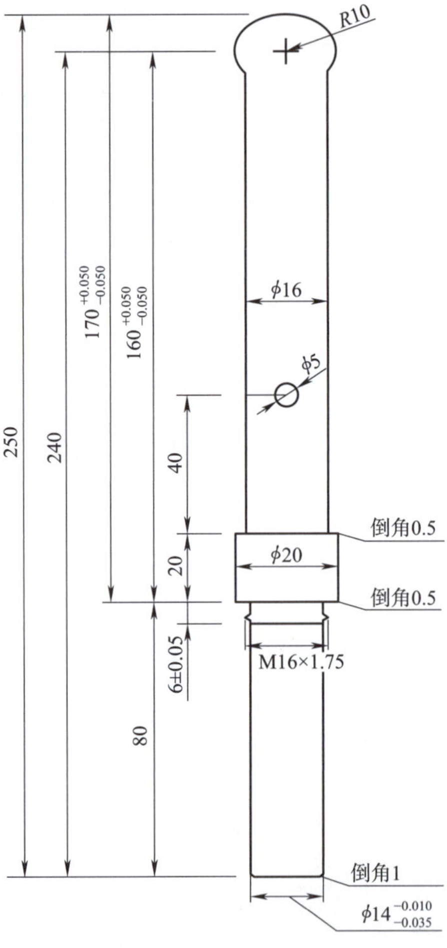

图 9-17　CPⅢ高程测量杆示意(单位：mm)

2. 检测棱镜误差

选一平坦的开阔场地，安置全站仪和棱镜，逐一对轨道CPⅢ测量使用的棱镜组件的重复性、互换性安装精度进行检测，精度要求见表9-24。

表 9-24　棱镜组件安装精度要求

轨道 CPⅢ标志	重复性安装误差/mm	互换性安装误差/mm
X	0.4	0.4
Y	0.4	0.4
H	0.2	0.2

3. 检测全站仪综合加常数

测距综合加常数误差是指全站仪测距时棱镜加常数误差与全站仪测距加常数误差叠加后形成的综合残余误差。如图 9-18 所示，在一平坦场标定Ⅰ、A、Ⅱ、B 四点，四点位于一条直线，每次测量时确保全站仪和 A、B 安放棱镜后大致等高，先将全站仪安置在Ⅰ，在 A 安放棱镜测量 S_1，将棱镜移至 B 测量 S_2，依次测量完 14 个球棱镜，然后将全站仪安置在Ⅱ，依次测量 14 个球棱镜对应的 S_3、S_4，每边测量 4 次读数，取平均值，然后根据式(9-4)可计算全站仪对各棱镜的常数修正值 K(单位：mm)，取一组轨道 CPⅢ测量棱镜与全站仪综合加常数误差平均值对测距边进行修正。

$$K=\frac{(S_2-S_1)-(S_3+S_4)}{2}\times 1\,000 \tag{9-4}$$

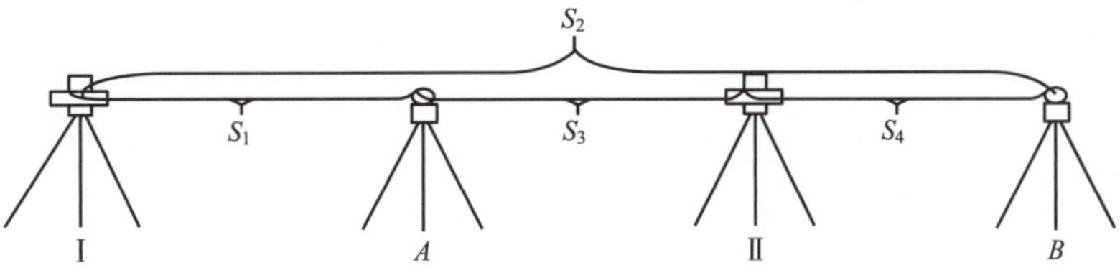

图 9-18　全站仪综合加常数检测示意

4. 控制点测量组件使用注意事项

(1)平面测量时，在将棱镜安装在预埋件上后，应旋转棱镜头正对全站仪。

(2)测量完成后，应及时用保护盖将预埋件盖上。

(3)测量组件在搬运、运输过程中应用纸包裹，防止相互碰撞、磨损。

四、地铁 CPⅢ平面控制网外业观测

1. 地铁 CPⅢ平面控制网外业观测技术要求

(1)自由测站间距一般为 60～120 m，自由测站到轨道 CPⅢ控制点的最远观测距离不应大于 180 m；每个轨道 CPⅢ控制点应保证至少被三个自由测站观测，如图 9-19 所示。

(2)应检测仪器及配套棱镜状态良好，方可进行外业测量。

(3)采用全圆方向观测法进行观测，如采用分组观测，应采用同一归零方向，并重复观测一个方向。

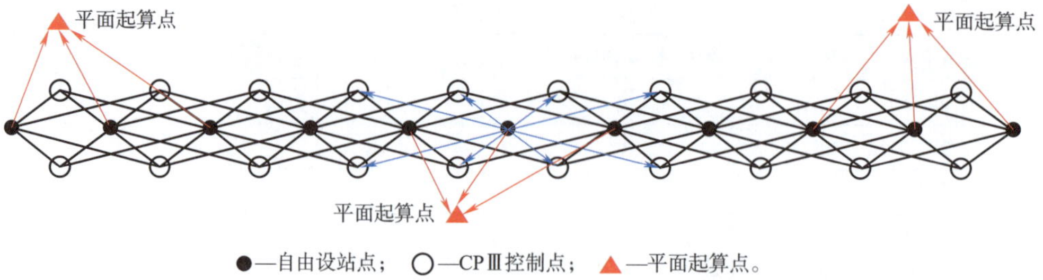

图 9-19 轨道 CPⅢ控制网与平面控制点联测示意

(4)按表 9-25 和表 9-26 的技术要求进行观测。

表 9-25 距离观测技术要求

控制网名称	测回数	半测回间距离较差	测回间距离较差	距离观测中误差
轨道 CPⅢ平面网	≥2	±1 mm	±1 mm	±1 mm

注：距离测量一测回是全站仪盘左、盘右各测量一次的过程。

表 9-26 平面测量水平方向观测技术要求

控制网名称	仪器等级	测回数	半测回归零差	不同测回同一方向 2C 互差	同一方向归零后方向值较差
轨道 CPⅢ控制网	0.5″	2	6″	9″	6″

(5)全站仪中输入温度和气压进行气象元素改正，温度读数精确至 0.2 ℃，气压读数精确至 0.5 hPa。

2. 与平面起算点的联测

(1)当沿线布设有线路控制网点时，地铁 CPⅢ控制网平面测量应每隔 500 m 左右联测一个既有的高等级线路控制点。

(2)自由设站至既有的高等级线路控制点的距离不宜大于 300 m，当隧道内既有的高等级线路控制点不满足轨道 CPⅢ联测要求时，应按同精度的导线加密方法进行加密，或架设在既有高等级控制点上设站进行观测，测站名取既有高等级控制点名称。

(3)地铁 CPⅢ控制网与线路控制网点(平面起算点)联测时，应至少通过两个自由测站进行联测。

(4)根据既有控制点的情况，地铁 CPⅢ控制点与高等级线路控制点均通过自由设站测量构网。

3. 地铁 CPⅢ控制网搭接注意事项

(1)相邻共用的地铁 CPⅢ控制网至少联测 3 对既有 CPⅢ控制点。

(2)平面测量应在气象条件比较稳定的环境(温差变化较小、湿度较小)下进行，尽量选择无风的阴天或夜晚无风的时段施测，减少气象因素对测角精度的影响。

(3)观测前对仪器的 ATR 进行校准，通过手动瞄准盘左盘右进行观测，按照仪器提示，最终完成 ATR 校准。观测过程中,保证每个棱镜都正确对准全站仪,削弱自动照准误差影响。

(4)区段搭接测量时,应共同搭接测量 1 个既有控制点,区段搭接处的既有控制点宜位于搭接区段的中间,且与前后区段自由测站点通视良好,有条件时,可搭接测量区段交界处的两个既有控制点。CPⅢ控制点平面坐标差满足限差 3 mm 要求后,方可进行下一步搭接处理。

(5)更新的 CPⅢ成果及时与相邻施工标段联系确认后,进行上报并对成果进行调整。

(6)地铁 CPⅢ平面网可根据施工需要分段测量,分段测量的区段长度不宜小于 2 km。

4. 观测步骤

(1)架设仪器及参数设置。将 CPⅢ棱镜组件安置在轨道 CPⅢ预埋件上,架设全站仪,设置参数,如全站仪综合加常数、测量单位、数据取位、棱镜类型及温度、气压等。

(2)限差设置。限差设置分别有归零差、测回间 2C 互差、测回内垂直角指标差、测回间垂直角限差、测距互差。

(3)测量点学习。输入测站点号及观测点号,测定及输入仪器高和目标高,设置测回数。

(4)CPⅢ点测量。采用数据采集软件控制智能型全站仪完成所有观测目标的观测。

(5)查看观测数据是否合格。测量误差显示,查看观测值。

(6)重测或迁站进行下一站测量。

(7)数据输出。

5. 外业记录

轨道 CPⅢ测量自由测站记录表见表 9-27。

表 9-27 轨道 CPⅢ测量自由测站记录表

线________段________第________页 共________页

测量单位: 天气: 测量日期: 年 月 日

<table>
<tr><td>自由测站编号</td><td></td><td>仪器高</td><td></td><td>温度</td><td></td><td>气压</td><td></td></tr>
<tr><td>测量点编号</td><td>棱镜高</td><td>备注</td><td>测量点编号</td><td>棱镜高</td><td>备注</td></tr>
<tr><td></td><td></td><td></td><td></td><td></td><td></td></tr>
<tr><td></td><td></td><td></td><td></td><td></td><td></td></tr>
</table>

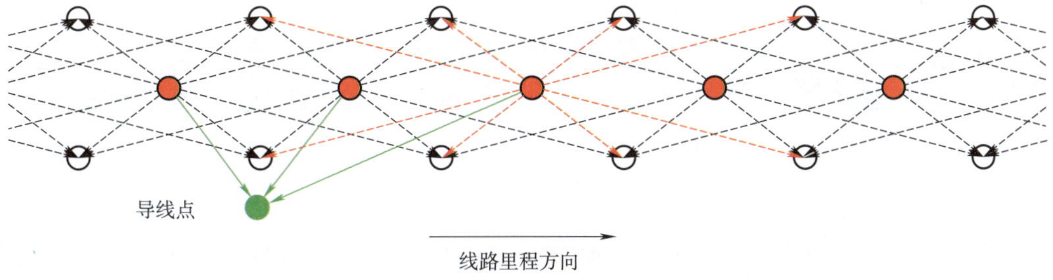

测量点标记示意图

说明:自由测站编号、轨道基础控制网轨道标记点编号应在该示意图上标记出来

仪器编号:________司镜:________记录:________测量时间:______时______分

五、轨道基础控制网高程测量

(1)轨道基础控制网高程测量采用水准测量的方法进行,测量仪器配置及精度见表 9-28 和表 9-29。

表 9-28　高程测量观测方法

测量方法	线路长度/km	水准仪等级	水准尺	观测次数
水准测量	≤3	DS_1	因瓦尺	单程(轨道基础控制点间) 往返(联测既有水准网点)

表 9-29　高程测量水准路线的精度要求

水准测量等级	每千米水准测量偶然中误差 M_Δ	每千米水准测量全中误差 M_W	限差			
			检测已测段高差之差/mm	往返测不符值/mm	附合路线或环线闭合差/mm	左右路线高差不符值/mm
二等水准	2.0	4.0	$\pm 8\sqrt{L}$	$\pm 8\sqrt{L}$	$\pm 8\sqrt{L}$	$\pm 6\sqrt{L}$

注:表中 L 为往返测段、附合或环线的水准路线长度(km)。

(2)轨道基础控制网高程测量利用平面测量的边角观测值,采用自由测站三角高程测量方法与平面测量合并同时进行。

(3)地下隧道控制网高程利用平面测量的边角观测值,采用自由测站三角高程测量方法与平面测量合并同时进行。采用不同测站所测得的相邻点高差进行构网。相邻点应由 3 个不同的任意测站点同时进行观测,取相邻点 3 个高差值,互差小于 3 mm 时,应取距离加权平均值作为最后的高差值。轨道基础控制网自由测站三角高程测量技术要求和三角高程网平差后的精度指标分别见表 9-30 和表 9-31。

表 9-30　轨道基础控制网自由测站三角高程测量技术要求

全站仪标称精度	测回数	测回间距离较差	测回间竖盘指标差互差	测回间竖直角互差
0.5″,0.6 mm+1×10⁻⁶d	3	1 mm	10″	6″

表 9-31　轨道基础控制网自由测站三角高程网平差后的精度指标

高差改正数	高差观测值的中误差	高程中误差	平差后相邻点高差中误差
±1 mm	±1 mm	±2 mm	±1 mm

(4)三角高程测量方法如下:

①轨道基础控制网高程测量附合于既有的线路水准控制点上,宜每 500 m 左右联测一个线路水准控制点,水准路线闭合长度不宜大于 2 km。

②轨道基础控制网测量时应联测每个车站布设的地下高程起算点。

③利用不同测站所得的相邻点高差,采用自由测站三角高程测量方法施测。

④高程起算点的联测采用独立往返水准测量的方法进行。

⑤高程测量可根据需要分段测量，分段测量的区段长度不宜小于 2 km，区段间重复观测不应小于两对控制点。

(5)轨道基础控制网控制点高程限差要求见表 9-32。

表 9-32　轨道基础控制网控制点高程限差要求

控制点类型	可重复性测量精度	相邻点高差相对点位精度	水准测量精度
轨道基础控制网控制点	±2 mm	±0.5 mm	精密水准测量

六、平面内业数据处理

平面内业数据处理一般按照下列步骤完成：数据导入及限差检查→闭合差计算→网平差计算→搭接平滑处理。

1. 数据检查

外业观测前，将各项技术指标输入基础控制网数据采集程序，并检查全站仪中气象参数、棱镜常数等设置是否正确，然后进行数据采集，若测站观测数据超限，则应立即现场重测。

2. 数据计算与平差

(1)基础控制网数据计算和平差处理时，先采用独立自由网平差，再采用合格的平面起算点进行固定约束平差。

(2)基础控制网自由网平差后，对各项技术指标进行统计分析，检核控制网自由网平差的精度。轨道基础控制网自由网平差后的主要技术要求见表 9-33。平差结果不能满足规范要求的精度指标时，应分析原因并根据相应情况进行返工测量。

表 9-33　轨道基础控制网自由网平差后的主要技术要求

控制网名称	方向改正数	距离改正数
轨道基础控制网平面测量	±3″	±2 mm

自由网平差满足要求后，应进行平面约束平差，并按规范规定，对各项技术指标进行统计分析，检核控制网约束平差的精度。轨道基础控制网平面测量约束平差后的主要技术要求见表 9-34。为保证控制网成果质量，约束平差前应对采用的平面起算点进行精度检核，采用检核合格的起算点进行约束平差计算。

表 9-34　轨道基础控制网平面测量约束平差后的主要技术要求

控制网名称	与控制基准联测		轨道基础控制网联测		方向观测中误差	距离观测中误差	点位中误差	相邻点相对点位中误差
	方向改正数	距离改正数	方向改正数	距离改正数				
轨道基础控制网	≤±4″	≤±4 mm	≤±3.0″	≤±2 mm	≤±1.8″	≤±1 mm	≤±3 mm	≤±1 mm

(3)基础控制网平面测量平差计算取位,应按表 9-35 执行。

表 9-35 轨道基础控制网平面测量平差计算取位

等　　级	水平方向观测值/(″)	水平距离观测值/mm	方向改正数/(″)	距离改正数/mm	点位中误差/mm	点位坐标/mm
轨道基础控制网	0.1	0.1	0.01	0.01	0.01	0.1

(4)区段之间衔接时,前后区段独立平差,重叠点坐标差值应小于等于±2 mm,满足该条件后,采用余弦平滑方法进行区段接边处理。

3. 平差处理流程及相关要求

(1)数据传输及预处理。将外业观测记录的数据传入计算机,进行数据整理,检查半测回归零差、不同测回同一方向 $2C$ 互差、同一方向归零后方向值较差等规范指标是否满足要求。

(2)编辑平面已知点数据。在数据处理前需要编辑好本测段的平面已知点数据,以及本测段的投影面高程、高程异常等数据。

(3)生成平差文件。生成平差文件时,软件会提示是否进行两化改正,为了满足"三网合一"的要求,应进行两化改正。

(4)闭合差检验。检验每一对轨道基础控制点由不同测站测量后的兼容性,检验后轨道基础控制点对环闭合环精度不应低于 1/35 000。

(5)输出观测手簿。

(6)设置平差参数。

(7)解算概略坐标。

(8)自由网平差校正。平差前应对联测的已知点进行兼容性及整网的尺度比进行判断,对不兼容的已知点应进行外业复核,并对成果进行更新。

七、高程内业数据处理

高程内业数据处理一般按照下列步骤完成:数据导入及限差检查→闭合差计算→网平差计算→搭接平滑处理。

1. 数据检查

观测数据存储之前,应对观测数据作各项限差检验。检验合格时,进行顺序整理;检验不合格时,对不合格测段进行重测。

2. 数据计算及网平差

基础控制网高程测量时,进行环闭合差和附合路线闭合差统计,并对每千米高差偶然误差和每千米高差全中误差进行统计分析。应对相邻 4 个控制点所构成的水准环进行环闭合差检核，采用平差计算软件进行计算，相邻控制点的水准环闭合差不得大于 1 mm。

基础控制网高程测量应以联测过的既有调线调坡高程控制点为起算数据，进行严密固定数据约束平差，相邻基础控制点间高差中误差不应大于±0.5 mm。

3. 区段间接边处理

区段之间衔接时，前后区段独立平差的重叠点高程差值应小于等于±3 mm，满足该条件后，采用约束平差方法进行区段接边处理。

第五节　CPⅢ复测及维护

一、平面复测

CPⅢ平面网复测采用的仪器设备、观测方法、网形、精度指标、计算软件及联测上一级控制点 CPⅠ、CPⅡ的方法和数量均应与原测相同。当 CPⅠ或 CPⅡ控制点破坏或不满足联测精度要求时，需采用稳定的 CPⅢ控制点原测成果进行约束平差。CPⅢ控制点复测与原测成果的 X、Y 坐标较差应小于等于±3 mm，且相邻点的复测与原测坐标增量 ΔX、ΔY 较差应小于等于±2 mm。

复测完成后，应对 CPⅢ网复测精度进行评价，满足要求后，对复测数据和原测数据进行对比分析和评价，对超限的点位认真进行原因分析，确认点位移动原因。为保证 CPⅢ控制点位的相对精度，应选用复测成果进行后续作业。

平面坐标增量较差按下式计算：

$$\Delta X_{ij}=(X_j-X_i)_{复}-(X_j-X_i)_{原} \tag{9-5}$$

$$\Delta Y_{ij}=(Y_j-Y_i)_{复}-(Y_j-Y_i)_{原} \tag{9-6}$$

式中　ΔX_{ij}——复测与原测 X 坐标增量较差；

ΔY_{ij}——复测与原测 Y 坐标增量较差；

X_j,X_i——复测与原测 X 坐标；

Y_j,Y_i——复测与原测 Y 坐标。

二、高程复测

CPⅢ高程网复测采用的网形、精度指标、计算软件及联测上一级线路水准基点的方法和数量均应与原测相同。CPⅢ控制点复测与原测成果的高程较差小于等于±3 mm，且相邻点的复测成果高差与原测成果高差较差小于等于±2 mm。

复测完成后，应对 CPⅢ网复测精度进行评价，满足要求后，对复测数据和原测数据进行对比分析和评价，对超限的点位认真分析原因，确认点位移动原因。为保证 CPⅢ控制点位的相对精度，最终应选用复测成果进行后续作业。

高程增量较差按下式计算：

$$\Delta H_{ij}=(H_j-H_i)_{复}-(H_j-H_i)_{原} \tag{9-7}$$

式中 H_i——点号 i 的 CPⅢ控制点高程值；

H_j——点号 j 的 CPⅢ控制点高程值。

CPⅢ网布设于隧道边墙和辅助立柱上，会受线下工程稳定性等原因的影响。为确保 CPⅢ控制点的准确、可靠，在使用 CPⅢ控制点进行后续轨道安装测量时，每次都要与周围其他点进行校核，特别是要与地面上稳定的 CPⅠ、CPⅡ控制点进行校核，以便及时发现和处理问题。

在钢轨精调前，必须对 CPⅢ控制网进行整网复测，以保证钢轨精调的准确性及可靠性；在投影换带地段，还应在相邻投影带对线路中线进行实地检核；此外，还应加强对永久 CPⅢ控制点的维护。

第六节 轨道精调

无砟轨道是高速铁路建设中优先选用的轨道形式，是以钢筋混凝土道床取代散粒体道砟道床的整体式轨道结构。它具有良好的稳定性、连续性和平顺性，结构耐久，维修工作量少，能避免高速行车时道砟击打列车等。

一、双块式无砟道床轨排架法施工测量

双块式无砟道床采用轨排架法施工，其调整分为粗调和精调两步，在施工过程中均以 CPⅢ控制点的三维坐标为基准，采用输入测量程序来控制轨排架中心线和高程的偏差，通过调整达到轨道铺设验收标准要求。

1. 轨排架法施工测量原理

无砟轨道精密测量是以 CPⅢ控制点的三维坐标为基准，全站仪自由设站（采用后方交会法）计算出当前设站点的坐标，然后照准放置在轨道仪器上的棱镜，在全站仪内输入正确的棱镜常数。在粗调过程中，仪器自带程序计算出棱镜所在点高程和中线的实测值与设计值的偏差；在精调过程中，小车和全站仪连接，通过小车自带传感器在全站仪手簿上面显示轨排架的各项几何参数与设计偏差，然后根据数据偏差调整轨排架的位置，以使轨排架达到设计要求的状态。

2. 轨排架法施工测量步骤

(1)线路中线放样

在底板凿毛完成并冲洗干净后，使用全站仪调用道路测设程序放样线路中心线，在线路

中心线每隔 6.25 m 放样一个点,在底板打入钢钉作为标志。在放样线路中心线时,要保证标志点距离和中线的偏差不超过 2 mm,依此确定轨排架就位时中心所对位置。

(2)轨排架就位

轨排架就位时,严格控制内轨顶面的高程偏差和轨排架的中心线偏差在允许范围内,在轨排架两端中心位置处悬挂垂球,控制轨排架中心位置。

根据实践经验,在轨排架就位时应遵循"宁低勿高、宁外勿内"的原则。原因是在高程调整过程中,上升相对容易;在中线调整过程中,由边墙向中心水沟方向调整相对容易。

(3)轨排架粗调

轨排架粗调使用全站仪通过 4 个或 6 个 CPⅢ控制点进行自由设站,设站点距最远的轨排架调整点 60～80 m。

设站完成后,将万能道尺放在轨排架前端的粗调螺杆位置处,采用全站仪测量轨排架轨面高程和中线位置,万能道尺控制左右轨的轨面水平。根据测量数据,指挥工人调整竖向粗调螺杆和横向支撑螺杆。粗调完成后,保证轨排架的高程偏差控制在−5～0 mm,中线偏差控制在 2 mm 内。

(4)轨排架精调

轨道精确测量系统精密测量调整的流程如下:

①将所有测量控制点数据文件调入备用。

②输入线路设计中心线的参数,确定线路设计中心线的理论位置。

③将全站仪架于轨道中心,距待测点约 50 m 处,精确调平后进行自由设站观测。

④经数据处理和精度分析后,确定全站仪自由设站点的坐标、方位和全站仪横轴中心的高程,并进行设站误差分析。

⑤观测确定轨检小车上棱镜的绝对位置(X、Y 和 H),经过计算并与设计中心线进行比较,得到该点离设计中心线横向偏移的距离和里程,最后确定该点钢轨的精确调整量,将该点精确调整到位。

⑥轨检小车移动到下一个精调位置,全站仪自动照准、测量和记录,确定该点钢轨的精确调整量,将该点精确调整到位。重复该步骤,直至距离全站仪 9 m 处。

⑦全站仪搬站,前进到离上一站最后一个调整位置约 50 m 处,自由设站(至少后视 8 个 CPⅢ控制点)后,将精调机回退 15 m(重叠测量 15 m),对上一站调整好的位置再次进行测量,较差限差在±1 mm 之内,则可继续进行作业,否则须检查原因,再重新设站。

⑧继续推动精调机向前测量、调整,直至距离全站仪 9 m 处。

⑨精确调整完后,对调整好的线路段(包括重叠段)用轨检小车进行检核,如满足无砟轨道验收标准的精度要求,即可进行下一路段的轨道测量。如不满足,则再进行检查和微调,直至满足要求。

二、长轨精调

长轨精调又称长钢轨精调测量，主要内容有轨道静态调整测量和轨道动态调整测量。其中，轨道静态调整主要包括轨道几何状态测量、数据整理、模拟调整、出具书面调整报表、统计调整/更换扣件种类、现场调整扣件、调整完成后扣件紧固、调整后复测轨道调整效果、回收更换下来的扣件、清理轨道板。

静态调整达到静态验收标准后，才能开始联调联试。开始联调联试后，精调工作进入轨道动态调整阶段，该阶段主要通过 160 km/h 轨检车和 250 km/h 动车组对轨道状态进行检测和评估。动态调整阶段主要通过对动态轨检车的数据进行分析，利用静态调整的方式对轨道进行调整。通过两个阶段的调整，最终使得轨道状态满足动车组高速运行的舒适性和安全性要求。

1. 作业标准

(1)重新测量前，认真核对 CPⅢ坐标、轨道设计线形设计要素数据输入正确，确保测量仪器校核无误，设站精度达到要求，钢轨、扣件干净无污染，无缺少和损坏，焊缝平顺(<0.2 mm)，扣件扭矩和扣压力达到设计要求。

(2)测量一般选在阴天或夜间进行，严禁在高温、雨天、大雾、大风等条件下测量，避免测量误差过大出现粗差。

(3)测量数据模拟调整前，必须保证数据的真实、可靠性。调整应遵循“先整体、后局部，先轨向、后轨距，先高低、后水平”的原则。优先保证参考轨的平顺性，另外一股钢轨通过轨距和水平控制。平顺度允许偏差应满足：一般轨距控制在±1 mm 以内；水平控制在 1 mm 以内；轨向和高低控制在 2 mm 以内，连续两个承轨台变化率控制在 0.5～0.7 mm。特殊情况下，对调整量突然变化较大的地段，需现场核对或重新测量后再作调整。

(4)扣件更换前认真核对现场轨道实际情况，找准需更换扣件的承轨台(结合承轨台标号会使该项工作精确、高效)，做出相应标识，并用弦绳和道尺做必要的复核，现场按既有线施工规定做好防护。

(5)更换扣件时，每次拆除扣件不得超过 5 个承轨台，并且在更换扣件区段两端各松开 1～2 个扣件(只是松开，不拆除)，确保扣件更换能达到预期目的和平滑过渡。

(6)扣件更换结束后，再次核对调整量和扣件规格，确认无误后按规定力矩上紧螺栓，回收调整下来的扣件，并将道床表面打扫干净。

(7)再次复查调整效果，对于只是个别更换扣件的地段，可以用弦绳和道尺复核即可，对于长大区段调整的，用精调小车复核更高效。

2. 施工方法

1)施工准备

(1)按基本要求配备轨道精调所需物品，并对相关仪器或设备按规定项目做好检验和校准工作。重点做好全站仪、精调小车和道尺的校核，确保不同测量手段的结果尽量一致或相近。

(2)按不同工种配足相应的作业人员，作业前认真学习作业指导书，并认真学习既有线施工安全相关知识，培训结束考核合格后方可上线作业。

(3)对CPⅢ控制点作重新检查和测量，确认点位可用，坐标值误差在允许范围之内。对于被破坏而无法使用的CPⅢ控制点，必须重新埋设和测量并纳入确认后的CPⅢ网进行平差。及时更新相关数据，使用前认真核对数据的可靠性和输入的正确性。

(4)认真核对设计资料，确保设计线形等资料输入正确。重点核对平面曲线要素、变坡点位置和竖曲线要素、曲线超高等。确定基准轨(参考轨)，平面位置以高轨(外轨)为基准，高程以低轨(内轨)为基准，直线区间上的基准轨参考大里程方向的曲线。

2)承轨台编号

(1)承轨台编号方法

①全线采用贯通的连续里程，里程由4位数组成，表示公里数。

②对CPⅢ控制点进行编号来划分区间，同一里程(以公里为单位)下相邻两个CPⅢ控制点之间作为一个区间，区间号为两位数字；顺里程增加方向分左(右)线对每个区间起始处的CPⅢ控制点编号，编号是奇数表示左线，是偶数表示右线，如：1347303，表示线路里程为K1347范围左线第3个区间。

③每个区间第一个承轨台必须编号，相对CPⅢ控制点顺里程增加方向最近的承轨台为该区间的第一个承轨台。承轨台编号为3位数，第一个承轨台编号为001，其余以此类推，直到下一个CPⅢ控制点为止，现场可间隔10个承轨台距离进行编号，如：1347303003，表示左线里程为K1347，第3个区间的第3个承轨台。

(2)具体要求

①为便于在轨检小车程序中输入承轨台编号和详细里程，须将区段的CPⅢ控制点位置里程和两个CPⅢ控制点之间编号为001的第一个承轨台的详细里程(精确到0.01 m)制成表格，如1347303001和1313＋005.10，为建立统一的精调复测结果数据库打下基础。

②为方便以后运营期间的维修工作，每个区间的第一个承轨台都要有清晰且永久的标记。每隔10个承轨台在现场采用白底黑字油漆刷在线路左侧的承轨台进行编号，方便快速查找承轨台。

3)轨道检查

测量前安排专人对需要测量的地段进行全面检查，主要包括钢轨、扣件、焊缝等。

(1)钢轨

钢轨要用肉眼全面查看，应无污染、无低塌、无掉块、无硬弯等缺陷，钢轨工作边无残留混凝土等黏结物。

(2)扣件

主要消除扣件扣压力不足(表现为扣件与轨距挡块中间不密贴)以及轨距挡块与钢轨、钢轨和轨下垫板不密贴的情况,要求所有不密贴控制在0.3 mm以内,最大不超过0.5 mm。检查方法是塞尺逐个检查。

(3)焊缝

焊缝要全部检查,采用1 m平直度尺及塞尺检查,主要测量焊缝平顺性,平顺度允许偏差应满足“顶面$^{+0.2}_{0}$ mm、工作边$^{0}_{-0.2}$ mm、圆弧面$^{0}_{-0.2}$ mm”,发现轨头不平顺及时通知铺轨单位处理。

4)轨道测量

(1)轨道精调后,轨道静态平顺性应符合表9-36要求。

表9-36 轨道静态平顺性技术指标

序号	项目		平顺度允许偏差	检测方法
1	轨距		$^{+0.5}_{0}$ mm	轨道几何状态测量仪
2	高低	弦长10 m	1 mm/10 m	
		弦长30 m	1 mm/5 m	
		弦长300 m	3 mm/150 m	
3	轨向	弦长10 m	1 mm/10 m	
		弦长30 m	1 mm/5 m	
		弦长300 m	3 mm/150 m	
4	扭曲	基长6.25 m	1 mm	
5	水平		0.5 mm	

(2)全站仪设站。

①全站仪自由设站精度应符合表9-37要求,每一测站最大测量距离不大于80 m。

表9-37 全站仪自由设站的精度技术指标

项目	精度
X	≤0.7 mm
Y	≤0.7 mm
H	≤0.7 mm
定向精度	≤1.4″

注:连续桥、特殊孔跨桥自由设站的精度可放宽至1.0 mm。

②精调小车的测量步距宜为两个扣件的间距。更换测站后,应重复测量上一测站测量的最后3～5个承轨台。

(3)测量。

按轨检小车操作程序进行作业,重点控制好测量环境、设站精度、棱镜的安装等细节。每次测量结束后,及时整理导出数据以便分析和调整。下次测量时,与上次测量至少搭接 3～5 个承轨台,避免出现错台现象。

对于测量结果出现异常地段,现场应采用塞尺及 1 m 直钢尺及时对钢轨及扣件的状态进行复查,查找原因,确认测量结果的可靠性,为下步调整提供依据。

5)轨道模拟调整

利用轨道精调软件对采集的数据进行模拟调整,并生成报表,如图 9-20～图 9-22 所示。

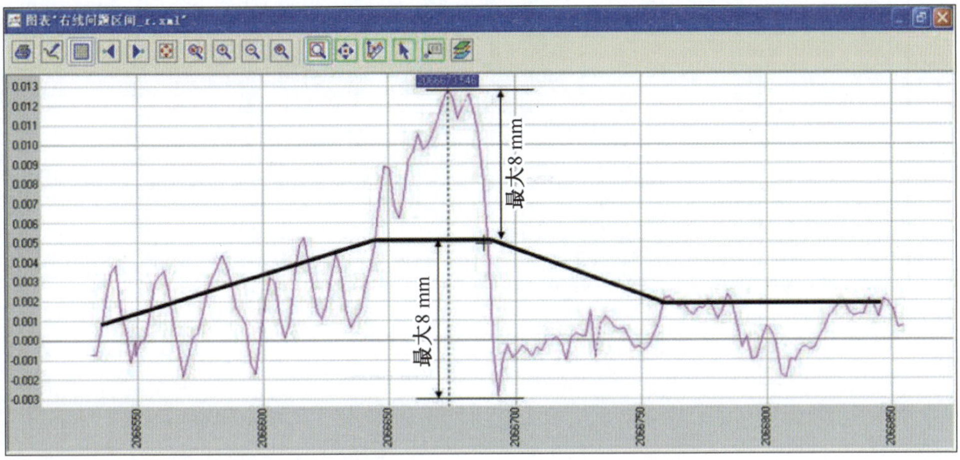

图 9-20　轨道模拟调整分析

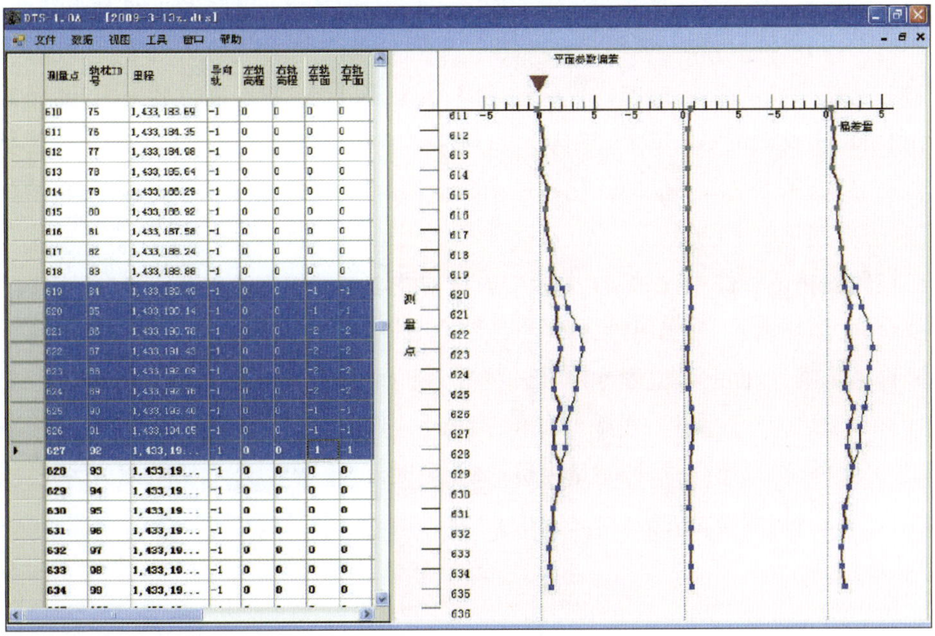

图 9-21　平面模拟调整

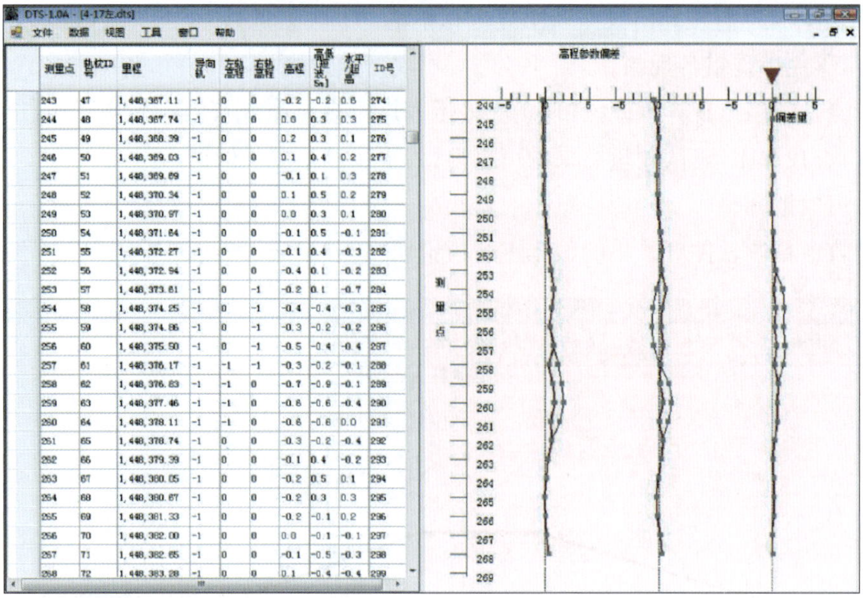

图 9-22　高程模拟调整

(1)生成的报表中,导向轨为“−1”表示右转曲线,平面位置以左轨(高轨)为基准,高程以右轨(低轨)为基准;导向轨为“1”表示左转曲线,平面位置以右轨(高轨)为基准,高程以左轨(低轨)为基准。

(2)“先整体后局部”:可首先基于整体曲线图,大致标出期望的线路走向或起伏状态,先整体上分析区间调整量,再局部精调。

(3)“先轨向后轨距”:轨向的优化通过调整高轨(基准轨)的平面位置来实现,低轨的平面位置利用轨距及轨距变化率来控制。

(4)“先高低后水平”:高低的优化通过调整低轨(基准轨)的高程来实现,高轨的高程利用超高和超高变化率来控制。

(5)在轨道精调软件中,平顺性指标可通过对主要参数指标(平面位置、高程、水平、轨距)曲线图的“削峰填谷”来实现,目的是直线顺直、曲线圆顺。

(6)符号法则:以面向大里程方向定义左右。平面位置:实际位置位于设计位置右侧时,调整量为负,反之为正。高程:实际位置位于设计位置上方时,调整量为负,反之为正。水平:外轨(名义外轨)过超高时,调整量为负;欠超高时,调整量为正。轨距:以大为正,实测轨距大于设计轨距时,调整量为负,反之为正。

6)轨道调整

(1)轨道调整方法

①轨距、轨向调整

a. 根据设计要求,单股钢轨左右位置调整量为±5 mm,轨距调整范围为±10 mm。

b. 单股钢轨左右位置调整量为±2 mm 以内时，调换不同型号的绝缘轨距块，具体配置见表 9-38。

表 9-38　轨道调整技术指标 1

单股钢轨调整量/mm	钢轨外侧		钢轨内侧	
	轨距挡块	绝缘轨距块	绝缘轨距块	轨距挡块
−2	7	11	7	7
−1	7	10	8	7
0	7	9	9	7
1	7	8	10	7
2	7	7	11	7

c. 当单股钢轨左右位置调整量大于±2 mm 时，调换不同规格的绝缘轨距块和轨距挡板，具体配置见表 9-39。

表 9-39　轨道调整技术指标 2

单股钢轨调整量/mm	钢轨外侧		钢轨内侧	
	轨距挡块	绝缘轨距块	绝缘轨距块	轨距挡块
−5	10	11	7	4
−4	10	10	8	4
−3	10	9	9	4
0	7	9	9	7
3	4	9	9	10
4	4	8	10	10
5	4	7	11	10

②高低、水平调整

a. 根据设计要求，高低位置调整量为−4～27 mm。

b. 通过更换轨下垫板、在轨下垫板与铁垫板之间垫入轨下微调垫板、在铁垫板下弹性垫板与轨道板承轨面之间垫入铁垫板下调高垫板，实现钢轨位置调整。

c. 通过更换不同规格的轨下垫板实现−4～0 mm 调整，具体配置见表 9-40。

表 9-40　钢轨高低调整技术指标　　单位：mm

钢轨高低调整量	轨下垫板厚度	轨下微调垫板总厚度	铁垫板下调高垫板厚度
−4	2	0	0
−3	3	0	0
−2	4	0	0
−1	5	0	0
0	6	0	0

d. 通过更换轨下垫板，垫入轨下微调垫板和铁垫板下调高垫板实现 0～+27 mm 调整，具体配置见表 9-41。

表 9-41 钢轨高低调整技术指标 单位：mm

钢轨高低调整量	轨下垫板厚度	轨下微调垫板总厚度	铁垫板下调高垫板厚度
0	6	0	0
1～7	6	1～7	0
8	4	0	10
9	5	0	10
10	6	0	10
11～17	6	1～7	10
18	4	0	20
19	5	0	20
20	6	0	20
21～27	6	1～7	20

(2)轨道调整步骤

①调整完成，测量负责人审核后输出报表，交项目技术负责人，同时统计调整扣件的种类和数量，物资部门落实进货。

②材料进场后，技术人员先核对规格和数量，并熟悉不同规格调整件的辨别方法，然后组织作业人员进行交底，确保所有参与调整作业的人员能迅速辨别不同规格调整件。

③根据当天计划，带齐所有种类的调整件、工机具等，组织各工种人员到现场进行调试。调试前领工员再次强调作业程序、各自分工及职责。

④项目技术人员根据提供的调整报表，准确找出需要更换扣件的承轨台位置(按承轨台编号找出位置，并用道尺和弦绳复核)，并用石笔标出起点和终点(左右股分别标注)，在承轨台头位置标识出平面的调整量和方向，在钢轨顶面标识出高程或水平的调整量。标注原则：用横线加箭头标注出更换扣件的起始点，每根钢轨的承轨台一侧用数字标注出调整量(和报表显示数据一致，平面注意内外侧，也就是平面调整的方向)，另一侧取相反值对应即可。高程只需标注数字、正负即可分辨出降低或抬高。

(3)轨道精调

①平面调整

a. 首先确定平面基准轨(曲线段以高轨为基准，直线段参考下一条曲线)。

b. 按照精测方案，现场标注调整量，采用道尺测量并现场标注轨距值。

c. 松开更换区段扣件(一次松开扣件数量不超过 10 个)，按照精测方案更换轨距挡块。

d. 更换后采用道尺测量更换后轨距，检核更换后是否达到实际更换量；如更换 2 mm 轨距挡块，轨距实际变化为 1 mm，未达到实际更换量，则根据现场轨距检核值增加或减小调整量,再次采用道尺检核,直至达到实际更换量,按照设计扭力上紧扣件。

e. 基准轨调整后,采用道尺按照设计轨距 1.435 m 控制调整另一股轨道,注意控制两个承轨台之间轨距变化率为 0.3 mm。

②高程调整

a. 首先确定高程基准轨(曲线段以低轨为基准,直线段参考下一条曲线)。

b. 按照精测方案,现场标注调整量,采用道尺测量并现场标注超高值。

c. 松开更换区段扣件(一次松开扣件数量不超过 10 个),按照精测方案更换高程垫板。

d. 更换后采用道尺测量更换后超高值,检核更换后是否达到实际更换量;如更换 2 mm 高程垫板,超高实际变化为 1 mm,未达到实际更换量,则根据现场超高检核值增加或减小调整量,再次采用道尺检核,直至达到实际更换量,按照设计扭力上紧扣件。

e. 基准轨调整到位后,采用道尺按照设计轨距、设计超高控制调整另一股轨道,注意控制两个承轨台之间超高变化率为 0.3 mm。

f. 所有扣件更换完毕后,采用零级轨检仪对更换后轨道进行复检,检核轨道轨向及高低短波、轨距、水平、三角坑及变化率,按照规范对更换区段局部缺陷进行重复调整,最后采集调整 TQI 值用于评定轨道调整后状态。

g. 清理回收更换下来的扣件,分类存放,将现场清理干净,继续到下一个更换地点施工。

第十章　无人机在隧道测量中的应用

第一节　无人机的分类及应用特点

无人驾驶飞机是指利用无线电遥控设备和自备的程序控制装置的不载人飞机，机上无驾驶舱，但有自动驾驶仪，也被称为空中机器人。无人机是不搭载操作人员，采用空气动力学为飞行器提供升力，能够自动飞行或远程引导，可一次性或多次重复使用，携带各类有效载荷的有动力的空中飞行器。

一、无人机的分类

无人机的分类方式有多种，如按飞行平台构型、按用途、按尺度、按活动半径、按任务高度等。以下按飞行平台构型、用途两种分类方式介绍无人机。

1. 按飞行平台构型分类

无人机可以大致分为固定翼无人机、旋翼无人机和复合翼无人机三大类。

(1)固定翼无人机

固定翼无人机是指由动力装置产生前进的推力或拉力，由机身的固定机翼产生升力，在大气层内飞行的重于空气的无人机。固定翼无人机不能空中悬停，需要较快的速度才能保持飞行姿态，由于飞行安全因素限制，距拍摄物体较远，获取的影像分辨率较低。固定翼无人机虽然可以实现速度较快、航程较远且效率高的飞行，但它不能在地形复杂的地区起飞或降落。

(2)旋翼无人机

旋翼无人机是指由动力装置产生旋翼驱动力，由相对于机身旋转的旋翼产生升力，在大气层内飞行的重于空气的无人机。三个及以上的旋翼组成的无人机叫作多旋翼无人机，另一种说法叫作多轴无人机，这里的轴指旋翼的旋转轴。根据旋翼数量的不同，旋翼无人机分为四旋翼无人机、六旋翼无人机和八旋翼无人机。多旋翼无人机能空中悬停，可近距离采集拍摄物体信息，拍摄精度较高，但作业速度及作业时长通常小于固定翼无人机。

专为隧道等密闭环境巡检设计的防撞型无人机是旋翼无人机的一种，其为旋翼无人机增加防碰撞保护结构，从而适用于隧道、管廊等复杂密闭空间的巡检探测。

(3)复合翼无人机

复合翼无人机又称垂直起降固定翼无人机，产生升力的装置既包含固定机翼也包含旋翼。它解决了固定翼无人机起降难的问题，但也减少了作业时长。

固定翼无人机适合大范围、低分辨率的作业任务，旋翼无人机适合小范围、高分辨率的作业任务，复合翼无人机适合中等范围、低分辨率任务。三种无人机的特点见表 10-1。

表 10-1　三种无人机的特点

机　　型	特　　点	作业速度	作业时长
固定翼无人机	续航时间长，单架次作业范围广，受地形限制大，不具备环绕和仿地飞行能力，起降操作不方便	快	长
旋翼无人机	续航短，单架次作业范围小，受地形限制小，作业灵活，一般具备仿地和环绕飞行功能	慢	短
复合翼无人机	续航时间长，单架次作业范围广，受地形限制大，不具备环绕和仿地飞行能力，起降安全性高	快	中

2. 按用途分类

按用途，无人机可分为军用和民用两大类。两类无人机对于无人机的性能要求各有偏重。

(1)军用无人机对于灵敏度、飞行高度、速度、智能化等有着更高的要求，是技术水平最高的无人机，包括侦察、诱饵、电子对抗、通信中继、靶机和无人战斗机等机型。

(2)民用无人机一般对于速度、升限和航程等要求都较低，但对于人员操作、综合成本有着较高的要求。民用无人机最大的市场在于政府公共服务的提供，如警用、消防、气象等，新增市场需求可能出现在农业植保、货物速度、空中无线网络、数据获取等领域。

二、无人机的构成

以大疆精灵型无人机为例，其主要由动力系统、机身系统、机载系统、图传系统、遥控器等构成，如图 10-1 所示。

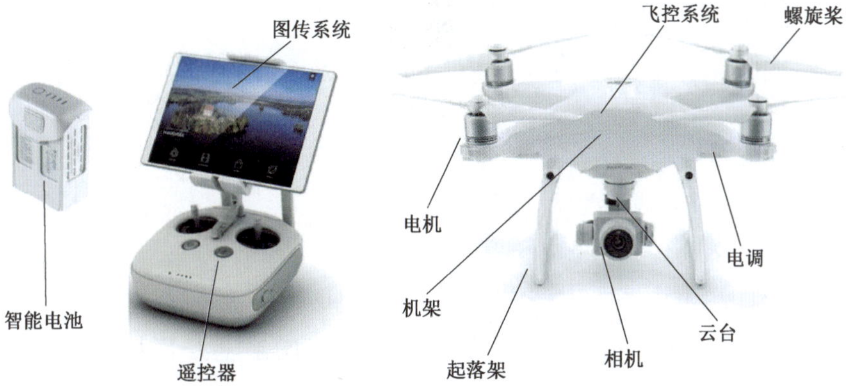

图 10-1　大疆精灵型无人机结构

1. 动力系统

动力系统主要为电力管理系统。以电力驱动无人机为例，电力管理系统能够对电池进行充放电管理，功能包括电量显示、存储自放电保护、过充保护等。

2. 机身系统

机架是多旋翼无人机的主体，也是无人机众多部件的载体，支撑起无人机的主要框架。起落架能够在无人机降落的时候起到缓冲作用。

3. 机载系统

机载系统主要是云台＋相机。无人机云台一般为三轴云台，可以确保相机镜头的俯仰、横滚、偏航动作，同时也起到增稳的作用。

4. 图传系统

显示端可以配置安卓与苹果操作系统的手机和平板电脑等，或者采用大疆精灵型无人机自带的高亮显示屏。大疆无人机使用 Wi-Fi、LightBridge、OcuSync 三种主要图传技术。

5. 遥控器

遥控器是用来对无人机飞行动作进行控制的部件，主要包括电源键、摇杆、天线和几个快捷键。

三、无人机系统

无人机系统由飞控系统、导航系统、动力系统和数据链构成，如图 10-2 所示。

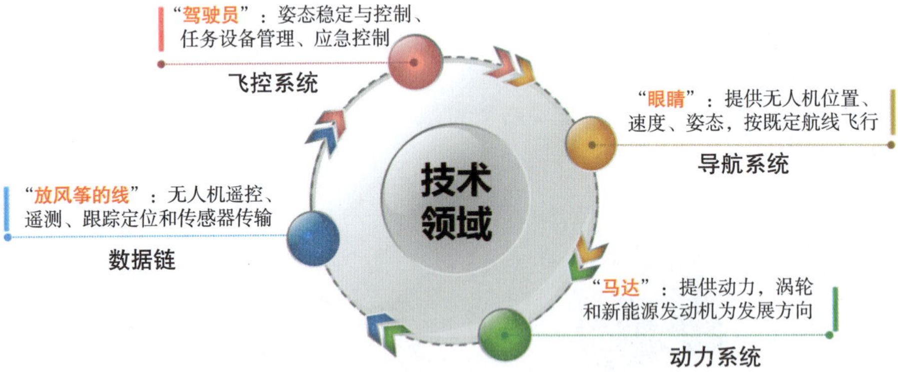

图 10-2　无人机系统组成

1. 飞控系统

无人机飞控系统是无人机完成起飞、空中飞行、执行任务、返场回收等整个飞行过程的核心系统，可实现无人机全权控制与管理。因此，飞控系统对于无人机相当于驾驶员对于有人机，是无人机执行任务的关键。

无人机飞控系统的任务包括无人机姿态稳定与控制、与导航子系统协调完成航迹控制、无人机起飞(发射)与着陆(回收)控制、无人机飞行管理、无人机任务设备管理与控制、应急控制、信息收集与传递等。

旋翼无人机的飞行运动主要包括垂直运动、前后运动(左右运动)和旋转运动,通过控制不同电机的转速实现。

2. 导航系统

无人机的导航系统向无人机提供相对于所选定的参考坐标系的位置、速度、飞行姿态,引导无人机沿指定航线安全、准时、准确地飞行。因此,导航系统对于无人机相当于领航员对于有人机。

无人机导航系统的任务主要有:获得必要的导航要素,包括高度、速度、姿态、航向;给出满足精度要求的定位信息,包括经度、纬度;引导飞机按规定计划飞行,包括接收预定任务航线计划的装定,并对任务航线的执行进行动态管理;接收控制站的导航模式控制指令并执行;具有指令导航模式与预定航线飞行模式相互切换的功能;具有接收并融合无人机其他设备的辅助导航定位信息的能力;配合其他系统完成各种任务。

3. 动力系统

无人机动力系统组成如图 10-3 所示。

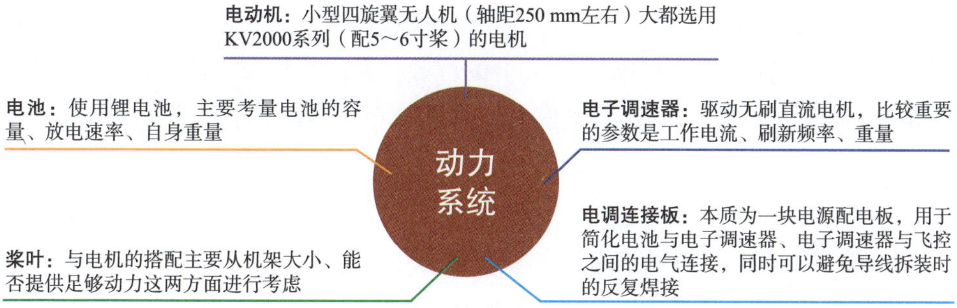

图 10-3　无人机动力系统

4. 数据链

数据链可以保证对遥控指令的准确传输,以及无人机接收、发送信息的实时性和可靠性,以保证信息反馈的及时有效性和顺利、准确地完成任务。

第二节　无人机航测

一、无人机测量常用名词

(1)航片:利用无人机拍摄的地面照片。

(2)像控点:全称像片控制点,是为满足摄影测量内业定向和测图需要,在实地布设的用以测定其坐标成果的控制点。

(3)航高:飞机在飞行过程中距地球上某一基准面的垂直距离。随基准面的不同,航高可以分为绝对航高、相对航高、真实航高和摄影航高。

(4)重叠度:分为航向重叠和旁向重叠。航向重叠是同一条航线上相邻两张航片的重叠度,旁向重叠是相邻航线上两张航片的重叠度。

(5)正射:无人机镜头呈-90°的时候拍摄的航片。

(6)内方位元素:是描述摄影中心与像片之间相关位置的参数,包括三个参数,即摄影中心到像片的垂距(主距)f 及像主点 O 在框标坐标系中的坐标 x_O、y_O。

(7)外方位元素:在恢复内方位元素(即恢复摄影光束)的基础上,确定摄影光束在摄影瞬间的空间位置和姿态的参数,称为外方位元素。一张像片的外方位元素包括六个参数。其中三个是直线元素,用于描述摄影中心的空间坐标值;另外三个是角元素,用于描述像片的空间姿态。

(8)镜头畸变:光学透镜所具有的透视失真属性,也正是由于镜头的透视造成了失真。

(9)地面分辨率:图像所代表的地面范围大小,也可用地面采样距离 GSD 表示。

(11)常用航摄比例尺:1∶500、1∶1 000、1∶2 000 等。

(12)坐标系:在一个国家或地区范围内,统一规定地图投影的经纬线作为坐标轴,以确定国家或地区所有测量成果在平面或空间上的位置。我国地形图一般采用高斯投影,常用的坐标系有 1954 北京、1980 西安、WGS-84、CGCS2000 等,目前主要采用 CGCS2000 坐标系。

(13)4D 产品如下:

①DLG(数字线划地图):与现有线划基本一致的各地图要素的矢量数据集,保存各要素间的空间关系和相关的属性信息,全面描述地表目标。

②DOM(数字正射影像图):对航空(或航天)相片进行数字微分纠正和镶嵌,按一定图幅范围裁剪生成的数字正射影像集,它是同时具有地图几何精度和影像特征的图像。

③DEM(数字高程模型):一定范围内规则格网点的平面坐标(X,Y)及高程(Z)的数据集。DEM 是对地貌形态的虚拟表示,可派生出等高线、坡度图等信息,也可与 DOM 或其他专题数据叠加,用于与地形相关的分析应用,同时它本身也是制作 DOM 的基础数据。

④DRG(数字栅格地图):现有纸质地形图经计算机处理后得到的栅格数据文件。

(14)POS 姿态测量:主要是利用惯性测量单元(IMU)来感测飞机或其他载体的加速度,经过积分等运算,获取载体的速度和姿态(如位置或旋转角度)等信息。因此,POS 在摄影测量中的应用就是为最终获取测图所需的每张像片的高精度外方位元素而测量的姿态参数,再加上差分 GNSS 定位技术,便可最终获取每张像片的高精度外方位元素。

(15)空域:通常划分为机场飞行空域、航路、航线、空中禁区、空中限制区和空中危险区,还可以分为管制空域、监视空域和报告空域。

(16)禁飞区:根据国际民航组织和各国空管对空域管制的规定以及对无人机的管理规定,无人机必须在规定的空域飞行,目的是更加安全合法地使用无人机。禁飞区包括各地机场和一些因飞行而可能带来不必要风险的特殊区域,如国境线、敏感机构所在地等。

二、无人机摄影测量技术特点

工程项目中无人机测量根据搭载的传感器设备的不同,通常包括无人机摄影测量和无人机激光雷达测量。其原理为通过无人机搭载数码相机或激光雷达进行低空影像数据或点云数据的获取,经过重建软件对获取数据进行全面处理,从而进一步挖掘它的几何信息,获得目标区域三维地理信息模型。

无人机摄影测量技术,与普通摄影测量技术相比,除了相机搭载平台有区别外,其他方面没有显著性差异。该技术的核心是利用摄影机将空间物体的三维坐标转换为二维相平面坐标后,以同名点在不同影像上的相平面坐标为基础,利用相机的空间几何结构和成像参数恢复相机在不同时刻的空间位置,最终实现测量三维空间坐标的目的。无人机摄影测量如图 10-4 所示。

图 10-4　无人机摄影测量

无人机航空摄影技术具有下列特点:

(1)操作简单。无人机航空摄影适用于低空飞行,飞行审批手续简单易办,环境因素对无人机航空摄影的影响较小,对起降场地要求低,城镇、村庄测绘较为适用,机动灵活,可快速到达测区。

(2)准确度高。无人机航空摄影技术集摄影技术、数字通信技术、卫星导航技术等先进技术于一体,各种技术和设备的发展相对成熟,系统整体集成协调性高,可获取超高分辨率的数字影像和定位数据。

（3）效率高。无人机航空摄影不受地形影响，可在高原、荒漠、盆地、水域、林地等各种复杂地域执行任务，获取全面准确的测量数据，飞行效率高，有效拍摄时间长。

（4）安全性高。无人机航空摄影非载人飞行，可在一些高危地区采集测绘数据，安全风险系数低。

（5）可视化实时监测。在执行航空摄影任务之前，可根据测绘需求自动完成无人机飞行计划，制定无人机飞行路线，布置航拍点等。无人机飞行过程中，可利用无线电遥控装置实现远程操控，还可实现即时重拍、分析漏拍、轨迹回放等功能。

（6）作业成本低。无人机航空摄影测量技术将无人机与数码相机相结合，缩短了测量周期，降低了作业成本，节省了人力、物力、财力。

三、无人机摄影测量流程

无人机摄影测量主要工作分为：外业数据采集，通过摄影采集测区的多视角照片及空间数据；内业数据处理，将采集到的照片数据重建为所需要的模型。无人机摄影测量流程如图 10-5 所示。

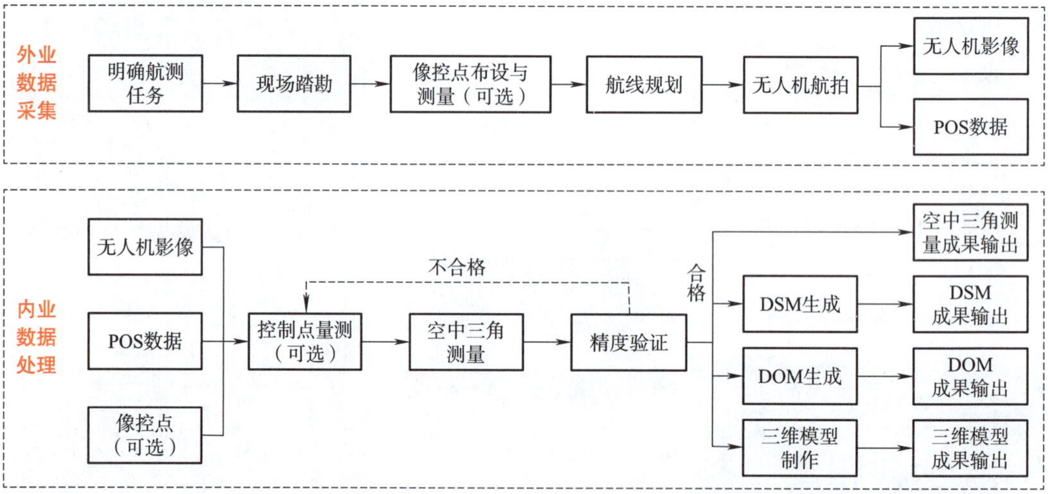

图 10-5　无人机摄影测量流程

四、无人机摄影测量系统的误差来源

测量误差存在于外业数据采集和内业数据处理等各个生产环节。摄影测量作为测绘的一个重要分支，其误差来源主要包括下列三个方面：

（1）仪器误差：设备的设计和制造不完善造成的误差，或者经过检查和纠正后残留的误差。这部分误差基本上是由传感器量化过程引起的系统误差。

（2）人为误差：人的感觉辨别能力、技术水平和工作态度质量的局限性，导致的图像控制识别错误、空三项引起的错误以及内部业务数据收集受到限制造成的错误。

（3）环境误差：主要是由天气条件对飞行和飞机图像质量的影响所致。

五、多旋翼无人机摄影测量应用

多旋翼无人机摄影测量的出现，推动了专业摄影测量的发展。多旋翼无人机可以进行传统的摄影测量，如近景摄影测量或采集纹理等，也可以进行专业摄影测量，如建筑工程摄影测量。在工程施工时，多旋翼无人机可在重要时间点对工地进行三维建模，全方位记录施工进度，并和设计 BIM 比较，评估施工进度是否符合设计预期。

多旋翼无人机摄影测量突破了传统摄影测量制作大比例地形图的精度限制，将测绘成果的精度由分米级提高到厘米级。相对于固定翼无人机而言，多旋翼无人机具有起降灵活、可空中悬停的特点，可以近距离多角度采集拍摄物信息，生成高精度三维模型。如大疆精灵 Phantom 4 RTK 无人机，具备厘米级导航定位系统和高性能成像系统，可在距离物体 100 m 高度，生成绝对精度达到 5 cm 的平面图。

目前，多旋翼无人机摄影测量也有不完善的地方，主要表现在影像畸变大、像幅小、偏角大、基高比小、重叠度高、像点存在位移等方面。随着技术发展，专业用于摄影测量的无人机，将改善上述问题并成为市场主流。

第三节　无人机在隧道勘察设计中的应用

隧道测量中可利用无人机航测技术进行便道规划、边坡监测、土石方量计算、应急保障和隧道内安全巡检等工作。多旋翼无人机是目前隧道勘察设计领域运用最广泛的无人机，它具有拍摄精度高、定位精度高、操作门槛低、作业效率高、作业成本低等优势。

一、无人机在勘察设计测量中的任务规划

无人机勘察设计任务规划的主要目标是依据地形信息和执行任务环境条件信息，综合考虑无人机的性能、到达时间、耗能、威胁及飞行区域等约束条件，为无人机规划出一条或多条自出发点到目标点的最优或次优航迹，保证无人机高效、圆满地完成飞行任务，并安全返回基地。

无人机对任务规划的要求是，需要详细的飞行航迹信息、作用目标和任务执行信息。无人机任务规划是实现自主导航与飞行控制的有效途径，它在很大程度上决定了无人机执行任务的效率。

二、作业依据

作业依据主要有《1∶500 1∶1 000 1∶2 000 地形图航空摄影测量外业规范》(GB/T 7931)和《1∶500 1∶1 000 1∶2 000 地形图航空摄影测量内业规范》(GB/T 7930)。

三、现场踏勘及像控点布设

现场了解测区位置、地物和地貌、通视条件、道路交通以及人文、气象、居民分布等情况，并根据收集的测量控制点资料，找到控制点的实地位置，确定控制点的可靠性和可使用性。检查测区网络 RTK 覆盖情况，确定信号强度和可使用性。

在飞行范围内布设像控点，像控点的密度依据生产精度确定。点位尽量选在空旷区域，避开大树和高楼的遮挡；点位上空尽量避开密集电线；点位尽量选在背景色差较大位置，明显凸出点位标志；点位选在便于架设三脚对中装置区域。

布点要求如下：

(1)在水泥地或沥青路面，用油漆刷制“*L*”标志，标志宽度需大于 15 cm，长度需大于 20 cm。在颜色比较偏暗的地方选择白色油漆，在路面颜色比较白的地方选择红色油漆。

(2)选择常年相对固定且易于准确定位和测量的地方，如白色的斑马线等各种交通标线角点、白色停车位线角点、篮球场线角点、直角或锐角道路转角点可直接用于选作像控点。

(3)当测区内既无固定点位，又无水泥路可以刷油漆时，应选择布条标志钉在地面上，位置应选择在不易被人为破坏的地方。布条应钉紧，防止被风吹走。布条规格一般为 50 cm×50 cm。

(4)布点间距均匀分布在测区，大小要根据分辨率来定，一般布设为 L 形。

测量要求：用 GNSS-RTK 控制点测量模式观测；三角对中杆观测；至少观测两次，误差较小时取平均值作为最终结果。

四、规划航线

不同的航线规划软件规划方式略有差异。以大疆精灵 Phantom 4 RTK 自带的航线规划软件为例，对于正射影像采集，可选用“摄影测量 2D”规划方式(GSR App)或“建图航拍”(DJI Pilot App)，三维建模需采用“摄影测量 3D”规划方式或“倾斜摄影”(DJI Pilot App)，对于河道等带状区域可选用“航带飞行”。使用禅思 P1 智能摆动拍摄采集倾斜影像需在 DJI Pilot App 中选择“建图航拍”规划方式。

确定测区范围，调整航线方向，设置重叠度参数。影像的重叠度越大(即基线越短)，相邻影像间的差异越小，自动匹配越容易，匹配点越多，相对定向的精度也越好。重叠率设置不合理，可能导致内业处理失败，并且需要重新补拍。对于大多数情况的正射影像图像采集，推荐旁向重叠率 70%，航向重叠率 80%；摄影测量 3D(井字飞行)，推荐旁向重叠率

80%，航向重叠率 80%；摄影测量 3D(五向飞行)，推荐旁向重叠率 80%，航向重叠率 80%；斜射飞行旁向重叠率 50%，航向重叠率 60%。

五、飞行准备

飞机各项参数设置完毕后，准备起飞，起飞时，驾驶员在飞行器后方进行操作，飞行器对尾起飞，先让飞行器在空中悬停，观察飞行姿态是否正常，确认无异常情况后，执行飞行任务。

六、三维重建流程

(1)影像数据导入、匹配及矫正。影像数据是通过特征点进行匹配，这里的特征点一般为照片中的角点、边缘等灰度值差异较大的点。匹配完成后要对数据进行矫正，以增加数据精度。对拥有同一特征点的三张及以上的照片进行三角运算，可获得特征点空间数据。对多次得到的数据进行误差运算，可矫正照片的位置和姿态信息。

(2)影像数据合成。矫正完毕后对照片进行逐像素匹配运算，生成稠密点云。将点云中的三个点连接成三角网，形成初步模型，然后对模型进行平滑处理得到最终模型。将模型对应照片的纹理信息映射到模型上，就生成了实景三维模型。

(3)根据模型可以生成大比例尺地形图测绘、生成 4D(DEM、DOM、DLG、DRG)产品。

第四节　无人机在隧道测量监测中的应用

一、无人机在隧道边坡监测中的应用

边坡监测是指为了了解边坡岩体移动状况，以及出现滑坡、泥石流等危害预兆，对边坡移动的快慢、方位等信息所进行的监控。目前我国采用的隧道边坡监测方法还存在覆盖范围小、采样点数量有限、耗费时间长、精度较低等问题。

无人机边坡监测主要以无人机为航拍平台，使用各类传感器收集边坡影像，通过图像技术对所收集的图像信息进行加工处理，为各种类型的摄影测量应用提供基础数据。对无人机遥感获得的多光谱数据进行校正，建立数字高程模型和正射影像图，以供掌握边坡分布和发育条件判断时使用，通过与监测数据对比分析，可发现地质灾害隐患点的发生发展规律。

首先利用无人机搭载高清相机采集监测区域的地理信息数据，建立实景三维地形模型，然后通过三维模型进行实时浏览，观察边坡现状，同时通过等距法对边坡进行要素提取。矢量化提取边坡要素，并与边坡原状要素进行对比，得出边坡变化情况报告，同时对可疑地方进行重点标记、检查、测量，如图 10-6 所示。这种方式类似数字摄影测量在地形测绘中的应用，都是通过三维模型的方式将外业数据采集转移到数字数据的分析上。另外，无人机以高

清图传的形式进行隧道边坡的实时检查，能第一时间发现问题并上报。

图 10-6　技术路线与成果示意

二、无人机在隧道巡检中的研究及应用

目前，采用常规无人机进行隧道巡检大多用于隧道外部的山体检查工作，主要有：调查隧道洞口边（仰）坡有无危石、积水、积雪等现象；调查隧道排水设施有无破损、堵塞、积水、结冰等现象；调查隧道洞门口构造物是否存在开裂、变形、坍塌等现象；调查隧道洞门结构有无开裂、倾斜、沉陷、错台、剥落，有无渗漏水、挂冰等现象；调查隧道洞顶是否存在塌陷、山体滑坡、违章建筑等现象；对隧道山体位移情况进行拍照对比。

由于无人机的飞行高度依赖于 GNSS 信号定位，所以大多数的无人机只能在野外实现自主飞行。如果采用常规无人机在隧道等相对封闭的环境内进行作业，短距离小型的公路隧道可采用人工操控方式进行作业，但对飞手的操控技术水平要求较高，且风险性也是极大的；而对于在高速铁路、地铁隧道等大型长距离且内部设施较复杂的环境下进行飞行，有几个问题需要考虑：一是，定位精度，隧道内无 GNSS 信号，是否能利用高速铁路、地铁内部定位系统，实现无人机飞行位置确认；二是，高速铁路、地铁接触网全时段通电，无人机无线传输信号是否不受干扰，并保证不发生碰撞；三是，内部空间相对狭小，大型无人机无法正常飞行，任务搭载受限制，可执行任务局限性较大；四是，续航能力受限。

针对隧道等密闭空间使用无人机技术，国内不少科研院校、单位已有相关研究。上海大学高新闻等人在 2018 年 1 月申请了“基于 BIM 技术的无人机隧道巡检方法”发明专利。该发明揭示的无人机隧道巡检方法步骤如下：通过 BIM 技术建立隧道模型，并将其导入三维引擎中，利用坐标系转换方法获得无人机导航坐标系与三维引擎相机坐标系之间的关系，建立无人机与三维引擎相机之间的对应关系；在三维引擎中设置相机按巡检线路进行漫游，通过坐标系转换方法转换为无人机运动轨迹参数；无人机通过信息融合算法获得其在隧道中的运动状态；RGB-D 相机巡检的视频通过视频传输模块传输到地面工作站，利用基于 BIM 技术所做隧道模型进行视频图像与模型的贴图、拼接、匹配和组合，最终得到巡检线路的真实三维模型，进而清楚掌握目前线路的具体情况和有无隧道病害隐患。三峡大学汪峰等人于 2017 年 6 月申请了“一种基于高性能无人机的隧道结构检测系统”专利。该专利公开的隧道结构检测系统由无人机检测系统、位置检测系统、现场指挥中心和远程数据处理中心组成，无人机检测系统和位置检测系统之间采用无线通信连接，现场指挥中心分别与无人机检测系统和远程数据处理中心通过无线通信连接，具有快捷方便、准确高效、安全可靠的特点，在降低检测人员安全风险的同时能获得准确的检测资料。山东大学李术才等人于 2018 年 5 月申请了“基于无人机平台的隧道内放射性监测系统及方法”专利。该发明公开的基于无人机平台的隧道内放射性监测系统及方法为：能够在飞行过程中获取无人机与周围物体的距离、位置、物体信息进行自我学习，实现无人机主体获得自我转弯躲避障碍物功能；在无人机主体的飞行过程中采集隧道内各个区域的放射性监测数据，并通过无线信号传输单元传输到远端处理系统进行处理；实现对隧道内各个区域的放射性程度进行预警，结合航拍图像准确定位出放射性含量超出安全标准值的区域。

深圳大学、西南科技大学、电子科技大学等院校师生发表面向隧道巡检、地铁运营维保等方面应用的无人飞行器相关技术研究学术论文，但目前基本都停留在理论研究及模拟环境测试阶段，未见其提供成型产品及真实环境应用结果。

对于隧道内部进行巡检，采用常规无人机难以满足应用需求。目前，国内外能够在隧道等密闭空间飞行的无人机为防撞型的特种无人机。如瑞士 Elios 可碰撞无人机，产品较为先进成熟，目前在大型燃烧锅炉内部探测、化学氯硅烷储罐检查、热力管道巡检、游乐城堡内部结构检查等方面均有应用。

目前，国内市场上也推出“探”系列防撞型工业检测无人机产品，如图 10-7 所示。专业用于特殊环境检测行业的工业无人机，通过搭载实时高清相机和热成像仪、气体检测传感器及工业探伤仪器，可以在危险、复杂和密闭的环境中自由飞行，去到传统人力、地面设备和其他无人机都无法到达的复杂环境、密闭环境，各项检测功能已经在地下综合管廊、桥涵、隧道、电力、石油化工、天然气、核电、海事、重工业等领域得到验证，并成功完成地下综合管廊、工业锅炉、压力容器、货舱液罐等大型工业管道、设备的全天候、近距离工业探伤作业。

图 10-7　“探”系列防撞型工业检测无人机

综上分析，目前无人机应用于隧道巡检只能依靠具有防撞功能的特种无人机，但该产品在隧道内的实际应用效果与作业效率有待验证；此外，采用无人机仅拍摄大量的原始影像视频资料时，由于隧道内部结构纹理大多较为相似，从成千上万张照片或飞行视频中，人工去比对查找问题，并与实际位置一一对应，标记出病害位置也是一大难题，虽然在 Elios 无人机产品宣传材料中提到可以进行二维测量及三维建模，但是其测量精度及建模效果值得考究。随着技术发展，未来可考虑采用图像识别、机器学习及人工智能等技术自动识别、提取照片中的病害信息。

参考文献

[1] 王梦恕,等．中国隧道及地下工程修建技术[M]．北京:人民交通出版社,2010.

[2] 郭陕云．我国隧道和地下工程技术的发展与展望[J]．现代隧道技术,2018,55(增刊2):1-14.

[3] 洪开荣．我国隧道及地下工程发展现状与展望[J]．隧道建设,2015,35(2):95-107.

[4] 杜志刚．工程测量技术[M]．北京:中国科学文化音像出版社有限公司,2023.

[5] 李广云,范百兴．精密工程测量技术及其发展[J]．测绘学报,2017,46(10):1 742-1 751.

[6] 杜志刚．陀螺全站仪在复杂山区特长隧道定向中的应用研究[J]．铁道勘察,2021,47(1):28-32.

[7] 杜志刚．长大隧道轨道网CPⅡ水平角测量系统误差分析及对策[J]．隧道建设,2014,34(12):1 191-1 195.

[8] 杜志刚,徐辉．高速铁路长大隧道独立控制网建网技术研究[J]．铁道勘察,2018,44(4):5-9.

[9] 杜志刚,姜留涛,周阳,等．基于三目标点的陀螺全站仪精度测试方法研究[J]．矿山测量,2020,48(2):59-62.

[10] 张冠军,付恒友,周行泉．铁路隧道测量技术及应用[M]．北京:中国铁道出版社,2018.

[11] 杜志刚．有关全站仪加、乘常数测定的分析[J]．隧道建设,2009,29(5):517-520.

[12] 白芝勇．大型过江隧道控制测量关键技术研究[J]．铁道勘察,2022,48(4):1-4.

[13] 郭平,王靠省,李小龙．隧道洞内虚拟双导线测量技术研究[J]．测绘通报,2016,(11):89-92.

[14] 郭平,段太生,王靠省,等．基于已有GNSS控制网的高精度隧道独立控制网建立方法[J]．测绘通报,2019(S1):1-7.

[15]刘辉．中国隧道及地下工程技术史(第二卷:勘察设计)[M]．北京:北京交通大学出版社,2021.

[16] 付宏平,郭际明,张正禄,等．铁路特长隧道横向贯通误差允许值的确定[J]．铁道标准设计,2015,59(12):75-79.

[17] 付宏平,陈光金,刘海江．桥隧相连工程整体施工独立控制网建网方案探讨[J]．铁道标准设计,2012(4):9-12.

[18] 梅熙,赖鸿斌,李学仕,等．高速铁路工程测量体系建设与创新[J]．高速铁路技术,2020,11(2):68-72,117.

[19] 梅熙,赖鸿斌．复杂艰险山区铁路GNSS高程转换技术研究[J]．高速铁路技术,2018(增刊2):80-84.

[20] 张冠军．高速铁路运营监测技术综述与展望[J]．铁道勘察,2023,49(1):7-11.

[21] 张冠军．铁路工程测量专业标准化建设研究[J]．铁道勘察,2022,48(5):1-6.

[22] 许磊．轨道交通车载移动测量技术及应用[M]．北京:中国铁道出版社有限公司,2022.

[23] 许磊,石德斌,郑顺义,等．地面激光扫描仪在铁路工程滑坡监测中的应用研究[J]．铁道勘察,2015,41(2):11-13.

[24] 石德斌,杨怀志．运营高速铁路动静态检查数据协同关系研究[J]．铁道工程学报,2022,39(2):52-55.

[25] 饶雄．地基 InSAR 技术在昌吉赣高速铁路路基边坡监测中的应用研究[J]. 铁道建筑技术，2019(4)：124-128.

[26]杨雪峰，刘成龙，刘志，等．顾及对中误差影响的洞内导线网精度仿真计算方法研究[J]. 测绘与空间地理信息，2021，44(10)：38-42.

[27] 邹方星，范百兴，陈哲，等．一种工具坐标系标定与公共点结合的机器人与激光跟踪仪坐标转换方法[J]. 大地测量与地球动力学，2024，44(1)：46-51.

[28] 段童虎，范百兴，黄赫，等．激光跟踪仪大角度不整平测量精度分析[J]. 山东科技大学学报(自然科学版)，2023，42(1)：1-9.

[29] 范百兴，杨聚庆，周维虎，等．相机与激光跟踪仪相对位姿标定方法的研究[J]. 测绘工程，2018，27(9)：1-5.

[30] 范百兴，李广云，李佩臻，等．利用激光干涉测距三维网的加权秩亏自由网平差[J]. 武汉大学学报(信息科学版)，2015，40(2)：222-226.

[31] 郭卫社，洪开荣，高攀，等．我国隧道智能建造技术发展与展望[J]. 隧道建设(中英文)，2023，43(4)：549-562.

[32] 母清中．特长隧道独立控制网的建立及贯通误差预计[J]. 中国新技术新产品，2021(9)：105-107.

[33] 洪开荣，冯欢欢．中国公路隧道近 10 年的发展趋势与思考[J]. 中国公路学报，2020，33(12)：62-76.

[34] 阮清林．基于矿山法铁路隧道复合式衬砌断面尺寸的施工问题分析及解决对策探讨[J]. 隧道建设(中英文)，2019，39(11)：1 871-1 880.

[35] 王建林，胡新朋．特长隧道洞内控制网加测高精度陀螺方位应用研究[J]. 施工技术，2020，49(23)：65-69，133.

[36] 刘斌．高精度陀螺全站仪在长大铁路隧道 CPⅡ平面控制网分段建网测量中的应用[J]. 铁道勘察，2020，46(3)：17-21.

[37] 吕宏权．新型测量机器人导线测量自动化的开发与应用[J]. 隧道建设，2014，34(8)：737-744.

[38] 吕宏权．黄岛 50 万 m^3 地下液化石油气水封洞库库容测量[J]. 隧道建设，2016，36(3)：309-314.

[39] 邢庭松，彭金涛，张同刚．基于车载激光扫描点云的铁路隧道横断面提取[J]. 技术与市场，2022，29(6)：7-10.

[40] 范百兴，李广云，易旺民，等．激光跟踪仪测量原理及应用[M]. 北京：测绘出版社，2017.

[41] 雷娜，王平．工程测量学[J]. 科技信息，2010(1)：309.

[42] 谯生有，黄波，陈家财．新型装配式围挡基础安装定位装置设计与制作研究[J]. 工程技术研究，2020，5(19)：188-189.

[43] 马自军，谯生有，闻道荣．三维激光扫描仪在隧道工程施工中的应用[J]. 测绘通报，2020(3)：157-159.

[44] 贺勇，邓婷，曾子望．基于改进 GMS 算法的无人机室内定位研究[J]. 电光与控制，2023，30(11)：105-112，119.

[45] 李广云，孙森震，王力，等．可见光通信室内定位技术进展与应用[J]. 测绘学报，2022，51(6)：909-922.

[46] 李广云，李明磊，王力，等．地面激光扫描点云数据预处理综述[J]. 测绘通报，2015(11)：1-3.

[47] 李广云,罗豪龙,王力. 机器人工具坐标系的快速标定方法[J]. 光学精密工程,2021,29(6):1 375-1 386.

[48] 周涛,邹进贵,郭际明. 隧道变形监测与智能预警方法研究[J]. 测绘通报,2022(增刊 2):91-94.

[49] 唐小聪,吴恒建,李凤娇,等. 基于激光跟踪仪的无人机低空悬停精度测量方法研究[J]. 计量与测试技术,2023,50(6):8-10.

[50] 王鹏,李广云,王力,等. 利用平面特征的激光雷达相对位姿标定方法[J]. 测绘科学技术学报,2021,38(6):611-617.

[51]宋超智,陈翰新,李清泉. 大国工程测量技术(第二部)[M]. 西安:西安地图出版社,2024.